编委会

主　编：施鹏鹏
副主编：宗婷婷

编委会成员

褚　侨　高美艳　李　作　徐轶超　杨恩泰

新监察法
条文对照与重点解读

中国政法大学纪检监察学院 ◎编

施鹏鹏 ◎主编 宗婷婷 ◎副主编

XINJIANCHAFA TIAOWEN DUIZHAO YU ZHONGDIAN JIEDU

中国法治出版社
CHINA LEGAL PUBLISHING HOUSE

缩略语表

序号	全　称	简　称
1	《中华人民共和国宪法》	《宪法》
2	《中国共产党章程》	《党章》
3	《中华人民共和国监察法》	《监察法》
4	《中华人民共和国刑法》	《刑法》
5	《中华人民共和国刑事诉讼法》	《刑事诉讼法》
6	《中华人民共和国行政监察法》	《行政监察法》
7	《中华人民共和国公职人员政务处分法》	《政务处分法》
8	《中华人民共和国监察官法》	《监察官法》
9	《中华人民共和国公务员法》	《公务员法》
10	《中华人民共和国各级人民代表大会常务委员会监督法》	《监督法》
11	《中华人民共和国地方各级人民代表大会和地方各级人民政府组织法》	《地方组织法》
12	《中华人民共和国反有组织犯罪法》	《反有组织犯罪法》
13	《中华人民共和国人民警察法》	《人民警察法》
14	《中华人民共和国出境入境管理法》	《出入境管理法》
15	《中华人民共和国道路交通安全法》	《道路交通安全法》
16	《中华人民共和国民营经济促进法》	《民营经济促进法》

续表

序号	全 称	简 称
17	《中华人民共和国国际刑事司法协助法》	《国际刑事司法协助法》
18	《中华人民共和国监察法实施条例》	《监察法实施条例》
19	《中国共产党纪律检查机关监督执纪工作规则》	《监督执纪工作规则》
20	《最高人民法院关于适用〈中华人民共和国刑事诉讼法〉的解释》	《刑事诉讼法解释》
21	《中华人民共和国全国人民代表大会常务委员会议事规则》	《全国人大常委会议事规则》
22	《中央纪委、中央组织部关于对党员领导干部进行诫勉谈话和函询的暂行办法》	《对党员领导干部进行诫勉谈话和函询的暂行办法》
23	《中华人民共和国法官法》	《法官法》
24	《中华人民共和国检察官法》	《检察官法》

目 录

第一章 总 则

第 一 条 【立法目的和立法依据】 ················· 1
第 二 条 【监察工作的领导体制和指导思想】 ········· 4
第 三 条 【监察委员会的性质和职能】 ··············· 5
第 四 条 【监察委员会依法独立行使职权原则以及与其他机关互相配合制约机制】 ····················· 6
第 五 条 【监察工作原则】 ························· 8
第 六 条 【监察工作方针】 ························ 10

第二章 监察机关及其职责

第 七 条 【机构设置】 ···························· 12
第 八 条 【国家监察委员会产生和组成】 ············ 13
第 九 条 【地方各级监察委员会产生和组成】 ········ 14
第 十 条 【监察机关上下级领导关系】 ·············· 15
第十一条 【监察委员会职责】 ···················· 16
第十二条 【派驻或派出监察机构、监察专员的设置和领导关系】 ··· 19
第十三条 【派驻或派出监察机构、监察专员的职责】 ··· 22
第十四条 【监察官制度】 ························ 23

第三章 监察范围和管辖

第十五条 【监察对象范围】 ······················ 24

第十六条 【监察管辖原则】 ………………………………… 60
第十七条 【指定管辖和报请提级管辖原则】 ……………… 63

第四章 监察权限

第十八条 【证据收集一般原则】 …………………………… 67
第十九条 【谈话和函询】 …………………………………… 71
第二十条 【要求被调查人陈述及讯问被调查人】 ………… 75
第二十一条 【强制到案】 …………………………………… 83
第二十二条 【询问证人】 …………………………………… 86
第二十三条 【责令候查】 …………………………………… 91
第二十四条 【留置】 ………………………………………… 94
第二十五条 【管护】 ………………………………………… 98
第二十六条 【查询、冻结】 ………………………………… 101
第二十七条 【搜查】 ………………………………………… 106
第二十八条 【调取、查封、扣押措施】 …………………… 111
第二十九条 【勘验检查】 …………………………………… 118
第三十条 【鉴定】 …………………………………………… 122
第三十一条 【技术调查措施】 ……………………………… 125
第三十二条 【通缉】 ………………………………………… 128
第三十三条 【限制出境】 …………………………………… 131
第三十四条 【认罪认罚从宽】 ……………………………… 134
第三十五条 【揭发、检举】 ………………………………… 141
第三十六条 【监察证据与刑事证据衔接】 ………………… 143
第三十七条 【线索移送与互涉案件管辖】 ………………… 147

第五章 监察程序

第三十八条 【报案、举报的处理】 ………………………… 154
第三十九条 【监察工作的程序规制和监督管理】 ………… 156
第四十条 【问题线索处置】 ………………………………… 159

第四十一条	【初步核实】	164
第四十二条	【立案】	169
第四十三条	【调查取证的基本要求】	175
第四十四条	【一般调查程序】	178
第四十五条	【调查方案的执行与请示报告制度】	181
第四十六条	【强制到案、责令候查、管护的程序和期限】	183
第四十七条	【留置的批准程序】	186
第四十八条	【留置的期限及其延长、解除和变更】	187
第四十九条	【公安机关的协助义务】	191
第五十条	【管护、留置的程序与相关人员合法权益保障】	194
第五十一条	【调查终结的程序】	200
第五十二条	【监察处置的方式】	204
第五十三条	【涉案财物的处置】	209
第五十四条	【检察机关对监察机关移送案件的处理】	212
第五十五条	【被调查人逃匿、死亡案件的违法所得没收程序】	215
第五十六条	【复审、复核】	218

第六章 反腐败国际合作

第五十七条	【国家监察委员会的统筹协调职责】	220
第五十八条	【反腐败国际合作的主体和领域】	221
第五十九条	【追逃追赃和防逃工作】	227

第七章 对监察机关和监察人员的监督

第六十条	【人大监督】	231
第六十一条	【监察工作信息公开】	242
第六十二条	【特约监察员的聘请和职责】	245
第六十三条	【监察机关内部监督】	247
第六十四条	【禁闭措施】	252
第六十五条	【监察人员的一般要求】	256

第六十六条 【办理监察事项的报告备案】……………………… 261
第六十七条 【回避制度】……………………………………… 263
第六十八条 【脱密期管理和从业限制】……………………… 266
第六十九条 【申诉制度】……………………………………… 270
第 七 十 条 【"一案双查"制度】……………………………… 276

第八章 法律责任

第七十一条 【处理决定和监察建议的效力】………………… 281
第七十二条 【阻碍、干扰监察工作的法律责任】…………… 283
第七十三条 【报复、诬告陷害行为的处理】………………… 287
第七十四条 【监察机关及其工作人员违法行使职权的责任追究】…… 289
第七十五条 【构成犯罪行为的责任追究】…………………… 295
第七十六条 【监察机关的国家赔偿责任】…………………… 302

第九章 附 则

第七十七条 【监察工作开展的特殊主体】…………………… 306
第七十八条 【施行日期与废止日期】………………………… 306

第一章 总 则

> **第一条 【立法目的和立法依据】**
> 为了深入开展廉政建设和反腐败工作,加强对所有行使公权力的公职人员的监督,实现国家监察全面覆盖,持续深化国家监察体制改革,推进国家治理体系和治理能力现代化,根据宪法,制定本法。

重点解读

本条是关于《监察法》立法目的和立法依据的规定。相较原规定,本条有两处变动,用"深入开展廉政建设和反腐败工作"代替了"深化国家监察体制改革",用"持续深化国家监察体制改革"代替了"深入开展反腐败工作"。如此规定,进一步明确了《监察法》的立法目的。

《监察法》的立法目的主要有四方面:

一是深入开展廉政建设和反腐败工作。党的二十届三中全会审议通过的《中共中央关于进一步全面深化改革 推进中国式现代化的决定》(以下简称《决定》)对深入推进党风廉政建设和反腐败斗争作出重大部署。党的十八大以来,在党中央坚强领导下,开展了前所未有的反腐败斗争,经过新时代十年坚持不懈的强力反腐,反腐败斗争取得压倒性胜利并全面巩固。但腐败治理是世界性难题,当前我国反腐败形势依然严峻复杂,反腐败斗争面临新的形势和任务。《监察法》是国家反腐败立法体系的核心,集组织法、程序法、实体法于一体，是一部对国家监察工作起统领性和基础性作用的法律，是党和国家监督制度的重要组成部分。其依法赋予监察委员会职责权限和调查手段，从而确保反腐败工作能够以法治思维和法治方式深入开展。

二是加强对所有行使公权力的公职人员的监督，实现国家监察全面覆盖。对所有行使公权力的公职人员进行全覆盖监督，是国家监察体制改革的初衷，也是深化监察体制改革的重要目标。《监察法》以法律的形式实现了国家监察对行使公权力的国家公职人员的监督全覆盖。《监察法》第15条以列举方式对"行使公权力的公职人员"作出了进一步规定，确定了六类监察对象：（一）中国共产党机关、人民代表大会及其常务委员会机关、人民政府、监察委员会、人民法院、人民检察院、中国人民政治协商会议各级委员会机关、民主党派机关和工商业联合会机关的公务员，以及参照《中华人民共和国公务员法》管理的人员；（二）法律、法规授权或者受国家机关依法委托管理公共事务的组织中从事公务的人员；（三）国有企业管理人员；（四）公办的教育、科研、文化、医疗卫生、体育等单位中从事管理的人员；（五）基层群众性自治组织中从事管理的人员；（六）其他依法履行公职的人员。

三是持续深化国家监察体制改革。持续深化国家监察体制改革，是健全党和国家监督体系的重要部署。本次监察法修改，聚焦于反腐败斗争面临的新形势新任务，及时将党中央决策部署、实践经验上升为法律规定，进一步确立和巩固国家监察体制改革成果，有利于加强党对反腐败工作的集中统一领导，构建集中统一、权威高效的中国特色国家监察体制。

四是推进国家治理体系和治理能力现代化。党和国家监督体系是国家治理体系的重要组成部分。健全党统一领导、全面覆盖、权威高效的监督体系，是实现国家治理体系和治理能力现代化的重要标志。监察法将行使国家监察职能的专责机关纳入国家机构体系，通过制度设计真正把公权力关进制度笼子，体现依规治党与依法治国、党内监督与国家监察有机统一，并将制度优势转化为治理效能，全面推进严格执法、严肃纠风、严厉反腐，推进国家治理体系和治理能力现代化。

《监察法》的立法依据是《宪法》。《宪法》是国家的根本法，具有最高的法律效力。2018年修改的《宪法》在第三章国家机构中增写"监察委员会"

一节，确立了监察委员会作为国家机构的法律地位，明确了监察委员会的组织和职权，为制定《监察法》提供了《宪法》依据。

关联规定

《宪法》

第七节　监察委员会

第一百二十三条　中华人民共和国各级监察委员会是国家的监察机关。

第一百二十四条　中华人民共和国设立国家监察委员会和地方各级监察委员会。

监察委员会由下列人员组成：

主任，

副主任若干人，

委员若干人。

监察委员会主任每届任期同本级人民代表大会每届任期相同。国家监察委员会主任连续任职不得超过两届。

监察委员会的组织和职权由法律规定。

第一百二十五条　中华人民共和国国家监察委员会是最高监察机关。

国家监察委员会领导地方各级监察委员会的工作，上级监察委员会领导下级监察委员会的工作。

第一百二十六条　国家监察委员会对全国人民代表大会和全国人民代表大会常务委员会负责。地方各级监察委员会对产生它的国家权力机关和上一级监察委员会负责。

第一百二十七条　监察委员会依照法律规定独立行使监察权，不受行政机关、社会团体和个人的干涉。

监察机关办理职务违法和职务犯罪案件，应当与审判机关、检察机关、执法部门互相配合，互相制约。

> **第二条　【监察工作的领导体制和指导思想】**
> 坚持中国共产党对国家监察工作的领导，以马克思列宁主义、毛泽东思想、邓小平理论、"三个代表"重要思想、科学发展观、习近平新时代中国特色社会主义思想为指导，构建集中统一、权威高效的中国特色国家监察体制。

重点解读

本条是关于监察工作的领导体制和指导思想的规定。本条明确提出了坚持党的领导原则，即在构建中国特色国家监察体制及腐败治理实践中，必须坚持党对国家监察工作的领导，集中体现了监察权的政治属性。本条规定不是《宪法》内容的简单重复，而是旗帜鲜明地宣示党的领导，贯彻习近平新时代中国特色社会主义思想。

本条规定主要包括三个方面的内容：

一是坚持中国共产党对国家监察工作的领导。中国特色社会主义最本质的特征是中国共产党领导，中国特色社会主义制度的最大优势是中国共产党领导，党是最高政治领导力量。2018年《宪法》明确将"中国共产党领导是中国特色社会主义最本质的特征"写入总纲。党的二十大报告强调"坚持和加强党中央集中统一领导"，明确"党的领导是全面的、系统的、整体的，必须全面、系统、整体加以落实"。正是在党的坚强领导下，反腐败斗争才取得压倒性胜利并全面巩固。《监察法》确立了党对反腐败工作的集中统一领导机制，强化不敢腐的震慑，扎牢不能腐的笼子，增强不想腐的自觉，为夺取反腐败斗争压倒性胜利提供坚强法治保证。

二是以马克思列宁主义、毛泽东思想、邓小平理论、"三个代表"重要思想、科学发展观、习近平新时代中国特色社会主义思想为指导。党的十八大以来，坚持把马克思主义基本原理同中国具体实际相结合、同中华优秀传统文化相结合，科学回答了新时代坚持和发展什么样的中国特色社会主义、怎样坚持和发展中国特色社会主义等重大时代课题，创立了习近平新时代中国特色社会主义思想。党的十九大通过的《中国共产党章程（修正案）》将习近平新时代中国特色社会主义思想确立为党的行动指南，实现了党的指导思想的又一次与时俱进。

三是构建集中统一、权威高效的中国特色国家监察体制。国家监察体制是党和国家政治体制和监督体系的重要组成部分，是为了保证国家监察职能有效履行建立的一个有机整体，包括监察机关的组织形式、职能定位、权力配置、运行规则和法律保障等一系列要素。

> **第三条 【监察委员会的性质和职能】**
> 各级监察委员会是行使国家监察职能的专责机关，依照本法对所有行使公权力的公职人员（以下称公职人员）进行监察，调查职务违法和职务犯罪，开展廉政建设和反腐败工作，维护宪法和法律的尊严。

重点解读

本条是关于监察委员会性质和职能的规定。本条明确了监察委员会在国家机构中的地位和作用。

本条规定主要包括两方面内容：

一是监察委员会的性质。2018年《宪法》第123条规定，中华人民共和国各级监察委员会是国家的监察机关。《监察法》第3条规定，各级监察委员会是行使国家监察职能的专责机关。专责机关意味着监察委员会是我国专门行使国家监察职能的国家机关，其他国家机关不具备国家监察职能。专责机关的定位，要求监察委员会依法履行法定的监察职责，聚焦主责主业，做到精力专一、职责专注、业务专业。监察委员会作为行使国家监察职能的专责机关，与党的纪律检查机关合署办公，这一安排充分体现了党对国家监察工作的领导，也确立了监察委员会作为实现党和国家自我监督的政治机关的重要地位。

二是监察委员会的职能。根据监察法的规定，监察委员会具有三项职能：（1）对所有行使公权力的公职人员进行监察；（2）调查职务违法和职务犯罪；（3）开展廉政建设和反腐败工作，维护宪法和法律的尊严。

> **第四条** 【监察委员会依法独立行使职权原则以及与其他机关互相配合制约机制】
>
> 监察委员会依照法律规定独立行使监察权，不受行政机关、社会团体和个人的干涉。
>
> 监察机关办理职务违法和职务犯罪案件，应当与审判机关、检察机关、执法部门互相配合，互相制约。
>
> 监察机关在工作中需要协助的，有关机关和单位应当根据监察机关的要求依法予以协助。

重点解读

本条是关于监察机关依法独立行使职权原则以及与其他机关互相配合制约机制的规定。

本条分三款。

本条第 1 款是监察委员会依法独立行使职权原则。2018 年《宪法》第 127 条第 1 款规定，监察委员会依照法律规定独立行使监察权，不受行政机关、社会团体和个人的干涉。这一规定是监察委员会依法独立行使职权原则的根本来源和宪法依据。监察委员会依法独立行使职权原则是中国特色腐败治理模式的基础性原则。首先，监察委员会依法独立行使职权，"依法"是前提。监察委员会作为行使国家监察职能的专责机关，履行职责必须遵守社会主义法治原则的基本要求，严格依照法律进行活动，不得滥用或者超越职权，不得肆意扩大监察范围，不得违反法定程序。其次，监察委员会依法独立行使职权，"独立"

是重要特点。独立行使职权有助于提高监察处理效果，主要体现在：（1）监察权由监察机关统一行使（《监察法》第37条）。统一行使监察权并不意味着监察机关可以独自完成所有的监察活动。遇到超出监察机关职权范围或紧急、特殊情况，需要其他机关协助时，监察机关有权要求其他机关予以协助。（2）监察权的行使不受行政机关、社会团体和个人的干涉。这里的"干涉"，主要是指行政机关、社会团体和个人利用职权、地位，或者采取其他不正当手段干扰、影响监察人员依法行使职权的行为，如利用职权阻止监察人员开展案件调查、利用职权威胁、引诱他人不配合监察机关工作，等等。最后，强调监察机关依法独立行使监察权，绝不意味着监察机关可以不受任何约束和监督。监察机关在党组织的领导和监督下开展工作，接受本级人大及其常委会的监督、上级监察机关的领导和监督，还应依法接受民主监督、社会监督和舆论监督。

本条第2款规定了监察机关在办理职务违法和职务犯罪案件中，与审判机关、检察机关、执法部门间相互配合制约的工作机制。《宪法》第127条第2款规定，监察机关办理职务违法和职务犯罪案件，应当与审判机关、检察机关、执法部门互相配合，互相制约。《宪法》的规定为监察机关与其他机关互相配合制约的工作机制提供了依据。互相配合，是指在监察工作中，监察机关与审判机关、检察机关、执法部门相互支持、协调一致、全力合作，不能违反法律规定，各行其是，互不通气，甚至互相扯皮。强调各机关之间的互相配合，是腐败治理同向性的要求。互相制约，是指监察机关与审判机关、检察机关、执法部门依照法律规定相互监督、彼此约束，防止和纠正监察活动中可能出现或已经出现的错误。在追究职务违法犯罪过程中，监察机关与审判机关、检察机关、执法部门通过程序上的制约，防止和及时纠正错误，有利于保证案件质量，正确适用法律惩罚违法犯罪。如监察机关决定通缉的，由公安机关发布通缉令，追捕归案；对于监察机关移送的案件，检察机关具有审查起诉权，认为需要补充核实的，可以退回监察机关补充调查，必要时可以自行补充侦查；法院在审判过程中发现监察机关以非法方法收集的证据，应当依法予以排除，不得作为定罪量刑的依据；等等。

本条第3款规定了有关机关和单位对监察机关的协助义务。监察机关工作过程中，遇到超出其职权范围或紧急、特殊情况，需要公安、审计、税务、海关、财政、工业信息化、司法行政等机关以及金融监督管理等其他机关和单位协助时，其他机关和单位在其职权范围内应当依法予以协助。其他机关和单位的协助义务可以确保监察机关顺利办理案件，这本身也是对监察权独立性的重要保障。如监察机关的勘验检查、鉴定等措施需要司法行政部门的配合；监察机关进行搜查时，可以根据工作需要提请公安机关配合，公安机关应当依法予以协助。

> **第五条 【监察工作原则】**
> 国家监察工作严格遵照宪法和法律，以事实为根据，以法律为准绳；权责对等，严格监督；遵守法定程序，公正履行职责；尊重和保障人权，在适用法律上一律平等，保障监察对象及相关人员的合法权益；惩戒与教育相结合，宽严相济。

重点解读

本条是关于监察工作原则的规定。相较原规定，本条有三处变动，增加了"遵守法定程序，公正履行职责"和"尊重和保障人权"，用"监察对象及相关人员"代替了"当事人"。如此规定，明确提出了"遵守法定程序""尊重和保障人权"等要求，将"程序法定""保障人权"确立为监察工作原则，是一个重大进步。

监察工作的原则主要有五方面：

一是依法监察原则，即严格遵照宪法和法律，以事实为根据，以法律为准绳。依法监察原则，要求监察机关在宪法和法律规定的范围内行使权力，监察权的行使不得超出法定的权限、违反法定程序，否则就应当承担法律责任。依法监察的实现应以事实为根据，以法律为准绳，事实是前提，是基础和根据，法律是标准、尺度，两者相互联系，缺一不可。"以事实为根据"，主要是指判断公职人员是否违法犯罪以及情节轻重，都要以事实为根据，对事实情况既不夸大，也不缩小，重证据重调查研究，不轻信口供，做到客观公正。"以法律为准绳"，是指监察机关开展监察工作，包括案件线索处置、初步核实、立案调查、作出处置决定等都要以《监察法》等法律法规为标准。

二是权责对等，严格监督原则。"权责对等"强调行使权力和责任担当相统一。公职人员的公权力是国家和人民赋予的，权力就是责任，有权必有责，有责要担当，不担当就要问责。"严格监督"强调用权必受监督。监察机关要紧紧围绕公职人员行使权力、履行职责等情况开展监督，既要监督乱作为，也要监督消极不作为、慢作为，确保党和人民赋予公职人员的权力正确行使。

三是程序法定原则，即遵守法定程序，公正履行职责。程序法定原则要求监察机关严格按照法定的监察程序开展工作，这是以法治思维和法治方式惩治腐败的必然要求。在总则中增加程序法定原则，进一步突出依法开展监察工作的总体要求。在监察工作中需注意两个方面：（1）监察机关及其工作人员在履职过程中应严格遵守监察法规定的程序义务性规定或禁止性规范，不得违反；（2）应明确《监察法》规定的授权性程序规范的解释标准，对程序规定中"等""其他"等弹性规定，在规范解释中坚持比例原则，不随意进行扩张解释。

四是保障人权原则，即尊重和保障人权，在适用法律上一律平等，保障监察对象及相关人员的合法权益。监察机关在履行职责时必须符合法治的基本要求，严格遵循相关规定，尊重和保障人权，确保监察对象及其相关人员的合法权益不受非法侵犯。同时，在适用法律上一律平等，强调监察机关对所有监察对象，不论民族、职业、出身、性别、受教育程度都应一律平等地适用法律，不允许有任何特权。

五是惩戒与教育相结合，宽严相济原则。该原则是惩前毖后、治病救人方针在监察工作中的具体体现。监察工作具有惩戒性和预防性的双重目的，既要强化监督问责，严厉惩治腐败，也要强化日常法治教育和道德教育，防微杜渐。在职务违法犯罪处理过程中，监察机关应依法开展调查和处置，根据具体情况，做到该宽则宽、当严则严，宽严相济，既实现有效的教育感召，也起到震慑并预防违法犯罪的作用。

> **第六条 【监察工作方针】**
> 国家监察工作坚持标本兼治、综合治理，强化监督问责，严厉惩治腐败；深化改革、健全法治，有效制约和监督权力；加强法治教育和道德教育，弘扬中华优秀传统文化，构建不敢腐、不能腐、不想腐的长效机制。

重点解读

本条是关于监察工作方针的规定。

监察工作方针主要包括三方面内容：

一是坚持标本兼治、综合治理，强化监督问责，严厉惩治腐败。党的十八大以来，坚持反腐败无禁区、全覆盖、零容忍，坚定不移"打虎""拍蝇""猎狐"。党的十九大报告提出对反腐败"坚持无禁区、全覆盖、零容忍，坚持重遏制、强高压、长震慑"的要求。党的二十大报告在总结反腐败斗争历史性成就的基础上，深刻指出"铲除腐败滋生土壤任务依然艰巨"，强调"只要存在腐败问题产生的土壤和条件，反腐败斗争就一刻不能停，必须永远吹冲锋号"。二十届中央纪委三次全会进一步指出，新征程反腐败斗争，必须在铲除腐败问题产生的土壤和条件上持续发力、纵深推进。

二是深化改革、健全法治，有效制约和监督权力。党的二十大强调，要"健全党统一领导、全面覆盖、权威高效的监督体系，完善权力监督制约机制，以党内监督为主导，促进各类监督贯通协调，让权力在阳光下运行"。党的二十届三中全会进一步强调，要"完善党和国家监督体系"，"健全加强对'一把手'和领导班子监督配套制度"，"深化基层监督体制机制改革"。深入开展反腐败工作不仅仅是国家监察体制改革和《监察法》的任务，其他各项深化改革任务和法律制定、修订工作都与此相关。反腐败也不是单靠一个机关就可以完成的工作，必须各方参与，群策群力，完善权力监督制约机制。

三是加强法治教育和道德教育，弘扬中华优秀传统文化。党的二十大报告指出:"弘扬社会主义法治精神,传承中华优秀传统法律文化,引导全体人民做社会主义法治的忠实崇尚者、自觉遵守者、坚定捍卫者。"通过加强法治教育,促进公职人员在工作和生活中都能意识到行为的法律底线和边界。党的二十届三中全会通过的《决定》将"加强新时代廉洁文化建设"作为"完善一体推进不敢腐、不能腐、不想腐工作机制,着力铲除腐败滋生的土壤和条件"的重要举措。中华优秀传统文化中的廉洁思想是新时代廉洁文化的重要源泉,建设新时代廉洁文化是打赢反腐败斗争攻坚战持久战,一体推进不敢腐、不能腐、不想腐的基础工程。通过深挖中华优秀传统文化蕴含的道德规范,加强道德教育,促进公职人员明大德、守公德、严私德,从思想境界、个人品行到社会责任等方面提高个人的修为。法律是准绳,任何时候都必须遵循;道德是基石,任何时候都不可忽视。《监察法》将加强法治教育和道德教育,弘扬中华优秀传统文化作为监察工作方针,就是落实党中央的决策部署,从中华民族历史文化中汲取智慧,从实际出发,实现监察工作理念思路、体制机制、方式方法的与时俱进。

第二章　监察机关及其职责

> **第七条　【机构设置】**
> 中华人民共和国国家监察委员会是最高监察机关。
> 省、自治区、直辖市、自治州、县、自治县、市、市辖区设立监察委员会。

重点解读

本条是关于各级监察委员会机构设置的规定。

本条分两款。

第1款是关于国家监察委员会定位的规定。《宪法》明确规定，中华人民共和国国家监察委员会是最高监察机关。国家监察委员会在我国监察组织体系中居于最高地位，在党中央领导下开展工作。

第2款是关于地方各级监察委员会机构设置的规定。地方各级监察委员会的设置与《宪法》第30条规定的我国行政区域划分一致。地方监察委员会分为三级：省、自治区、直辖市监察委员会；设区的市和自治州监察委员会；县、自治县和县级市监察委员会。乡镇不设监察委员会，但监察委员会可以派驻或者派出监察机构、监察专员，便可有效覆盖乡镇（《监察法》第12条规定）。

需要特别注意的是，国家监察委员会与国家监察机关并非同一所指。国家监察机关是各级监察委员会的统称，包括国家监察委员会和地方各级监察委员会，而国家监察委员会专指最高监察机关。两者是包含与被包含的关系。

关联规定

《宪法》

第三十条 中华人民共和国的行政区域划分如下：

（一）全国分为省、自治区、直辖市；

（二）省、自治区分为自治州、县、自治县、市；

（三）县、自治县分为乡、民族乡、镇。

直辖市和较大的市分为区、县。自治州分为县、自治县、市。

自治区、自治州、自治县都是民族自治地方。

第八条 【国家监察委员会产生和组成】

国家监察委员会由全国人民代表大会产生，负责全国监察工作。

国家监察委员会由主任、副主任若干人、委员若干人组成，主任由全国人民代表大会选举，副主任、委员由国家监察委员会主任提请全国人民代表大会常务委员会任免。

国家监察委员会主任每届任期同全国人民代表大会每届任期相同，连续任职不得超过两届。

国家监察委员会对全国人民代表大会及其常务委员会负责，并接受其监督。

重点解读

本条是关于国家监察委员会产生和组成的规定。

本条分4款。

第1款是关于国家监察委员会产生和职责的规定。《宪法》规定，我国的国家机关都由人民代表大会选举产生，对它负责、受它监督。在我国的政治体制下，全国人民代表大会是最高国家权力机关。国家监察委员会由全国人民代表大会产生，贯彻了人民代表大会这一根本政治制度，体现了监察活动始终践行"以人民为中心"的价值立场。国家监察委员会负责全国监察工作，确立了其作为最高监察机关的地位。

第2款是关于国家监察委员会组成的规定。国家监察委员会由主任一人、副主任若干人、委员若干人组成。此处并未对副主任和委员的职数作出具体规定。主任由全国人民代表大会选举产生，副主任、委员由国家监察委员会主任提请全国人民代表大会常务委员会任免。

第3款是关于国家监察委员会主任任职期限的规定。国家监察委员会主任由全国人大产生，任期同全国人大任期相同，连续任职不得超过两届。

第4款是关于国家监察委员会对全国人大及其常委会负责并接受其监督的规定。国家监察委员会由全国人大产生，应当接受全国人大及其常委会的监督。全国人大及其常委会是代表人民进行监督，有权选举、任免国家监察委员会的组成人员，有权罢免国家监察委员会主任，通过听取和审议专项工作报告、组织相关执法检查等方式，对国家监察委员会的工作进行监督（《监察法》第60条）。

> **第九条【地方各级监察委员会产生和组成】**
>
> 地方各级监察委员会由本级人民代表大会产生，负责本行政区域内的监察工作。
>
> 地方各级监察委员会由主任、副主任若干人、委员若干人组成，主任由本级人民代表大会选举，副主任、委员由监察委员会主任提请本级人民代表大会常务委员会任免。
>
> 地方各级监察委员会主任每届任期同本级人民代表大会每届任期相同。
>
> 地方各级监察委员会对本级人民代表大会及其常务委员会和上一级监察委员会负责，并接受其监督。

重点解读

本条是关于地方各级监察委员会产生和组成的规定。

本条分4款。

第1款是关于地方各级监察委员会产生和职责的规定。国家监察委员会作为最高监察机关,由全国人大产生,负责全国监察工作。相应地,地方各级监察委员会由本级人大产生。地方各级监察委员会的设置与我国行政区域的划分一致,负责本行政区域内的监察工作,但需注意,具体管辖范围要结合干部管理权限等确定。

第2款是关于地方各级监察委员会组成的规定。地方各级监察委员会的组成和人员产生方式,与国家监察委员会相同。

第3款是关于地方各级监察委员会主任任期的规定。地方各级监察委员会主任的任期规定与国家监察委员会主任一致,同本级人民代表大会任期相同。但本条对地方监察委员会主任没有作出连任限制,这与国家监察委员会主任连任不超过两届的限制规定不同。

第4款是关于领导关系的规定。地方各级监察委员会由本级人民代表大会产生,对本级人大及其常委会和上一级监察委员会负责,并接受其监督。

第十条 【监察机关上下级领导关系】

国家监察委员会领导地方各级监察委员会的工作,上级监察委员会领导下级监察委员会的工作。

重点解读

本条规定上下级监察委员会之间是领导与被领导的关系。国家监察委员会负责全国的监察工作,一切监察机关都必须服从它的领导;地方各级监察委员会负责本行政区域内的监察工作,除了依法履行自身的监督、调查、处置职责,还应对本行政区域内下级监察委员会的工作实行监督和业务领导。

> **第十一条 【监察委员会职责】**
>
> 监察委员会依照本法和有关法律规定履行监督、调查、处置职责：
>
> （一）对公职人员开展廉政教育，对其依法履职、秉公用权、廉洁从政从业以及道德操守情况进行监督检查；
>
> （二）对涉嫌贪污贿赂、滥用职权、玩忽职守、权力寻租、利益输送、徇私舞弊以及浪费国家资财等职务违法和职务犯罪进行调查；
>
> （三）对违法的公职人员依法作出政务处分决定；对履行职责不力、失职失责的领导人员进行问责；对涉嫌职务犯罪的，将调查结果移送人民检察院依法审查、提起公诉；向监察对象所在单位提出监察建议。

重点解读

本条是关于监察委员会职责的规定。

本条规定了监察委员会依照法律法规负责履行监督、调查、处置的职责，是监察委员会行使职权的基础和根源。监察委员会的职责是监察机关依法应当承担的任务和责任，是监察制度的核心内容。

本条规定的监察委员会的职责包含监督、调查、处置这三项。

本条第1项规定了监察委员会的监督职责，即监察委员会履行对公职人员开展廉政教育，对其依法履职、秉公用权、廉洁从政从业以及道德操守情况进行监督检查的责任和义务。监督是监察委员会的首要职责、基本职责，是预防腐败、防止权力滥用、纠正不依法履职行为以及督促公职人员遵守道德操守的有效途径，有助于从源头上遏制腐败的滋生与蔓延，也是监察委员会调查、处置的重要基础。

本项规定的监督内容是多元的,包括公职人员的政治品行、行使公权力和道德操守情况:(1)政治品行情况。监察委员会对公职人员开展廉政教育,是强化公职人员"不想腐"的基础性工作。通过廉政教育,将公职人员的遵纪守法由外部监督转化为自我监督,让受教育者从思想深处拒绝不廉洁行为。(2)行使公权力情况,包括依法履职、秉公用权、廉洁从政从业情况。监督公职人员依法履职,既要监督检查公职人员行使公权力的行为是否符合既定法律规范的要求,也要监督检查公职人员是否积极作为,防止其懒政怠政。监督公职人员秉公用权,就是监督检查公职人员是否公正用权,不分亲疏,一视同仁,做到"一碗水端平""一把尺子量到底",是否公平公正地行使公权力为人民谋福增利。监督公职人员的廉洁从政从业情况,就是监督检查公职人员是否自觉遵守制度规范、按照制度办事、正确行使权力,防止权力滥用、以权谋私。(3)道德操守情况。监督公职人员的道德操守情况,就是监督检查公职人员是否做到了内外言行一致,在工作生活中处处防危于小,不贪小利,遏制住私欲,用权为公,择友谨慎,交友有度。

本条第2项规定了监察委员会的调查职责,即监察委员会依照法律法规履行对涉嫌贪污贿赂、滥用职权、玩忽职守、权力寻租、利益输送、徇私舞弊以及浪费国家资财等职务违法和职务犯罪的调查职责。监察调查所针对的是职务违法和职务犯罪,既不同于刑事诉讼领域的侦查,也区别于行政领域的调查。监察调查是监察委员会的一项经常性工作,是针对公职人员涉嫌职务违法和职务犯罪行为进行的调查活动。调查的内容包括涉嫌贪污贿赂、滥用职权、玩忽职守、权力寻租、利益输送、徇私舞弊以及浪费国家资财等职务违法和职务犯罪行为,基本涵盖了公职人员的七类腐败行为类型:(1)贪污贿赂行为,指公职人员贪污、挪用、私分公共财物,或者拥有不能说明来源的巨额财产、隐瞒境外存款,以及受贿、行贿、介绍贿赂等侵犯职务行为的廉洁性、不可收买性的行为;(2)滥用职权行为,指公职人员超越职权违法处理无权决定的事项,或者违法处理公务,致使公共财产、国家和人民利益遭受损失的行为;(3)玩忽职守行为,指公职人员严重不负责任,不履行或者不正确履行职责,致使公共财产、国家和人民利益遭受损失的行为;(4)权力寻租行为,指公职人员以公权力为筹码违反或者规避法律法规而获取经济利益的腐败行为;(5)利益输送行为，指公职人员利用其身份、权力和地位形成的便利或影响，亵渎公众信任，违反规定将公共利益转移他人而使他人获利，致使公共财产、国家和人民利益遭受损失的行为；（6）徇私舞弊行为，指公职人员利用职权，为了谋取私利或者徇私情而故意采用隐瞒真相、弄虚作假等方式从事违法的公务行为；（7）浪费国家资财行为，指公职人员违反规定，挥霍公款、铺张浪费的行为。

  本条第 3 项规定了监察委员会的处置职责。处置职责包括四方面的内容：（1）对违法的公职人员依法作出政务处分决定。政务处分是在国家监察体制改革中一项重要制度创新，适应了国家监察全覆盖的需要，是监察委员会对违法公职人员的一种新的法律责任追究方式。《监察法》第 52 条第 1 款第 2 项规定，"对违法的公职人员依照法定程序作出警告、记过、记大过、降级、撤职、开除等政务处分决定"。（2）对履行职责不力、失职失责的领导人员进行问责。问责是对履职不力、失职失责的领导人员的特定追责形式。《监察法》第 52 条第 1 款第 3 项规定："对不履行或者不正确履行职责负有责任的领导人员，按照管理权限对其直接作出问责决定，或者向有权作出问责决定的机关提出问责建议。"问责的对象是领导人员，与公职人员职务违法承担直接责任不同，被问责的领导人员本身没有直接实施职务违法行为，但他们对所领导的单位负有廉政建设和反腐败的主体责任，因此当该单位的公职人员有职务违法行为且领导人员本身存在失职失责情况时，需要承担相应的领导责任。（3）对涉嫌职务犯罪的，将调查结果移送人民检察院依法审查、提起公诉。本项明确规定了监察委员会在对涉嫌职务犯罪案件调查终结后，应当将被调查人连同案卷材料、证据一并移送人民检察院依法进行审查、提起公诉。监察委员会与人民检察院的衔接，本质是监察制度与刑事诉讼制度的衔接。（4）向监察对象所在单位提出监察建议。监察建议，是监察委员会根据监督、调查结果，针对监察对象所在单位廉政建设、权力制约、监督管理、制度执行以及履行职责存在的问题等，向其提出的具有一定法律效力的整改纠正建议。监察建议是监察委员会履行监督职责的重要载体，是做好监督执法"后半篇文章"的有效抓手。《监察法》第 71 条规定："有关单位拒不执行监察机关作出的处理决定，或者无正当理由拒不采纳监察建议的，由其主管部门、上级机关责令改正，对单位给予通报批评；对负有责任的领导人员和直接责任人员依法给予处理。"因此，监察建议不同于一般的工作建议,其具有法律上的约束力,被提出建议的有关单位无正当理由必须履行监察建议中提出的义务,并且将采纳监察建议的情况反馈给监察委员会,否则应当承担相应的法律责任。

> **第十二条　【派驻或派出监察机构、监察专员的设置和领导关系】**
>
> 　　各级监察委员会可以向本级中国共产党机关、国家机关、中国人民政治协商会议委员会机关、法律法规授权或者委托管理公共事务的组织和单位以及辖区内特定区域、国有企业、事业单位等派驻或者派出监察机构、监察专员。
>
> 　　经国家监察委员会批准,国家监察委员会派驻本级实行垂直管理或者双重领导并以上级单位领导为主的单位、国有企业的监察机构、监察专员,可以向驻在单位的下一级单位再派出。
>
> 　　经国家监察委员会批准,国家监察委员会派驻监察机构、监察专员,可以向驻在单位管理领导班子的普通高等学校再派出;国家监察委员会派驻国务院国有资产监督管理机构的监察机构,可以向驻在单位管理领导班子的国有企业再派出。
>
> 　　监察机构、监察专员对派驻或者派出它的监察委员会或者监察机构、监察专员负责。

重点解读

本条是关于派驻或派出监察机构、监察专员的设置和领导关系的规定。

相较原规定,本条有三处修改:(1)在第1款中增加"中国人民政治协商会议委员会机关"和"事业单位",同时修改"所管辖的行政区域"为"辖区内特定区域"。(2)增加两款,作为第2款、第3款:"经国家监察委员会批准,国家监察委员会派驻本级实行垂直管理或者双重领导并以上级单位领导为主的单位、国有企业的监察机构、监察专员，可以向驻在单位的下一级单位再派出。""经国家监察委员会批准，国家监察委员会派驻监察机构、监察专员，可以向驻在单位管理领导班子的普通高等学校再派出；国家监察委员会派驻国务院国有资产监督管理机构的监察机构，可以向驻在单位管理领导班子的国有企业再派出。"（3）将第2款改为第4款，修改为："监察机构、监察专员对派驻或者派出它的监察委员会或者监察机构、监察专员负责。"

本条第1款增加"中国人民政治协商会议委员会机关"是弥补2018年《监察法》的不足。《监察法》第15条第1项规定："监察机关对下列公职人员和有关人员进行监察：（一）中国共产党机关、人民代表大会及其常务委员会机关、人民政府、监察委员会、人民法院、人民检察院、中国人民政治协商会议各级委员会机关、民主党派机关和工商业联合会机关的公务员，以及参照《中华人民共和国公务员法》管理的人员。"中共中央组织部《公务员范围规定》第4条规定："下列机关中除工勤人员以外的工作人员列入公务员范围……（四）中国人民政治协商会议各级委员会机关……（八）各民主党派和工商联的各级机关。"为与《监察法》的监察范围以及《公务员范围规定》中的公务员范围保持一致，派驻对象增加了"中国人民政治协商会议委员会机关"。

同时派驻对象增加了"事业单位"。中共中央组织部《参照〈中华人民共和国公务员法〉管理的单位审批办法》第3条规定："事业单位列入参照管理范围，应当同时具备以下两个条件：（一）具有法律、法规授权的公共事务管理职能；（二）使用事业编制，并由国家财政负担工资福利。"基于这一规定，事业单位可区分为参公管理的事业单位与非参公管理的事业单位两类。由于前者在特定范围内行使公权力，将其纳入监察派驻的对象具有正当性。然而，出于监察资源的集约化利用的考量，是否将非参公管理的事业单位同样纳入监察派驻对象的范畴，此处未有明确规定。

本款中将原规定"所管辖的行政区域"修改为"辖区内特定区域"。原规定的表述过于笼统，根据中央纪委国家监委法规室编写的《〈中华人民共和国监察法〉释义》，对"行政区域"的解释为"街道、乡镇以及不设置人民代表大会的地区、盟等区域"。为保持现行法律法规对行政区域定义的稳定性、避免不必要的重复设置，此次修订明确派驻对象之一为"辖区内特定区域"，是根据制度运行情况对原规定的进一步完善。

由监察委员会派驻或者派出监察机构或监察专员，有利于发挥"派"的权威和"驻"的优势，保证经常、及时、准确地了解分散在各处的监察对象的情况，增强监督的全覆盖和有效性。

本条新增第2款、第3款，规定了监察"再派出"制度，是对监察派驻制度的细化和完善。派驻监督是党的自我监督的重要形式。监察派驻制度的内容十分丰富，深化国家监察体制改革要求将监察派驻制度的原则性规定进一步细化和完善，对派驻或者派出范围、组织形式等具体设置从法律层面进行固定。本次修改新增监察"再派出"制度，规定经国家监委批准，国家监委派驻垂管系统中央一级单位的监察机构可以向其驻在单位的下一级单位再派出，这一举措有效破解了垂管系统监察监督的瓶颈问题，使得监察权得以向下延伸，极大增强了监察监督全覆盖的有效性。同时，中管企业虽在机构编制意义上不属于垂管单位，但在监察权运用的全覆盖方面与垂管单位面临同样困境。对于教育部等中央单位所属的高校和国资委下属的委管企业，因不在国家监委"本级"范畴内而无法被授予监察权。相关企业、高校的监察对象繁多且地域分散，国家监委驻中管企业、国务院国资委、教育部等中央以及单位的派驻机构也难以实现有效监督。因此，此次修改《监察法》，将这些领域与垂管系统一并考虑，纳入监察"再派出"的范畴，这有利于监察委员会更好地促进监察全覆盖，对所监察的公职人员真正实现"看得见、管得着"，及时、准确地了解监察对象情况，有效地实施经常性监督。为加强和规范纪检监察机关派驻机构工作，2022年6月中共中央办公厅印发了《纪检监察机关派驻机构工作规则》（以下简称《派驻机构工作规则》），对派驻机构的领导体制、工作职责、履职程序、管理监督进行了全面规定。

本条第4款是关于领导体制的规定。监察机构、监察专员对派驻或者派出它的监察委员会或者监察机构、监察专员负责，不受驻在单位的领导，履行监督专责，具有开展工作的独立地位。

关联规定

《纪检监察机关派驻机构工作规则》（全文略）

> **第十三条　【派驻或派出监察机构、监察专员的职责】**
> 派驻或者派出的监察机构、监察专员根据授权，按照管理权限依法对公职人员进行监督，提出监察建议，依法对公职人员进行调查、处置。

重点解读

本条是关于派驻或派出监察机构、监察专员职责的规定。

本条明确了派驻或者派出的监察机构、监察专员的法定职责：（1）依法对公职人员进行监督，提出监察建议。派驻或者派出的监察机构、监察专员的基本职责是监督。监督应当突出"关键少数"，将驻在单位领导班子及其成员特别是主要负责人、驻在单位上级党委管理的其他人员、驻在单位党组（党委）管理的领导班子及其成员等作为重点监督对象，通过管好"关键少数"带动"绝大多数"。派驻或者派出监察机构、监察专员根据监督结果，对驻在单位廉政建设和履行职责存在的问题等提出监察建议。（2）依法对公职人员进行调查、处置。对反映驻在单位监察对象问题的检举控告，派驻或者派出监察机构、监察专员按照规定受理和处置，在线索处置和调查方面的权限，因监察对象的干部管理权限的差异而有所不同。需要注意的是，派驻和派出有所区别，派驻监察机构、监察专员的具体职责权限根据派出它的监察机关的授权确定，而派出监察机构、监察专员原则上既可以对公职人员涉嫌职务违法进行调查、处置，也可以对涉嫌职务犯罪进行调查、处置。

第十四条 【监察官制度】

国家实行监察官制度,依法确定监察官的等级设置、任免、考评和晋升等制度。

重点解读

本条是关于监察官制度的规定。

我国监察体制改革的一项重要内容是建立了中国特色监察官制度。本条规定是建立中国特色监察官制度的法律依据,依法确定监察官的等级设置、任免、考评和晋升等制度。建立监察官制度,有利于打造高素质、专业化的监察队伍,增强监察人员的荣誉感、责任感和使命感,规范和加强对监察官的管理和监督,保障监察官依法履行职责,推进反腐败工作规范化、法治化、正规化。

本条规定仅对监察官制度作了原则性规定。为了加强对监察官的管理和监督,2021年8月20日,第十三届全国人大常委会第三十次会议表决通过了《中华人民共和国监察官法》,自2022年1月1日起施行。《监察官法》全面构建了监察官管理和监督制度。有关监察官的权利、义务和管理制度,《监察官法》未作规定的,可根据监察官的身份,分别适用《公务员法》和《事业单位人事管理条例》等法律法规的规定。

关 联 规 定

《监察官法》(正文略)

第三章 监察范围和管辖

第十五条 【监察对象范围】

监察机关对下列公职人员和有关人员进行监察：

（一）中国共产党机关、人民代表大会及其常务委员会机关、人民政府、监察委员会、人民法院、人民检察院、中国人民政治协商会议各级委员会机关、民主党派机关和工商业联合会机关的公务员，以及参照《中华人民共和国公务员法》管理的人员；

（二）法律、法规授权或者受国家机关依法委托管理公共事务的组织中从事公务的人员；

（三）国有企业管理人员；

（四）公办的教育、科研、文化、医疗卫生、体育等单位中从事管理的人员；

（五）基层群众性自治组织中从事管理的人员；

（六）其他依法履行公职的人员。

重点解读

第 15 条是《监察法》中关于监察机关监察对象范围的规定，以下是对该法条的重点解读：

（1）监察对象的基础范围

这一项明确了监察机关监察的基础范围，包括中国共产党机关、人民代表大会及其常务委员会机关、人民政府、监察委员会、人民法院、人民检察院、中国人民政治协商会议各级委员会机关、民主党派机关和工商业联合会机关的公务员。这些机关和人员是国家治理体系的核心组成部分，他们的行为直接关系到国家政权的稳定和公共权力的正确行使。此外，还包括那些参照《公务员法》管理的人员，这意味着监察覆盖的范围不仅包括正式的国家公职人员，还包括那些按照《公务员法》管理的事业单位工作人员等。

（2）授权或委托管理公共事务的人员

这一项将监察范围扩展到那些虽然不是政府机关工作人员，但被法律、法规授权或者受国家机关依法委托管理公共事务的组织中行使公权力的人员。这些人员虽然不直接属于政府机关，但他们的工作同样涉及公共权力的行使，因此也需要受到监察机关的监督。

（3）国有企业管理人员

对国有企业管理人员的监察是为了保护国有资产不受侵犯，防止国有企业的管理人员滥用职权或进行贪腐行为。由于国有企业是国家经济的命脉和重要支柱，对其管理人员的监察对于维护国家经济安全和蓬勃发展至关重要。

（4）公办单位的管理人员

这一项涵盖了公办的教育、科研、文化、医疗卫生、体育等单位中从事管理的人员。这些单位提供基本公共服务，对于社会发展和民生改善有直接影响。因此，将这些管理人员纳入监察范围有助于确保公共资源的合理分配和有效利用。

（5）基层群众性自治组织的管理人员

基层群众性自治组织，如村民委员会和居民委员会，是基层社会治理的重要力量。将这些组织的管理人员纳入监察范围有助于加强基层治理，保障群众自治的健康发展。

（6）其他依法履行公职的人员

这一项是一个兜底条款，它包括所有依法行使或被委托/授权行使公权力但未在前五项中明确列出的人员。这一规定确保了监察机关的监察范围能够覆盖所有行使公权力的个体，无论其是否是国家公职人员。

第15条的核心在于确立了一个全面的监察框架，确保所有行使公权力的公职人员受到有效的监督。这不仅有助于预防和打击腐败，也有助于提升政府效能和公共服务的质量。通过这一条款，监察机关能够实现监察全覆盖，从而维护国家的法治和公共利益。

典型案例

2023年1月8日，中央纪委国家监委网站发布消息：日前，中央纪委国家监委对中国太平保险集团有限责任公司原党委书记、董事长王某严重违纪违法问题进行了立案审查调查。

经查，王某丧失理想信念，背弃初心使命，政治意识淡漠，对抗组织审查；无视中央八项规定精神，违规收受礼品礼金，接受可能影响公正执行公务的宴请和旅游安排；违反组织原则，在干部选拔任用工作中为他人谋取利益并收受财物；违反廉洁纪律，收受可能影响公正执行公务的礼品、礼金，违规拥有非上市公司股份；利用职务便利为他人在获得保险业务、职务晋升等方面谋利，并非法收受巨额财物。

王某严重违反党的政治纪律、组织纪律、廉洁纪律和生活纪律，构成严重职务违法并涉嫌受贿犯罪，且在党的十八大后不收敛、不收手，性质严重，影响恶劣，应予严肃处理。依据《中国共产党纪律处分条例》《中华人民共和国监察法》《中华人民共和国公职人员政务处分法》等有关规定，经中央纪委常委会会议研究并报中共中央批准，决定给予王某开除党籍处分；由国家监委给予其开除公职处分；终止其党的十九大代表资格；收缴其违纪违法所得；将其涉嫌犯罪问题移送检察机关依法审查起诉，所涉财物一并移送。[①]

关联规定

《宪法》

第一百一十条 地方各级人民政府对本级人民代表大会负责并报告工作。县级以上的地方各级人民政府在本级人民代表大会闭会期间，对本级人民代表

[①] 《中国人寿保险（集团）公司党委书记、董事长王某接受中央纪委国家监委纪律审查和监察调查》，载中央纪委国家监委网站：https://www.ccdi.gov.cn/scdcn/zggb/zjsc/202201/t20220108_163096.html，最后访问时间：2025年1月3日。

大会常务委员会负责并报告工作。

地方各级人民政府对上一级国家行政机关负责并报告工作。全国地方各级人民政府都是国务院统一领导下的国家行政机关，都服从国务院。

《公务员法》

第二条 本法所称公务员，是指依法履行公职、纳入国家行政编制、由国家财政负担工资福利的工作人员。

公务员是干部队伍的重要组成部分，是社会主义事业的中坚力量，是人民的公仆。

第一百条 机关根据工作需要，经省级以上公务员主管部门批准，可以对专业性较强的职位和辅助性职位实行聘任制。

前款所列职位涉及国家秘密的，不实行聘任制。

第一百一十二条 法律、法规授权的具有公共事务管理职能的事业单位中除工勤人员以外的工作人员，经批准参照本法进行管理。

《公务员范围规定》

第三条 公务员是干部队伍的重要组成部分，是社会主义事业的中坚力量，是人民的公仆。列入公务员范围的工作人员必须同时符合下列条件：

（一）依法履行公职；

（二）纳入国家行政编制；

（三）由国家财政负担工资福利。

第四条 下列机关中除工勤人员以外的工作人员列入公务员范围：

（一）中国共产党各级机关；

（二）各级人民代表大会及其常务委员会机关；

（三）各级行政机关；

（四）中国人民政治协商会议各级委员会机关；

（五）各级监察机关；

（六）各级审判机关；

（七）各级检察机关；

（八）各民主党派和工商联的各级机关。

第五条 中国共产党各级机关中列入公务员范围的人员：

（一）中央和地方各级党委、纪律检查委员会的领导人员；

（二）中央和地方各级党委工作部门、办事机构和派出机构的工作人员；

（三）中央和地方各级纪律检查委员会机关及其向党和国家机关等派驻或者派出机构的工作人员；

（四）街道、乡、镇党委机关的工作人员。

第六条 各级人民代表大会及其常务委员会机关中列入公务员范围的人员：

（一）县级以上各级人民代表大会常务委员会领导人员，乡、镇人民代表大会主席、副主席；

（二）县级以上各级人民代表大会常务委员会工作机构和办事机构的工作人员；

（三）县级以上各级人民代表大会专门委员会办事机构的工作人员。

第七条 各级行政机关中列入公务员范围的人员：

（一）各级人民政府的领导人员；

（二）县级以上各级人民政府工作部门和派出机构的工作人员；

（三）乡、镇人民政府机关的工作人员。

第八条 中国人民政治协商会议各级委员会机关中列入公务员范围的人员：

（一）中国人民政治协商会议各级委员会的领导人员；

（二）中国人民政治协商会议各级委员会工作机构的工作人员。

第九条 各级监察机关中列入公务员范围的人员：

（一）国家和地方各级监察委员会的领导人员；

（二）国家和地方各级监察委员会机关及其向党和国家机关等派驻或者派出机构的工作人员。

第十条 各级审判机关中列入公务员范围的人员：

（一）最高人民法院和地方各级人民法院的法官、审判辅助人员；

（二）最高人民法院和地方各级人民法院的司法行政人员。

第十一条 各级检察机关中列入公务员范围的人员：

（一）最高人民检察院和地方各级人民检察院的检察官、检察辅助人员；

（二）最高人民检察院和地方各级人民检察院的司法行政人员。

第十二条 各民主党派和工商联的各级机关中列入公务员范围的人员：

（一）中国国民党革命委员会中央和地方各级委员会的领导人员，工作机构的工作人员；

（二）中国民主同盟中央和地方各级委员会的领导人员，工作机构的工作人员；

（三）中国民主建国会中央和地方各级委员会的领导人员，工作机构的工作人员；

（四）中国民主促进会中央和地方各级委员会的领导人员，工作机构的工作人员；

（五）中国农工民主党中央和地方各级委员会的领导人员，工作机构的工作人员；

（六）中国致公党中央和地方各级委员会的领导人员，工作机构的工作人员；

（七）九三学社中央和地方各级委员会的领导人员，工作机构的工作人员；

（八）台湾民主自治同盟中央和地方各级委员会的领导人员，工作机构的工作人员。

中华全国工商业联合会和地方各级工商联的领导人员，工作机构的工作人员。

第十三条 下列人员人事关系所在部门和单位不属于本规定第四条所列机关的，不列入公务员范围：

（一）中国共产党的各级代表大会代表、委员会委员、委员会候补委员、纪律检查委员会委员；

（二）各级人民代表大会代表、常务委员会组成人员、专门委员会成员；

（三）中国人民政治协商会议各级委员会常务委员、委员；

（四）各民主党派中央和地方各级委员会委员、常委和专门委员会成员。中华全国工商业联合会和地方工商联执行委员、常务委员会成员和专门委员会成员。

第十四条 列入公务员范围的人员按照有关规定登记后，方可确定为公务员。

《企业国有资产法》

第五条 本法所称国家出资企业，是指国家出资的国有独资企业、国有独资公司，以及国有资本控股公司、国有资本参股公司。

《国有企业领导人员廉洁从业若干规定》

第二十六条 国有企业领导班子成员以外的对国有资产负有经营管理责任的其他人员、国有企业所属事业单位的领导人员参照本规定执行。

国有参股企业（含国有参股金融企业）中对国有资产负有经营管理责任的人员参照本规定执行。

第二十七条 本规定所称履行国有资产出资人职责的机构，包括作为国有资产出资人代表的各级国有资产监督管理机构、尚未实行政资分开代行出资人职责的政府主管部门和其他机构以及授权经营的母公司。

本规定所称特定关系人，是指与国有企业领导人员有近亲属以及其他共同利益关系的人。

《最高人民法院、最高人民检察院关于办理国家出资企业中职务犯罪案件具体应用法律若干问题的意见》

随着企业改制的不断推进，人民法院、人民检察院在办理国家出资企业中的贪污、受贿等职务犯罪案件时遇到了一些新情况、新问题。这些新情况、新问题具有一定的特殊性和复杂性，需要结合企业改制的特定历史条件，依法妥善地进行处理。现根据刑法规定和相关政策精神，就办理此类刑事案件具体应用法律的若干问题，提出以下意见：

一、关于国家出资企业工作人员在改制过程中隐匿公司、企业财产归个人持股的改制后公司、企业所有的行为的处理

国家工作人员或者受国家机关、国有公司、企业、事业单位、人民团体委托管理、经营国有财产的人员利用职务上的便利，在国家出资企业改制过程中故意通过低估资产、隐瞒债权、虚设债务、虚构产权交易等方式隐匿公司、企业财产，转为本人持有股份的改制后公司、企业所有，应当依法追究刑事责任的，依照刑法第三百八十二条、第三百八十三条的规定，以贪污罪定罪处罚。贪污数额一般应当以所隐匿财产全额计算；改制后公司、企业仍有国有股份的，按股份比例扣除归于国有的部分。

所隐匿财产在改制过程中已为行为人实际控制，或者国家出资企业改制已经完成的，以犯罪既遂处理。

第一款规定以外的人员实施该款行为的,依照刑法第二百七十一条的规定,以职务侵占罪定罪处罚;第一款规定以外的人员与第一款规定的人员共同实施该款行为的,以贪污罪的共犯论处。

在企业改制过程中未采取低估资产、隐瞒债权、虚设债务、虚构产权交易等方式故意隐匿公司、企业财产的,一般不应当认定为贪污;造成国有资产重大损失,依法构成刑法第一百六十八条或者第一百六十九条规定的犯罪的,依照该规定定罪处罚。

二、关于国有公司、企业在改制过程中隐匿公司、企业财产归职工集体持股的改制后公司、企业所有的行为的处理

国有公司、企业违反国家规定,在改制过程中隐匿公司、企业财产,转为职工集体持股的改制后公司、企业所有的,对其直接负责的主管人员和其他直接责任人员,依照刑法第三百九十六条第一款的规定,以私分国有资产罪定罪处罚。

改制后的公司、企业中只有改制前公司、企业的管理人员或者少数职工持股,改制前公司、企业的多数职工未持股的,依照本意见第一条的规定,以贪污罪定罪处罚。

三、关于国家出资企业工作人员使用改制公司、企业的资金担保个人贷款,用于购买改制公司、企业股份的行为的处理

国家出资企业的工作人员在公司、企业改制过程中为购买公司、企业股份,利用职务上的便利,将公司、企业的资金或者金融凭证、有价证券等用于个人贷款担保的,依照刑法第二百七十二条或者第三百八十四条的规定,以挪用资金罪或者挪用公款罪定罪处罚。

行为人在改制前的国家出资企业持有股份的,不影响挪用数额的认定,但量刑时应当酌情考虑。

经有关主管部门批准或者按照有关政策规定,国家出资企业的工作人员为购买改制公司、企业股份实施前款行为的,可以视具体情况不作为犯罪处理。

四、关于国家工作人员在企业改制过程中的渎职行为的处理

国家出资企业中的国家工作人员在公司、企业改制或者国有资产处置过程中严重不负责任或者滥用职权,致使国家利益遭受重大损失的,依照刑法第一百六十八条的规定，以国有公司、企业人员失职罪或者国有公司、企业人员滥用职权罪定罪处罚。

国家出资企业中的国家工作人员在公司、企业改制或者国有资产处置过程中徇私舞弊，将国有资产低价折股或者低价出售给其本人未持有股份的公司、企业或者其他个人，致使国家利益遭受重大损失的，依照刑法第一百六十九条的规定，以徇私舞弊低价折股、出售国有资产罪定罪处罚。

国家出资企业中的国家工作人员在公司、企业改制或者国有资产处置过程中徇私舞弊，将国有资产低价折股或者低价出售给特定关系人持有股份或者本人实际控制的公司、企业，致使国家利益遭受重大损失的，依照刑法第三百八十二条、第三百八十三条的规定，以贪污罪定罪处罚。贪污数额以国有资产的损失数额计算。

国家出资企业中的国家工作人员因实施第一款、第二款行为收受贿赂，同时又构成刑法第三百八十五条规定之罪的，依照处罚较重的规定定罪处罚。

五、关于改制前后主体身份发生变化的犯罪的处理

国家工作人员在国家出资企业改制前利用职务上的便利实施犯罪，在其不再具有国家工作人员身份后又实施同种行为，依法构成不同犯罪的，应当分别定罪，实行数罪并罚。

国家工作人员利用职务上的便利，在国家出资企业改制过程中隐匿公司、企业财产，在其不再具有国家工作人员身份后将所隐匿财产据为己有的，依照刑法第三百八十二条、第三百八十三条的规定，以贪污罪定罪处罚。

国家工作人员在国家出资企业改制过程中利用职务上的便利为请托人谋取利益，事先约定在其不再具有国家工作人员身份后收受请托人财物，或者在身份变化前后连续收受请托人财物的，依照刑法第三百八十五条、第三百八十六条的规定，以受贿罪定罪处罚。

六、关于国家出资企业中国家工作人员的认定

经国家机关、国有公司、企业、事业单位提名、推荐、任命、批准等，在国有控股、参股公司及其分支机构中从事公务的人员，应当认定为国家工作人员。具体的任命机构和程序，不影响国家工作人员的认定。

经国家出资企业中负有管理、监督国有资产职责的组织批准或者研究决定，

代表其在国有控股、参股公司及其分支机构中从事组织、领导、监督、经营、管理工作的人员，应当认定为国家工作人员。

国家出资企业中的国家工作人员，在国家出资企业中持有个人股份或者同时接受非国有股东委托的，不影响其国家工作人员身份的认定。

七、关于国家出资企业的界定

本意见所称"国家出资企业"，包括国家出资的国有独资公司、国有独资企业，以及国有资本控股公司、国有资本参股公司。

是否属于国家出资企业不清楚的，应遵循"谁投资、谁拥有产权"的原则进行界定。企业注册登记中的资金来源与实际出资不符的，应根据实际出资情况确定企业的性质。企业实际出资情况不清楚的，可以综合工商注册、分配形式、经营管理等因素确定企业的性质。

八、关于宽严相济刑事政策的具体贯彻

办理国家出资企业中的职务犯罪案件时，要综合考虑历史条件、企业发展、职工就业、社会稳定等因素，注意具体情况具体分析，严格把握犯罪与一般违规行为的区分界限。对于主观恶意明显、社会危害严重、群众反映强烈的严重犯罪，要坚决依法从严惩处；对于特定历史条件下、为了顺利完成企业改制而实施的违反国家政策法律规定的行为，行为人无主观恶意或者主观恶意不明显，情节较轻，危害不大的，可以不作为犯罪处理。

对于国家出资企业中的职务犯罪，要加大经济上的惩罚力度，充分重视财产刑的适用和执行，最大限度地挽回国家和人民利益遭受的损失。不能退赃的，在决定刑罚时，应当作为重要情节予以考虑。

《中国共产主义青年团国有企业基层组织工作条例（试行）》

第十四条 国有企业团（总）支部的主要职责是：

（一）做好思想政治工作，教育团员青年带头学习贯彻党的创新理论，贯彻落实党的路线、方针、政策，组织团员青年学习科学、文化、法律和业务知识。

（二）宣传、执行党组织的指示和团组织的决议，团结带领团员青年在企业生产经营和改革发展中创先争优、建功立业。

（三）加强团员队伍建设，做好团员教育、管理、监督和服务，做好组织关系转接，严格团的组织生活，落实"三会两制一课"，定期开展主题团日。

（四）把政治标准放在首位，做好经常性发展团员工作；做好推优入党工作，积极向党组织输送新鲜血液。

（五）保障团员权利不受侵犯，及时向团员青年通报团的工作情况，接受团员监督；维护和执行团的纪律，依规稳妥处置不合格团员。

（六）关怀帮扶困难团员，密切联系服务青年，广泛听取团员青年意见建议，为团员青年提供针对性服务。

（七）引导广大团员青年积极参加志愿服务，推动团员成为注册志愿者，弘扬志愿精神，积极服务人民，奉献社会。

《监察法实施条例》

第十五条 监察机关应当坚决维护宪法确立的国家指导思想，加强对公职人员特别是领导人员坚持党的领导、坚持中国特色社会主义制度，贯彻落实党和国家路线方针政策、重大决策部署，履行从严管理监督职责，依法行使公权力等情况的监督。

《政务处分法》

第二十条 法律、法规授权或者受国家机关依法委托管理公共事务的组织中从事公务的人员，以及公办的教育、科研、文化、医疗卫生、体育等单位中从事管理的人员，在政务处分期内，不得晋升职务、岗位和职员等级、职称；其中，被记过、记大过、降级、撤职的，不得晋升薪酬待遇等级。被撤职的，降低职务、岗位或者职员等级，同时降低薪酬待遇。

《公立医院领导人员管理暂行办法》

第二条 本办法适用于县级以上政府、事业单位、社会团体和其他社会组织举办的公立医院领导班子成员。

法律法规对公立医院领导人员管理另有规定的，从其规定。

第四十条 主管机关（部门）党委（党组）及纪检监察机关、组织（人事）部门按照管理权限和职责分工，综合运用考察考核、述职述责述廉、民主生活会、谈心谈话等方式，对公立医院领导班子和领导人员进行监督。

充分发挥医院党组织和党员的监督作用，党员领导人员应当以普通党员身份参加所在党支部或者党小组的组织生活，坚持民主生活会、组织生活会和民主评议党员制度，开展严肃认真的党内政治生活，营造党内民主监督环境。

《中小学校领导人员管理暂行办法》

第二条 本办法适用于公办中小学校领导班子成员。

法律法规对中小学校领导人员管理另有规定的，从其规定。

第三十六条 主管机关（部门）党委（党组）及纪检监察机关、组织（人事）部门按照管理权限和职责分工，综合运用考察考核、述职述责述廉、民主生活会、谈心谈话等方式，对中小学校领导班子和领导人员进行监督。

充分发挥学校党组织和党员的监督作用，党员领导人员应当以普通党员身份参加所在党支部或者党小组的组织生活，坚持民主生活会、组织生活会和民主评议党员制度，开展严肃认真的党内政治生活，营造党内民主监督环境。

《高等学校领导人员管理暂行办法》

第二条 本办法适用于国家举办的普通高等学校领导班子成员。

法律法规对高等学校领导人员管理另有规定的，从其规定。

第三十五条 贯彻全面从严治党要求，完善高等学校领导班子和领导人员特别是主要负责人监督约束机制，构建严密有效的监督体系，督促引导领导人员认真履职尽责，依法依规办事，保持清正廉洁。

第三十六条 加强执行政治纪律和政治规矩的监督，重点监督领导班子和领导人员贯彻执行党的基本路线和党的教育方针，坚持党对高等学校的领导，坚持社会主义办学方向，落实党建工作责任制和意识形态工作责任制，健全组织生活制度，严肃党内政治生活等情况。

第三十七条 加强权力运行的监督，重点监督领导班子和领导人员贯彻民主集中制，坚持集体决策，落实"三重一大"决策制度，公道正派选人用人等情况，加大对招生录取、职务（职称）评聘、基建项目、物资采购、财务管理、科研经费、校办企业等重点领域和关键环节的监督力度。

第三十八条 加强作风和廉洁的监督，重点监督领导班子和领导人员落实中央八项规定精神，加强师德师风建设，廉洁自律等情况。

第三十九条 主管机关（部门）党委（党组）及纪检监察机关、组织（人事）部门按照管理权限和职责分工，综合运用考察考核、述职述责述廉、民主生活会、谈心谈话、巡视、提醒、函询、诫勉等方式，对领导班子和领导人员进行监督。

充分发挥学校党委、院（系）党委（党总支）等基层党组织和党员的监督作用，党员领导人员应当以普通党员身份参加所在党支部的组织生活，坚持民主生活会、组织生活会和民主评议党员制度，开展严肃认真的党内政治生活，营造党内民主监督环境。

第四十条　坚持和完善高等学校党委领导下的校长负责制，健全党委统一领导、党政分工合作、协调运行的工作机制。完善学校内部治理结构和内控机制，实行权力清单制度，明确权力运行程序、规则和权责关系，公开权力运行过程和结果，健全不当用权问责机制。

积极推进校务公开，注意发挥学术委员会、教职工代表大会和学生会等组织在学校民主管理方面的作用，畅通师生员工参与讨论校内事务的途径，拓宽表达意见的渠道。

第四十一条　实行任职承诺制度，领导人员任职后应当签订承诺书，并在校内进行公示。

第四十二条　领导人员应当正确对待监督，主动接受监督，习惯在监督下开展工作，自觉检查和及时纠正存在的问题。

《科研事业单位领导人员管理暂行办法》

第二条　本办法适用于省级以上政府直属以及部门所属自然科学和技术领域科研事业单位领导班子成员。

法律法规对科研事业单位领导人员管理另有规定的，从其规定。

第四十条　主管机关（部门）党委（党组）及纪检监察机关、组织（人事）部门按照管理权限和职责分工，综合运用考察考核、述职述责述廉、民主生活会、谈心谈话等方式，对科研事业单位领导班子和领导人员进行监督。

充分发挥单位党组织和党员的监督作用，党员领导人员应当以普通党员身份参加所在党支部或者党小组的组织生活，坚持民主生活会、组织生活会和民主评议党员制度，开展严肃认真的党内政治生活，营造党内民主监督环境。

《村民委员会组织法》

第六条　村民委员会由主任、副主任和委员共三至七人组成。

村民委员会成员中，应当有妇女成员，多民族村民居住的村应当有人数较少的民族的成员。

对村民委员会成员，根据工作情况，给予适当补贴。

第八条 村民委员会应当支持和组织村民依法发展各种形式的合作经济和其他经济，承担本村生产的服务和协调工作，促进农村生产建设和经济发展。

村民委员会依照法律规定，管理本村属于村农民集体所有的土地和其他财产，引导村民合理利用自然资源，保护和改善生态环境。

村民委员会应当尊重并支持集体经济组织依法独立进行经济活动的自主权，维护以家庭承包经营为基础、统分结合的双层经营体制，保障集体经济组织和村民、承包经营户、联户或者合伙的合法财产权和其他合法权益。

第二十八条 召开村民小组会议，应当有本村民小组十八周岁以上的村民三分之二以上，或者本村民小组三分之二以上的户的代表参加，所作决定应当经到会人员的过半数同意。

村民小组组长由村民小组会议推选。村民小组组长任期与村民委员会的任期相同，可以连选连任。

属于村民小组的集体所有的土地、企业和其他财产的经营管理以及公益事项的办理，由村民小组会议依照有关法律的规定讨论决定，所作决定及实施情况应当及时向本村民小组的村民公布。

《城市居民委员会组织法》

第四条 居民委员会应当开展便民利民的社区服务活动，可以兴办有关的服务事业。

居民委员会管理本居民委员会的财产，任何部门和单位不得侵犯居民委员会的财产所有权。

第七条 居民委员会由主任、副主任和委员共五至九人组成。多民族居住地区，居民委员会中应当有人数较少的民族的成员。

《全国人民代表大会常务委员会关于〈中华人民共和国刑法〉第九十三条第二款的解释》

全国人民代表大会常务委员会讨论了村民委员会等村基层组织人员在从事哪些工作时属于刑法第九十三条第二款规定的"其他依照法律从事公务的人员"，解释如下：

村民委员会等村基层组织人员协助人民政府从事下列行政管理工作，属于刑法第九十三条第二款规定的"其他依照法律从事公务的人员"：

（一）救灾、抢险、防汛、优抚、扶贫、移民、救济款物的管理；

（二）社会捐助公益事业款物的管理；

（三）国有土地的经营和管理；

（四）土地征收、征用补偿费用的管理；

（五）代征、代缴税款；

（六）有关计划生育、户籍、征兵工作；

（七）协助人民政府从事的其他行政管理工作。

村民委员会等村基层组织人员从事前款规定的公务，利用职务上的便利，非法占有公共财物、挪用公款、索取他人财物或者非法收受他人财物，构成犯罪的，适用刑法第三百八十二条和第三百八十三条贪污罪、第三百八十四条挪用公款罪、第三百八十五条和第三百八十六条受贿罪的规定。

现予公告。

《人民陪审员法》

第二条 公民有依法担任人民陪审员的权利和义务。

人民陪审员依照本法产生，依法参加人民法院的审判活动，除法律另有规定外，同法官有同等权利。

第三条 人民陪审员依法享有参加审判活动、独立发表意见、获得履职保障等权利。

人民陪审员应当忠实履行审判职责，保守审判秘密，注重司法礼仪，维护司法形象。

《人民检察院办案活动接受人民监督员监督的规定》

第三条 人民监督员依法、独立、公正履行监督职责。

人民监督员行使监督权受法律保护。

人民监督员履行监督职责，应当遵守国家法律、法规和保密规定。

第六条 各级人民检察院应当明确负责人民监督员工作的机构。人民监督员工作机构的主要职责是：

（一）组织人民监督员监督办案活动；

（二）通报检察工作情况；

（三）受理、审查、办理人民监督员提出的监督要求和相关材料；

（四）协调、督促相关部门办理监督事项；

（五）反馈监督案件处理结果；

（六）有关人民监督员履职的其他工作。

第八条 人民检察院下列工作可以安排人民监督员依法进行监督：

（一）案件公开审查、公开听证；

（二）检察官出庭支持公诉；

（三）巡回检察；

（四）检察建议的研究提出、督促落实等相关工作；

（五）法律文书宣告送达；

（六）案件质量评查；

（七）司法规范化检查；

（八）检察工作情况通报；

（九）其他相关司法办案工作。

《全国人民代表大会常务委员会关于〈中华人民共和国刑法〉第九章渎职罪主体适用问题的解释》

全国人大常委会根据司法实践中遇到的情况，讨论了刑法第九章渎职罪主体的适用问题，解释如下：

在依照法律、法规规定行使国家行政管理职权的组织中从事公务的人员，或者在受国家机关委托代表国家机关行使职权的组织中从事公务的人员，或者虽未列入国家机关人员编制但在国家机关中从事公务的人员，在代表国家机关行使职权时，有渎职行为，构成犯罪的，依照刑法关于渎职罪的规定追究刑事责任。

现予公告。

《最高人民检察院关于渎职侵权犯罪案件立案标准的规定》

根据《中华人民共和国刑法》、《中华人民共和国刑事诉讼法》和其他法律的有关规定，对国家机关工作人员渎职和利用职权实施的侵犯公民人身权利、民主权利犯罪案件的立案标准规定如下：

一、渎职犯罪案件

（一）滥用职权案（第三百九十七条）

滥用职权罪是指国家机关工作人员超越职权，违法决定、处理其无权决定、处理的事项，或者违反规定处理公务，致使公共财产、国家和人民利益遭受重大损失的行为。

涉嫌下列情形之一的，应予立案：

1. 造成死亡 1 人以上，或者重伤 2 人以上，或者重伤 1 人、轻伤 3 人以上，或者轻伤 5 人以上的；

2. 导致 10 人以上严重中毒的；

3. 造成个人财产直接经济损失 10 万元以上，或者直接经济损失不满 10 万元，但间接经济损失 50 万元以上的；

4. 造成公共财产或者法人、其他组织财产直接经济损失 20 万元以上，或者直接经济损失不满 20 万元，但间接经济损失 100 万元以上的；

5. 虽未达到 3、4 两项数额标准，但 3、4 两项合计直接经济损失 20 万元以上，或者合计直接经济损失不满 20 万元，但合计间接经济损失 100 万元以上的；

6. 造成公司、企业等单位停业、停产 6 个月以上，或者破产的；

7. 弄虚作假，不报、缓报、谎报或者授意、指使、强令他人不报、缓报、谎报情况，导致重特大事故危害结果继续、扩大，或者致使抢救、调查、处理工作延误的；

8. 严重损害国家声誉，或者造成恶劣社会影响的；

9. 其他致使公共财产、国家和人民利益遭受重大损失的情形。

国家机关工作人员滥用职权，符合刑法第九章所规定的特殊渎职罪构成要件的，按照该特殊规定追究刑事责任；主体不符合刑法第九章所规定的特殊渎职罪的主体要件，但滥用职权涉嫌前款第 1 项至第 9 项规定情形之一的，按照刑法第 397 条的规定以滥用职权罪追究刑事责任。

（二）玩忽职守案（第三百九十七条）

玩忽职守罪是指国家机关工作人员严重不负责任，不履行或者不认真履行职责，致使公共财产、国家和人民利益遭受重大损失的行为。

涉嫌下列情形之一的，应予立案：

1. 造成死亡 1 人以上，或者重伤 3 人以上，或者重伤 2 人、轻伤 4 人以上，或者重伤 1 人、轻伤 7 人以上，或者轻伤 10 人以上的；

2. 导致 20 人以上严重中毒的；

3. 造成个人财产直接经济损失 15 万元以上，或者直接经济损失不满 15 万元，但间接经济损失 75 万元以上的；

4. 造成公共财产或者法人、其他组织财产直接经济损失 30 万元以上，或者直接经济损失不满 30 万元，但间接经济损失 150 万元以上的；

5. 虽未达到 3、4 两项数额标准，但 3、4 两项合计直接经济损失 30 万元以上，或者合计直接经济损失不满 30 万元，但合计间接经济损失 150 万元以上的；

6. 造成公司、企业等单位停业、停产 1 年以上，或者破产的；

7. 海关、外汇管理部门的工作人员严重不负责任，造成 100 万美元以上外汇被骗购或者逃汇 1000 万美元以上的；

8. 严重损害国家声誉，或者造成恶劣社会影响的；

9. 其他致使公共财产、国家和人民利益遭受重大损失的情形。

国家机关工作人员玩忽职守，符合刑法第九章所规定的特殊渎职罪构成要件的，按照该特殊规定追究刑事责任；主体不符合刑法第九章所规定的特殊渎职罪的主体要件，但玩忽职守涉嫌前款第 1 项至第 9 项规定情形之一的，按照刑法第 397 条的规定以玩忽职守罪追究刑事责任。

（三）故意泄露国家秘密案（第三百九十八条）

故意泄露国家秘密罪是指国家机关工作人员或者非国家机关工作人员违反保守国家秘密法，故意使国家秘密被不应知悉者知悉，或者故意使国家秘密超出了限定的接触范围，情节严重的行为。

涉嫌下列情形之一的，应予立案：

1. 泄露绝密级国家秘密 1 项（件）以上的；

2. 泄露机密级国家秘密 2 项（件）以上的；

3. 泄露秘密级国家秘密 3 项（件）以上的；

4. 向非境外机构、组织、人员泄露国家秘密，造成或者可能造成危害社会稳定、经济发展、国防安全或者其他严重危害后果的；

5. 通过口头、书面或者网络等方式向公众散布、传播国家秘密的；

6. 利用职权指使或者强迫他人违反国家保守秘密法的规定泄露国家秘密的；

7. 以牟取私利为目的泄露国家秘密的；

8. 其他情节严重的情形。

（四）过失泄露国家秘密案（第三百九十八条）

过失泄露国家秘密罪是指国家机关工作人员或者非国家机关工作人员违反保守国家秘密法，过失泄露国家秘密，或者遗失国家秘密载体，致使国家秘密被不应知悉者知悉或者超出了限定的接触范围，情节严重的行为。

涉嫌下列情形之一的，应予立案：

1. 泄露绝密级国家秘密1项（件）以上的；

2. 泄露机密级国家秘密3项（件）以上的；

3. 泄露秘密级国家秘密4项（件）以上的；

4. 违反保密规定，将涉及国家秘密的计算机或者计算机信息系统与互联网相连接，泄露国家秘密的；

5. 泄露国家秘密或者遗失国家秘密载体，隐瞒不报、不如实提供有关情况或者不采取补救措施的；

6. 其他情节严重的情形。

（五）徇私枉法案（第三百九十九条第一款）

徇私枉法罪是指司法工作人员徇私枉法、徇情枉法，对明知是无罪的人而使他受追诉、对明知是有罪的人而故意包庇不使他受追诉，或者在刑事审判活动中故意违背事实和法律作枉法裁判的行为。

涉嫌下列情形之一的，应予立案：

1. 对明知是没有犯罪事实或者其他依法不应当追究刑事责任的人，采取伪造、隐匿、毁灭证据或者其他隐瞒事实、违反法律的手段，以追究刑事责任为目的立案、侦查、起诉、审判的；

2. 对明知是有犯罪事实需要追究刑事责任的人，采取伪造、隐匿、毁灭证据或者其他隐瞒事实、违反法律的手段，故意包庇使其不受立案、侦查、起诉、审判的；

3. 采取伪造、隐匿、毁灭证据或者其他隐瞒事实、违反法律的手段，故意使罪重的人受较轻的追诉，或者使罪轻的人受较重的追诉的；

4. 在立案后，采取伪造、隐匿、毁灭证据或者其他隐瞒事实、违反法律的手段，应当采取强制措施而不采取强制措施，或者虽然采取强制措施，但中断侦查或者超过法定期限不采取任何措施，实际放任不管，以及违法撤销、变更强制措施，致使犯罪嫌疑人、被告人实际脱离司法机关侦控的；

5. 在刑事审判活动中故意违背事实和法律，作出枉法判决、裁定，即有罪判无罪、无罪判有罪，或者重罪轻判、轻罪重判的；

6. 其他徇私枉法应予追究刑事责任的情形。

（六）民事、行政枉法裁判案（第三百九十九条第二款）

民事、行政枉法裁判罪是指司法工作人员在民事、行政审判活动中，故意违背事实和法律作枉法裁判，情节严重的行为。

涉嫌下列情形之一的，应予立案：

1. 枉法裁判，致使当事人或者其近亲属自杀、自残造成重伤、死亡，或者精神失常的；

2. 枉法裁判，造成个人财产直接经济损失10万元以上，或者直接经济损失不满10万元，但间接经济损失50万元以上的；

3. 枉法裁判，造成法人或者其他组织财产直接经济损失20万元以上，或者直接经济损失不满20万元，但间接经济损失100万元以上的；

4. 伪造、变造有关材料、证据，制造假案枉法裁判的；

5. 串通当事人制造伪证，毁灭证据或者篡改庭审笔录而枉法裁判的；

6. 徇私情、私利，明知是伪造、变造的证据予以采信，或者故意对应当采信的证据不予采信，或者故意违反法定程序，或者故意错误适用法律而枉法裁判的；

7. 其他情节严重的情形。

（七）执行判决、裁定失职案（第三百九十九条第三款）

执行判决、裁定失职罪是指司法工作人员在执行判决、裁定活动中，严重不负责任，不依法采取诉讼保全措施、不履行法定执行职责，或者违法采取保全措施、强制执行措施，致使当事人或者其他人的利益遭受重大损失的行为。

涉嫌下列情形之一的，应予立案：

1. 致使当事人或者其近亲属自杀、自残造成重伤、死亡，或者精神失常的；

2. 造成个人财产直接经济损失15万元以上，或者直接经济损失不满15万元，但间接经济损失75万元以上的；

3. 造成法人或者其他组织财产直接经济损失30万元以上，或者直接经济损失不满30万元，但间接经济损失150万元以上的；

4. 造成公司、企业等单位停业、停产1年以上，或者破产的；

5. 其他致使当事人或者其他人的利益遭受重大损失的情形。

（八）执行判决、裁定滥用职权案（第三百九十九条第三款）

执行判决、裁定滥用职权罪是指司法工作人员在执行判决、裁定活动中，滥用职权，不依法采取诉讼保全措施、不履行法定执行职责，或者违法采取保全措施、强制执行措施，致使当事人或者其他人的利益遭受重大损失的行为。

涉嫌下列情形之一的，应予立案：

1. 致使当事人或者其近亲属自杀、自残造成重伤、死亡，或者精神失常的；

2. 造成个人财产直接经济损失10万元以上，或者直接经济损失不满10万元，但间接经济损失50万元以上的；

3. 造成法人或者其他组织财产直接经济损失20万元以上，或者直接经济损失不满20万元，但间接经济损失100万元以上的；

4. 造成公司、企业等单位停业、停产6个月以上，或者破产的；

5. 其他致使当事人或者其他人的利益遭受重大损失的情形。

（九）私放在押人员案（第四百条第一款）

私放在押人员罪是指司法工作人员私放在押（包括在羁押场所和押解途中）的犯罪嫌疑人、被告人或者罪犯的行为。

涉嫌下列情形之一的，应予立案：

1. 私自将在押的犯罪嫌疑人、被告人、罪犯放走，或者授意、指使、强迫他人将在押的犯罪嫌疑人、被告人、罪犯放走的；

2. 伪造、变造有关法律文书、证明材料，以使在押的犯罪嫌疑人、被告人、罪犯逃跑或者被释放的；

3. 为私放在押的犯罪嫌疑人、被告人、罪犯，故意向其通风报信、提供条件，致使该在押的犯罪嫌疑人、被告人、罪犯脱逃的；

4. 其他私放在押的犯罪嫌疑人、被告人、罪犯应予追究刑事责任的情形。

（十）失职致使在押人员脱逃案（第四百条第二款）

失职致使在押人员脱逃罪是指司法工作人员由于严重不负责任，不履行或者不认真履行职责，致使在押（包括在羁押场所和押解途中）的犯罪嫌疑人、被告人、罪犯脱逃，造成严重后果的行为。

涉嫌下列情形之一的，应予立案：

1. 致使依法可能判处或者已经判处 10 年以上有期徒刑、无期徒刑、死刑的犯罪嫌疑人、被告人、罪犯脱逃的；

2. 致使犯罪嫌疑人、被告人、罪犯脱逃 3 人次以上的；

3. 犯罪嫌疑人、被告人、罪犯脱逃以后，打击报复报案人、控告人、举报人、被害人、证人和司法工作人员等，或者继续犯罪的；

4. 其他致使在押的犯罪嫌疑人、被告人、罪犯脱逃，造成严重后果的情形。

（十一）徇私舞弊减刑、假释、暂予监外执行案（第四百零一条）

徇私舞弊减刑、假释、暂予监外执行罪是指司法工作人员徇私舞弊，对不符合减刑、假释、暂予监外执行条件的罪犯予以减刑、假释、暂予监外执行的行为。

涉嫌下列情形之一的，应予立案：

1. 刑罚执行机关的工作人员对不符合减刑、假释、暂予监外执行条件的罪犯，捏造事实，伪造材料，违法报请减刑、假释、暂予监外执行的；

2. 审判人员对不符合减刑、假释、暂予监外执行条件的罪犯，徇私舞弊，违法裁定减刑、假释或者违法决定暂予监外执行的；

3. 监狱管理机关、公安机关的工作人员对不符合暂予监外执行条件的罪犯，徇私舞弊，违法批准暂予监外执行的；

4. 不具有报请、裁定、决定或者批准减刑、假释、暂予监外执行权的司法工作人员利用职务上的便利，伪造有关材料，导致不符合减刑、假释、暂予监外执行条件的罪犯被减刑、假释、暂予监外执行的；

5. 其他徇私舞弊减刑、假释、暂予监外执行应予追究刑事责任的情形。

（十二）徇私舞弊不移交刑事案件案（第四百零二条）

徇私舞弊不移交刑事案件罪是指工商行政管理、税务、监察等行政执法人员，徇私舞弊，对依法应当移交司法机关追究刑事责任的案件不移交，情节严重的行为。

涉嫌下列情形之一的，应予立案：

1. 对依法可能判处 3 年以上有期徒刑、无期徒刑、死刑的犯罪案件不移交的；

2. 不移交刑事案件涉及 3 人次以上的；

3. 司法机关提出意见后，无正当理由仍然不予移交的；

4. 以罚代刑，放纵犯罪嫌疑人，致使犯罪嫌疑人继续进行违法犯罪活动的；

5. 行政执法部门主管领导阻止移交的；

6. 隐瞒、毁灭证据，伪造材料，改变刑事案件性质的；

7. 直接负责的主管人员和其他直接责任人员为牟取本单位私利而不移交刑事案件，情节严重的；

8. 其他情节严重的情形。

（十三）滥用管理公司、证券职权案（第四百零三条）

滥用管理公司、证券职权罪是指工商行政管理、证券管理等国家有关主管部门的工作人员徇私舞弊，滥用职权，对不符合法律规定条件的公司设立、登记申请或者股票、债券发行、上市申请予以批准或者登记，致使公共财产、国家和人民利益遭受重大损失的行为，以及上级部门、当地政府强令登记机关及其工作人员实施上述行为的行为。

涉嫌下列情形之一的，应予立案：

1. 造成直接经济损失 50 万元以上的；

2. 工商行政管理部门的工作人员对不符合法律规定条件的公司设立、登记申请，违法予以批准、登记，严重扰乱市场秩序的；

3. 金融证券管理机构的工作人员对不符合法律规定条件的股票、债券发行、上市申请，违法予以批准，严重损害公众利益，或者严重扰乱金融秩序的；

4. 工商行政管理部门、金融证券管理机构的工作人员对不符合法律规定条件的公司设立、登记申请或者股票、债券发行、上市申请违法予以批准或者登记，致使犯罪行为得逞的；

5. 上级部门、当地政府直接负责的主管人员强令登记机关及其工作人员，对不符合法律规定条件的公司设立、登记申请或者股票、债券发行、上市申请予以批准或者登记，致使公共财产、国家或者人民利益遭受重大损失的；

6. 其他致使公共财产、国家和人民利益遭受重大损失的情形。

（十四）徇私舞弊不征、少征税款案（第四百零四条）

徇私舞弊不征、少征税款罪是指税务机关工作人员徇私舞弊，不征、少征应征税款，致使国家税收遭受重大损失的行为。

涉嫌下列情形之一的，应予立案：

1. 徇私舞弊不征、少征应征税款，致使国家税收损失累计达 10 万元以上的；

2. 上级主管部门工作人员指使税务机关工作人员徇私舞弊不征、少征应征税款，致使国家税收损失累计达 10 万元以上的；

3. 徇私舞弊不征、少征应征税款不满 10 万元，但具有索取或者收受贿赂或者其他恶劣情节的；

4. 其他致使国家税收遭受重大损失的情形。

（十五）徇私舞弊发售发票、抵扣税款、出口退税案（第四百零五条第一款）

徇私舞弊发售发票、抵扣税款、出口退税罪是指税务机关工作人员违反法律、行政法规的规定，在办理发售发票、抵扣税款、出口退税工作中徇私舞弊，致使国家利益遭受重大损失的行为。

涉嫌下列情形之一的，应予立案：

1. 徇私舞弊，致使国家税收损失累计达 10 万元以上的；

2. 徇私舞弊，致使国家税收损失累计不满 10 万元，但发售增值税专用发票 25 份以上或者其他发票 50 份以上或者增值税专用发票与其他发票合计 50 份以上，或者具有索取、收受贿赂或者其他恶劣情节的；

3. 其他致使国家利益遭受重大损失的情形。

（十六）违法提供出口退税凭证案（第四百零五条第二款）

违法提供出口退税凭证罪是指海关、外汇管理等国家机关工作人员违反国家规定，在提供出口货物报关单、出口收汇核销单等出口退税凭证的工作中徇私舞弊，致使国家利益遭受重大损失的行为。

涉嫌下列情形之一的，应予立案：

1. 徇私舞弊，致使国家税收损失累计达 10 万元以上的；

2. 徇私舞弊，致使国家税收损失累计不满 10 万元，但具有索取、收受贿赂或者其他恶劣情节的；

3. 其他致使国家利益遭受重大损失的情形。

（十七）国家机关工作人员签订、履行合同失职被骗案（第四百零六条）

国家机关工作人员签订、履行合同失职被骗罪是指国家机关工作人员在签订、履行合同过程中，因严重不负责任，不履行或者不认真履行职责被诈骗，致使国家利益遭受重大损失的行为。

涉嫌下列情形之一的，应予立案：

1. 造成直接经济损失 30 万元以上，或者直接经济损失不满 30 万元，但间接经济损失 150 万元以上的；

2. 其他致使国家利益遭受重大损失的情形。

（十八）违法发放林木采伐许可证案（第四百零七条）

违法发放林木采伐许可证罪是指林业主管部门的工作人员违反森林法的规定，超过批准的年采伐限额发放林木采伐许可证或者违反规定滥发林木采伐许可证，情节严重，致使森林遭受严重破坏的行为。

涉嫌下列情形之一的，应予立案：

1. 发放林木采伐许可证允许采伐数量累计超过批准的年采伐限额，导致林木被超限额采伐 10 立方米以上的；

2. 滥发林木采伐许可证，导致林木被滥伐 20 立方米以上，或者导致幼树被滥伐 1000 株以上的；

3. 滥发林木采伐许可证，导致防护林、特种用途林被滥伐 5 立方米以上，或者幼树被滥伐 200 株以上的；

4. 滥发林木采伐许可证，导致珍贵树木或者国家重点保护的其他树木被滥伐的；

5. 滥发林木采伐许可证，导致国家禁止采伐的林木被采伐的；

6. 其他情节严重，致使森林遭受严重破坏的情形。

林业主管部门工作人员之外的国家机关工作人员，违反森林法的规定，滥用职权或者玩忽职守，致使林木被滥伐 40 立方米以上或者幼树被滥伐 2000 株以上，或者致使防护林、特种用途林被滥伐 10 立方米以上或者幼树被滥伐 400 株以上，或者致使珍贵树木被采伐、毁坏 4 立方米或者 4 株以上，或者致使国家重点保护的其他植物被采伐、毁坏后果严重的，或者致使国家严禁采伐的林木被采伐、毁坏情节恶劣的，按照刑法第 397 条的规定以滥用职权罪或者玩忽职守罪追究刑事责任。

（十九）环境监管失职案（第四百零八条）

环境监管失职罪是指负有环境保护监督管理职责的国家机关工作人员严重不负责任，不履行或者不认真履行环境保护监管职责导致发生重大环境污染事故，致使公私财产遭受重大损失或者造成人身伤亡的严重后果的行为。

涉嫌下列情形之一的，应予立案：

1. 造成死亡 1 人以上，或者重伤 3 人以上，或者重伤 2 人、轻伤 4 人以上，或者重伤 1 人、轻伤 7 人以上，或者轻伤 10 人以上的；

2. 导致 30 人以上严重中毒的；

3. 造成个人财产直接经济损失 15 万元以上，或者直接经济损失不满 15 万元，但间接经济损失 75 万元以上的；

4. 造成公共财产、法人或者其他组织财产直接经济损失 30 万元以上，或者直接经济损失不满 30 万元，但间接经济损失 150 万元以上的；

5. 虽未达到 3、4 两项数额标准，但 3、4 两项合计直接经济损失 30 万元以上，或者合计直接经济损失不满 30 万元，但合计间接经济损失 150 万元以上的；

6. 造成基本农田或者防护林地、特种用途林地 10 亩以上，或者基本农田以外的耕地 50 亩以上，或者其他土地 70 亩以上被严重毁坏的；

7. 造成生活饮用水地表水源和地下水源严重污染的；

8. 其他致使公私财产遭受重大损失或者造成人身伤亡严重后果的情形。

（二十）传染病防治失职案（第四百零九条）

传染病防治失职罪是指从事传染病防治的政府卫生行政部门的工作人员严重不负责任，不履行或者不认真履行传染病防治监管职责，导致传染病传播或者流行，情节严重的行为。

涉嫌下列情形之一的，应予立案：

1. 导致甲类传染病传播的；

2. 导致乙类、丙类传染病流行的；

3. 因传染病传播或者流行，造成人员重伤或者死亡的；

4. 因传染病传播或者流行，严重影响正常的生产、生活秩序的；

5. 在国家对突发传染病疫情等灾害采取预防、控制措施后，对发生突发传染病疫情等灾害的地区或者突发传染病病人、病原携带者、疑似突发传染病病人，未按照预防、控制突发传染病疫情等灾害工作规范的要求做好防疫、检疫、隔离、防护、救治等工作，或者采取的预防、控制措施不当，造成传染范围扩大或者疫情、灾情加重的；

6. 在国家对突发传染病疫情等灾害采取预防、控制措施后，隐瞒、缓报、谎报或者授意、指使、强令他人隐瞒、缓报、谎报疫情、灾情，造成传染范围扩大或者疫情、灾情加重的；

7. 在国家对突发传染病疫情等灾害采取预防、控制措施后，拒不执行突发传染病疫情等灾害应急处理指挥机构的决定、命令，造成传染范围扩大或者疫情、灾情加重的；

8. 其他情节严重的情形。

（二十一）非法批准征用、占用土地案（第四百一十条）

非法批准征用、占用土地罪是指国家机关工作人员徇私舞弊，违反土地管理法、森林法、草原法等法律以及有关行政法规中关于土地管理的规定，滥用职权，非法批准征用、占用耕地、林地等农用地以及其他土地，情节严重的行为。

涉嫌下列情形之一的，应予立案：

1. 非法批准征用、占用基本农田 10 亩以上的；

2. 非法批准征用、占用基本农田以外的耕地 30 亩以上的；

3. 非法批准征用、占用其他土地 50 亩以上的；

4. 虽未达到上述数量标准，但造成有关单位、个人直接经济损失 30 万元以上，或者造成耕地大量毁坏或者植被遭到严重破坏的；

5. 非法批准征用、占用土地，影响群众生产、生活，引起纠纷，造成恶劣影响或者其他严重后果的；

6. 非法批准征用、占用防护林地、特种用途林地分别或者合计 10 亩以上的；

7. 非法批准征用、占用其他林地 20 亩以上的；

8. 非法批准征用、占用林地造成直接经济损失 30 万元以上，或者造成防护林地、特种用途林地分别或者合计 5 亩以上或者其他林地 10 亩以上毁坏的；

9. 其他情节严重的情形。

（二十二）非法低价出让国有土地使用权案（第四百一十条）

非法低价出让国有土地使用权罪是指国家机关工作人员徇私舞弊，违反土地管理法、森林法、草原法等法律以及有关行政法规中关于土地管理的规定，滥用职权，非法低价出让国有土地使用权，情节严重的行为。

涉嫌下列情形之一的，应予立案：

1. 非法低价出让国有土地 30 亩以上，并且出让价额低于国家规定的最低价额标准的百分之六十的；

2. 造成国有土地资产流失价额 30 万元以上的；

3. 非法低价出让国有土地使用权，影响群众生产、生活，引起纠纷，造成恶劣影响或者其他严重后果的；

4. 非法低价出让林地合计 30 亩以上，并且出让价额低于国家规定的最低价额标准的百分之六十的；

5. 造成国有资产流失 30 万元以上的；

6. 其他情节严重的情形。

（二十三）放纵走私案（第四百一十一条）

放纵走私罪是指海关工作人员徇私舞弊，放纵走私，情节严重的行为。

涉嫌下列情形之一的，应予立案：

1. 放纵走私犯罪的；

2. 因放纵走私致使国家应收税额损失累计达 10 万元以上的；

3. 放纵走私行为 3 起次以上的；

4. 放纵走私行为，具有索取或者收受贿赂情节的；

5. 其他情节严重的情形。

（二十四）商检徇私舞弊案（第四百一十二条第一款）

商检徇私舞弊罪是指出入境检验检疫机关、检验检疫机构工作人员徇私舞弊，伪造检验结果的行为。

涉嫌下列情形之一的，应予立案：

1. 采取伪造、变造的手段对报检的商品的单证、印章、标志、封识、质量认证标志等作虚假的证明或者出具不真实的证明结论的；

2. 将送检的合格商品检验为不合格，或者将不合格商品检验为合格的；

3. 对明知是不合格的商品，不检验而出具合格检验结果的；

4. 其他伪造检验结果应予追究刑事责任的情形。

（二十五）商检失职案（第四百一十二条第二款）

商检失职罪是指出入境检验检疫机关、检验检疫机构工作人员严重不负责任，对应当检验的物品不检验，或者延误检验出证、错误出证，致使国家利益遭受重大损失的行为。

涉嫌下列情形之一的，应予立案：

1. 致使不合格的食品、药品、医疗器械等商品出入境，严重危害生命健康的；

2. 造成个人财产直接经济损失15万元以上，或者直接经济损失不满15万元，但间接经济损失75万元以上的；

3. 造成公共财产、法人或者其他组织财产直接经济损失30万元以上，或者直接经济损失不满30万元，但间接经济损失150万元以上的；

4. 未经检验，出具合格检验结果，致使国家禁止进口的固体废物、液态废物和气态废物等进入境内的；

5. 不检验或者延误检验出证、错误出证，引起国际经济贸易纠纷，严重影响国家对外经贸关系，或者严重损害国家声誉的；

6. 其他致使国家利益遭受重大损失的情形。

（二十六）动植物检疫徇私舞弊案（第四百一十三条第一款）

动植物检疫徇私舞弊罪是指出入境检验检疫机关、检验检疫机构工作人员徇私舞弊，伪造检疫结果的行为。

涉嫌下列情形之一的，应予立案：

1. 采取伪造、变造的手段对检疫的单证、印章、标志、封识等作虚假的证明或者出具不真实的结论的；

2. 将送检的合格动植物检疫为不合格，或者将不合格动植物检疫为合格的；

3. 对明知是不合格的动植物，不检疫而出具合格检疫结果的；

4. 其他伪造检疫结果应予追究刑事责任的情形。

（二十七）动植物检疫失职案（第四百一十三条第二款）

动植物检疫失职罪是指出入境检验检疫机关、检验检疫机构工作人员严重不负责任，对应当检疫的检疫物不检疫，或者延误检疫出证、错误出证，致使国家利益遭受重大损失的行为。

涉嫌下列情形之一的，应予立案：

1. 导致疫情发生，造成人员重伤或者死亡的；

2. 导致重大疫情发生、传播或者流行的；

3. 造成个人财产直接经济损失 15 万元以上，或者直接经济损失不满 15 万元，但间接经济损失 75 万元以上的；

4. 造成公共财产或者法人、其他组织财产直接经济损失 30 万元以上，或者直接经济损失不满 30 万元，但间接经济损失 150 万元以上的；

5. 不检疫或者延误检疫出证、错误出证，引起国际经济贸易纠纷，严重影响国家对外经贸关系，或者严重损害国家声誉的；

6. 其他致使国家利益遭受重大损失的情形。

（二十八）放纵制售伪劣商品犯罪行为案（第四百一十四条）

放纵制售伪劣商品犯罪行为罪是指对生产、销售伪劣商品犯罪行为负有追究责任的国家机关工作人员徇私舞弊，不履行法律规定的追究职责，情节严重的行为。

涉嫌下列情形之一的，应予立案：

1. 放纵生产、销售假药或者有毒、有害食品犯罪行为的；

2. 放纵生产、销售伪劣农药、兽药、化肥、种子犯罪行为的；

3. 放纵依法可能判处 3 年有期徒刑以上刑罚的生产、销售伪劣商品犯罪行为的；

4. 对生产、销售伪劣商品犯罪行为不履行追究职责，致使生产、销售伪劣商品犯罪行为得以继续的；

5. 3次以上不履行追究职责，或者对3个以上有生产、销售伪劣商品犯罪行为的单位或者个人不履行追究职责的；

6. 其他情节严重的情形。

（二十九）办理偷越国（边）境人员出入境证件案（第四百一十五条）

办理偷越国（边）境人员出入境证件罪是指负责办理护照、签证以及其他出入境证件的国家机关工作人员，对明知是企图偷越国（边）境的人员，予以办理出入境证件的行为。

负责办理护照、签证以及其他出入境证件的国家机关工作人员涉嫌在办理护照、签证以及其他出入境证件的过程中，对明知是企图偷越国（边）境的人员而予以办理出入境证件的，应予立案。

（三十）放行偷越国（边）境人员案（第四百一十五条）

放行偷越国（边）境人员罪是指边防、海关等国家机关工作人员，对明知是偷越国（边）境的人员予以放行的行为。

边防、海关等国家机关工作人员涉嫌在履行职务过程中，对明知是偷越国（边）境的人员而予以放行的，应予立案。

（三十一）不解救被拐卖、绑架妇女、儿童案（第四百一十六条第一款）

不解救被拐卖、绑架妇女、儿童罪是指对被拐卖、绑架的妇女、儿童负有解救职责的公安、司法等国家机关工作人员接到被拐卖、绑架的妇女、儿童及其家属的解救要求或者接到其他人的举报，而对被拐卖、绑架的妇女、儿童不进行解救，造成严重后果的行为。

涉嫌下列情形之一的，应予立案：

1. 导致被拐卖、绑架的妇女、儿童或者其家属重伤、死亡或者精神失常的；

2. 导致被拐卖、绑架的妇女、儿童被转移、隐匿、转卖，不能及时进行解救的；

3. 对被拐卖、绑架的妇女、儿童不进行解救3人次以上的；

4. 对被拐卖、绑架的妇女、儿童不进行解救，造成恶劣社会影响的；

5. 其他造成严重后果的情形。

（三十二）阻碍解救被拐卖、绑架妇女、儿童案（第四百一十六条第二款）

阻碍解救被拐卖、绑架妇女、儿童罪是指对被拐卖、绑架的妇女、儿童负有解救职责的公安、司法等国家机关工作人员利用职务阻碍解救被拐卖、绑架的妇女、儿童的行为。

涉嫌下列情形之一的，应予立案：

1. 利用职权，禁止、阻止或者妨碍有关部门、人员解救被拐卖、绑架的妇女、儿童的；

2. 利用职务上的便利，向拐卖、绑架者或者收买者通风报信，妨碍解救工作正常进行的；

3. 其他利用职务阻碍解救被拐卖、绑架的妇女、儿童应予追究刑事责任的情形。

（三十三）帮助犯罪分子逃避处罚案（第四百一十七条）

帮助犯罪分子逃避处罚罪是指有查禁犯罪活动职责的司法及公安、国家安全、海关、税务等国家机关工作人员，向犯罪分子通风报信、提供便利，帮助犯罪分子逃避处罚的行为。

涉嫌下列情形之一的，应予立案：

1. 向犯罪分子泄漏有关部门查禁犯罪活动的部署、人员、措施、时间、地点等情况的；

2. 向犯罪分子提供钱物、交通工具、通讯设备、隐藏处所等便利条件的；

3. 向犯罪分子泄漏案情的；

4. 帮助、示意犯罪分子隐匿、毁灭、伪造证据，或者串供、翻供的；

5. 其他帮助犯罪分子逃避处罚应予追究刑事责任的情形。

（三十四）招收公务员、学生徇私舞弊案（第四百一十八条）

招收公务员、学生徇私舞弊罪是指国家机关工作人员在招收公务员、省级以上教育行政部门组织招收的学生工作中徇私舞弊，情节严重的行为。

涉嫌下列情形之一的，应予立案：

1. 徇私舞弊，利用职务便利，伪造、变造人事、户口档案、考试成绩或者其他影响招收工作的有关资料，或者明知是伪造、变造的上述材料而予以认可的；

2. 徇私舞弊，利用职务便利，帮助 5 名以上考生作弊的；

3. 徇私舞弊招收不合格的公务员、学生 3 人次以上的；

4. 因徇私舞弊招收不合格的公务员、学生，导致被排挤的合格人员或者其近亲属自杀、自残造成重伤、死亡，或者精神失常的；

5. 因徇私舞弊招收公务员、学生，导致该项招收工作重新进行的；

6. 其他情节严重的情形。

(三十五) 失职造成珍贵文物损毁、流失案（第四百一十九条）

失职造成珍贵文物损毁、流失罪是指文物行政部门、公安机关、工商行政管理部门、海关、城乡建设规划部门等国家机关工作人员严重不负责任，造成珍贵文物损毁或者流失，后果严重的行为。

涉嫌下列情形之一的，应予立案：

1. 导致国家一、二、三级珍贵文物损毁或者流失的；

2. 导致全国重点文物保护单位或者省、自治区、直辖市级文物保护单位损毁的；

3. 其他后果严重的情形。

二、国家机关工作人员利用职权实施的侵犯公民人身权利、民主权利犯罪案件

(一) 国家机关工作人员利用职权实施的非法拘禁案（第二百三十八条）

非法拘禁罪是指以拘禁或者其他方法非法剥夺他人人身自由的行为。

国家机关工作人员利用职权非法拘禁，涉嫌下列情形之一的，应予立案：

1. 非法剥夺他人人身自由 24 小时以上的；

2. 非法剥夺他人人身自由，并使用械具或者捆绑等恶劣手段，或者实施殴打、侮辱、虐待行为的；

3. 非法拘禁，造成被拘禁人轻伤、重伤、死亡的；

4. 非法拘禁，情节严重，导致被拘禁人自杀、自残造成重伤、死亡，或者精神失常的；

5. 非法拘禁 3 人次以上的；

6. 司法工作人员对明知是没有违法犯罪事实的人而非法拘禁的；

7. 其他非法拘禁应予追究刑事责任的情形。

（二）国家机关工作人员利用职权实施的非法搜查案（第二百四十五条）

非法搜查罪是指非法搜查他人身体、住宅的行为。

国家机关工作人员利用职权非法搜查，涉嫌下列情形之一的，应予立案：

1. 非法搜查他人身体、住宅，并实施殴打、侮辱等行为的；

2. 非法搜查，情节严重，导致被搜查人或者其近亲属自杀、自残造成重伤、死亡，或者精神失常的；

3. 非法搜查，造成财物严重损坏的；

4. 非法搜查3人（户）次以上的；

5. 司法工作人员对明知是与涉嫌犯罪无关的人身、住宅非法搜查的；

6. 其他非法搜查应予追究刑事责任的情形。

（三）刑讯逼供案（第二百四十七条）

刑讯逼供罪是指司法工作人员对犯罪嫌疑人、被告人使用肉刑或者变相肉刑逼取口供的行为。

涉嫌下列情形之一的，应予立案：

1. 以殴打、捆绑、违法使用械具等恶劣手段逼取口供的；

2. 以较长时间冻、饿、晒、烤等手段逼取口供，严重损害犯罪嫌疑人、被告人身体健康的；

3. 刑讯逼供造成犯罪嫌疑人、被告人轻伤、重伤、死亡的；

4. 刑讯逼供，情节严重，导致犯罪嫌疑人、被告人自杀、自残造成重伤、死亡，或者精神失常的；

5. 刑讯逼供，造成错案的；

6. 刑讯逼供3人次以上的；

7. 纵容、授意、指使、强迫他人刑讯逼供，具有上述情形之一的；

8. 其他刑讯逼供应予追究刑事责任的情形。

（四）暴力取证案（第二百四十七条）

暴力取证罪是指司法工作人员以暴力逼取证人证言的行为。

涉嫌下列情形之一的，应予立案：

1. 以殴打、捆绑、违法使用械具等恶劣手段逼取证人证言的；

2. 暴力取证造成证人轻伤、重伤、死亡的；

3. 暴力取证，情节严重，导致证人自杀、自残造成重伤、死亡，或者精神失常的；

4. 暴力取证，造成错案的；

5. 暴力取证 3 人次以上的；

6. 纵容、授意、指使、强迫他人暴力取证，具有上述情形之一的；

7. 其他暴力取证应予追究刑事责任的情形。

（五） 虐待被监管人案（第二百四十八条）

虐待被监管人罪是指监狱、拘留所、看守所、拘役所、劳教所等监管机构的监管人员对被监管人进行殴打或者体罚虐待，情节严重的行为。

涉嫌下列情形之一的，应予立案：

1. 以殴打、捆绑、违法使用械具等恶劣手段虐待被监管人的；

2. 以较长时间冻、饿、晒、烤等手段虐待被监管人，严重损害其身体健康的；

3. 虐待造成被监管人轻伤、重伤、死亡的；

4. 虐待被监管人，情节严重，导致被监管人自杀、自残造成重伤、死亡，或者精神失常的；

5. 殴打或者体罚虐待 3 人次以上的；

6. 指使被监管人殴打、体罚虐待其他被监管人，具有上述情形之一的；

7. 其他情节严重的情形。

（六） 报复陷害案（第二百五十四条）

报复陷害罪是指国家机关工作人员滥用职权、假公济私，对控告人、申诉人、批评人、举报人实行报复陷害的行为。

涉嫌下列情形之一的，应予立案：

1. 报复陷害，情节严重，导致控告人、申诉人、批评人、举报人或者其近亲属自杀、自残造成重伤、死亡，或者精神失常的；

2. 致使控告人、申诉人、批评人、举报人或者其近亲属的其他合法权利受到严重损害的；

3. 其他报复陷害应予追究刑事责任的情形。

（七）国家机关工作人员利用职权实施的破坏选举案（第二百五十六条）

破坏选举罪是指在选举各级人民代表大会代表和国家机关领导人员时，以暴力、威胁、欺骗、贿赂、伪造选举文件、虚报选举票数或者编造选举结果等手段破坏选举或者妨害选民和代表自由行使选举权和被选举权，情节严重的行为。

国家机关工作人员利用职权破坏选举，涉嫌下列情形之一的，应予立案：

1. 以暴力、威胁、欺骗、贿赂等手段，妨害选民、各级人民代表大会代表自由行使选举权和被选举权，致使选举无法正常进行，或者选举无效，或者选举结果不真实的；

2. 以暴力破坏选举场所或者选举设备，致使选举无法正常进行的；

3. 伪造选民证、选票等选举文件，虚报选举票数，产生不真实的选举结果或者强行宣布合法选举无效、非法选举有效的；

4. 聚众冲击选举场所或者故意扰乱选举场所秩序，使选举工作无法进行的；

5. 其他情节严重的情形。

三、附　则

（一）本规定中每个罪案名称后所注明的法律条款系《中华人民共和国刑法》的有关条款。

（二）本规定所称"以上"包括本数；有关犯罪数额"不满"，是指已达到该数额百分之八十以上的。

（三）本规定中的"国家机关工作人员"，是指在国家机关中从事公务的人员，包括在各级国家权力机关、行政机关、司法机关和军事机关中从事公务的人员。在依照法律、法规规定行使国家行政管理职权的组织中从事公务的人员，或者在受国家机关委托代表国家行使职权的组织中从事公务的人员，或者虽未列入国家机关人员编制但在国家机关中从事公务的人员，在代表国家机关行使职权时，视为国家机关工作人员。在乡（镇）以上中国共产党机关、人民政协机关中从事公务的人员，视为国家机关工作人员。

（四）本规定中的"直接经济损失"，是指与行为有直接因果关系而造成的财产损毁、减少的实际价值；"间接经济损失"，是指由直接经济损失引起和牵连的其他损失，包括失去的在正常情况下可以获得的利益和为恢复正常的管理活动或者挽回所造成的损失所支付的各种开支、费用等。

有下列情形之一的，虽然有债权存在，但已无法实现债权的，可以认定为已经造成了经济损失：（1）债务人已经法定程序被宣告破产，且无法清偿债务；（2）债务人潜逃，去向不明；（3）因行为人责任，致使超过诉讼时效；（4）有证据证明债权无法实现的其他情况。

直接经济损失和间接经济损失，是指立案时确已造成的经济损失。移送审查起诉前，犯罪嫌疑人及其亲友自行挽回的经济损失，以及由司法机关或者犯罪嫌疑人所在单位及其上级主管部门挽回的经济损失，不予扣减，但可作为对犯罪嫌疑人从轻处理的情节考虑。

（五）本规定中的"徇私舞弊"，是指国家机关工作人员为徇私情、私利，故意违背事实和法律，伪造材料，隐瞒情况，弄虚作假的行为。

（六）本规定自公布之日起施行。本规定发布前有关人民检察院直接受理立案侦查的国家机关工作人员渎职和利用职权实施的侵犯公民人身权利、民主权利犯罪案件的立案标准，与本规定有重复或者不一致的，适用本规定。

对于本规定施行前发生的国家机关工作人员渎职和利用职权实施的侵犯公民人身权利、民主权利犯罪案件，按照《最高人民法院、最高人民检察院关于适用刑事司法解释时间效力问题的规定》办理。

第十六条　【监察管辖原则】

各级监察机关按照管理权限管辖本辖区内本法第十五条规定的人员所涉监察事项。

上级监察机关可以办理下一级监察机关管辖范围内的监察事项，必要时也可以办理所辖各级监察机关管辖范围内的监察事项。

监察机关之间对监察事项的管辖有争议的，由其共同的上级监察机关确定。

重点解读

第16条是《监察法》中对监察机关管辖权的规定，以下是对该条款的重点解读。

1. 管辖权的层级划分

"各级监察机关按照管理权限管辖本辖区内本法第十五条规定的人员所涉监察事项。"这一规定明确了监察机关的管辖权是按照层级划分的，即不同级别的监察机关负责不同级别的监察对象。监察机关的级别与其监察对象的级别相对应，确保监察工作的有效性和针对性。

2. 上级监察机关的管辖权

"上级监察机关可以办理下一级监察机关管辖范围内的监察事项，必要时也可以办理所辖各级监察机关管辖范围内的监察事项。"这一规定赋予了上级监察机关对下级监察机关管辖范围内事项的监督权，以及在某些必要情况下，上级监察机关可以直接介入办理下级监察机关管辖范围内的事项。这体现了监察体制的垂直领导和集中统一原则，确保了监察工作的统一性和权威性。

3. 管辖权的争议解决

"监察机关之间对监察事项的管辖有争议的，由其共同的上级监察机关确定。"这一规定解决了监察机关之间可能出现的管辖权争议问题。当两个或多个监察机关对于某个监察事项的管辖权存在分歧时，不应当自行解决，而是应当由它们共同的上级监察机关来作出决定。这样做可以避免监察机关之间的冲突，保证监察工作的顺利进行。

本条可作如下理解：（1）管理权限：监察机关的管辖权与其管理权限相匹配，这通常与监察对象的职务级别和所在地区有关。（2）本辖区内：监察机关的管辖范围限定在其行政区划内，即省、市、县（区）监察机关分别负责各自行政区域内的监察事项。（3）监察事项：指涉及监察对象违法违纪行为的调查和处理。（4）上级监察机关的介入：上级监察机关的介入可以是主动的，也可以是在下级监察机关请求或出现特殊情况时进行的。（5）争议的确定：共同上级监察机关在解决管辖权争议时，应当考虑案件的具体情况、监察机关的职能和资源等因素，作出合理决定。

总的来说，第 16 条旨在明确监察机关的管辖权，确保监察工作的有序进行，同时为解决管辖权争议提供了法律依据。

典型案例

某钢铁公司位于 A 省 B 市，公司党委书记 C 某是 A 省的省管干部。近年来不断有人民群众举报，反映 C 某在任职期间违反组织纪律、廉洁纪律和生活纪律，违法乱纪，以权谋私，而且反映问题线索较为具体、可查性强。相关问题线索转到 A 省纪委监委后，省纪委监委依纪依法对 C 某问题进行了初步核实，核实后发现其确实存在违纪违法问题，遂按程序正式对其进行纪律审查和监察调查。经查，C 某主要存在以下问题：（1）利用职务上的便利，为 M 进出口贸易有限公司在供货质量审核和货款结算等方面提供帮助。M 进出口贸易有限公司为钢铁公司的供货商，长期向钢铁公司销售温控设备。C 某先后四次收受 M 公司负责人的贿赂款共计 280 万元。（2）严重违反组织纪律和工作纪律，擅自决定公司的"三重一大"事项，不上会讨论而以传批方式决定重要部门负责人的任免。（3）严重违反生活纪律，与其所在公司的多名女员工有不正当性关系。A 省纪委监委在查清上述事实的基础上，按程序依纪依法对 C 某作出开除党籍、开除公职的处分决定，并将其涉嫌犯罪问题移送检察机关审查起诉，依法追究其刑事责任。[①]

关联规定

《政务处分法》

第五十一条　下级监察机关根据上级监察机关的指定管辖决定进行调查的案件，调查终结后，对不属于本监察机关管辖范围内的监察对象，应当交有管理权限的监察机关依法作出政务处分决定。

《公务员法》

第十四条　公务员应当履行下列义务：

（一）忠于宪法，模范遵守、自觉维护宪法和法律，自觉接受中国共产党领导；

（二）忠于国家，维护国家的安全、荣誉和利益；

---

① 本书编写组：《〈中华人民共和国监察法〉案例解读》，中国方正出版社 2018 年版，第 120 页。

（三）忠于人民，全心全意为人民服务，接受人民监督；

（四）忠于职守，勤勉尽责，服从和执行上级依法作出的决定和命令，按照规定的权限和程序履行职责，努力提高工作质量和效率；

（五）保守国家秘密和工作秘密；

（六）带头践行社会主义核心价值观，坚守法治，遵守纪律，恪守职业道德，模范遵守社会公德、家庭美德；

（七）清正廉洁，公道正派；

（八）法律规定的其他义务。

《监督执纪工作规则》

第九条　上级纪检监察机关有权指定下级纪检监察机关对其他下级纪检监察机关管辖的党组织和党员、干部以及监察对象涉嫌违纪或者职务违法、职务犯罪问题进行审查调查，必要时也可以直接进行审查调查。上级纪检监察机关可以将其直接管辖的事项指定下级纪检监察机关进行审查调查。

纪检监察机关之间对管辖事项有争议的，由其共同的上级纪检监察机关确定；认为所管辖的事项重大、复杂，需要由上级纪检监察机关管辖的，可以报请上级纪检监察机关管辖。

第六十六条　审查调查组需要借调人员的，一般应当从审查调查人才库选用，由纪检监察机关组织部门办理手续，实行一案一借，不得连续多次借调。加强对借调人员的管理监督，借调结束后由审查调查组写出鉴定。借调单位和党员干部不得干预借调人员岗位调整、职务晋升等事项。

> **第十七条　【指定管辖和报请提级管辖原则】**
>
> 上级监察机关可以将其所管辖的监察事项指定下级监察机关管辖，也可以将下级监察机关有管辖权的监察事项指定给其他监察机关管辖。
>
> 监察机关认为所管辖的监察事项重大、复杂，需要由上级监察机关管辖的，可以报请上级监察机关管辖。

新监察法
条文对照与重点解读

重点解读

本条款阐释了指定管辖与报请提级管辖的具体原则。

其主要宗旨在于补充监察事项的常规管辖原则，确保监察工作的实事求是和高效执行。

"指定管辖"是指依据上级监察机关的决定，明确监察事项的管辖机关。"报请提级管辖"是指监察机关基于法定情形，向上级监察机关申请将由其管辖的监察事项交由上级处理。

本条款分为两部分。第一部分明确了指定管辖的原则。一方面，上级监察机关有权将原本属于自己的监察事项指定给下级监察机关处理，如省级监察委员会可指定市级监察委员会处理某项监察事项。这种做法不仅体现了上级对下级的领导，也提高了工作的灵活性。指定管辖通常基于工作需求，上级机关在指定时需综合考虑全局。例如，在上级机关工作任务繁重，而下级机关具备相应能力和资源的情况下，上级机关可指定下级机关处理相关监察事项。另一方面，上级机关也可将下级机关的监察事项指定给其他下级机关，通常适用于地域管辖不明确或原管辖机关不适宜处理的情况。

第二部分规定了报请提级管辖的原则。监察机关通常应负责其管辖范围内的监察事项。然而，在考虑本地区实际情况及机关自身的地位和能力后，若认为某些监察事项过于重大或复杂，超出了自身管辖能力，则可以向上级监察机关申请处理。实践中，这通常包括以下情形：上级机关处理更为适宜的重大监察事项、监察机关不便处理或可能影响公正处理的重大复杂事项，以及其他需要上级机关管辖的重大复杂事项。

需注意的是，上级监察机关在指定管辖时，应考虑监察事项的实际需要和下级机关的处理能力，避免将所有事项均指定给下级机关，导致下级机关工作混乱，影响监察效果。

典型案例

2020年9月18日，中央纪委国家监委网站发布通报，据中央纪委国家监委驻应急管理部纪检监察组、山东省纪委监委消息：湖北省消防救援总队党委委员、副总队长刘某（一级指挥长消防救援衔）涉嫌严重违纪违法，目前正接受中央纪委国家监委驻应急管理部纪检监察组纪律审查和山东省济南市监委监察调查。

公开资料及简历显示，刘某是湖北人，其任职也没有离开湖北。在一般人看来，他是湖北干部，应该由湖北的纪检监察机关管辖，为何由中央纪委国家监委驻应急管理部纪检监察组和山东省济南市监委进行审查调查？这其中涉及属地管辖之外基于垂直管理的管辖和根据上级纪检监察机关的指定而确定的指定管辖的基本原则。

刘某所在的湖北省消防救援总队，2018年根据中央改革部署，成建制划归应急管理部，实行统一领导、分级指挥。刘某作为湖北省消防救援总队党委委员、副总队长，属于《中国共产党纪律检查机关监督执纪工作规则》（以下简称《监督执纪工作规则》）第八条规定的"对党的组织关系在地方、干部管理权限在主管部门的党员、干部以及监察对象"。其涉嫌违纪违法问题，应当按照"谁主管，谁负责"的原则进行监督执纪，即由中央纪委国家监委驻应急管理部纪检监察组负责。

此前，对浙江省消防救援总队原党委常委、防火监督部部长周某的处分就是中央纪委国家监委驻应急管理部纪检监察组会同地方纪检监察机关作出的。

地方纪检监察机关参与类似案件的管辖，往往是基于指定管辖，即根据上级纪检监察机关的指定而确定纪检监察事项的管辖机关。《监察法》第十七条第一款和《监督执纪工作规则》第九条第一款都明确了这一原则。上级监察机关可以将其所管辖的监察事项指定下级监察机关管辖，也可以将下级监察机关有管辖权的监察事项指定给其他监察机关管辖。因此，基于国家监委的指定，山东省监委对本案行使管辖权。

规定指定管辖，体现了上级纪检监察机关对下级纪检监察机关的领导，同时也能够增强工作灵活性。根据国家监委相关规定，对于交由省级监委调查的监察事项，省级监委可以自行调查，也可以指定给下级监委调查。因此，山东省监委将刘某案指定其下级监委济南市监委进行监察调查。此前，中铁二院工程集团有限责任公司原副巡视员孙某一案，便是国家监委指定四川省监委管辖后，四川省监委指定泸州市监委对其进行监察调查。

"对刘某案，违纪问题由中央纪委国家监委驻应急管理部纪检监察组负责查处，违法问题由山东省济南市监委负责查处。这有利于统筹办案力量、排除办案阻力、破解查处困境，保证案件的顺利办理。"山东省济南市纪委监委一位工作人员说。①

关 联 规 定

《监督执纪工作规则》

第九条　上级纪检监察机关有权指定下级纪检监察机关对其他下级纪检监察机关管辖的党组织和党员、干部以及监察对象涉嫌违纪或者职务违法、职务犯罪问题进行审查调查，必要时也可以直接进行审查调查。上级纪检监察机关可以将其直接管辖的事项指定下级纪检监察机关进行审查调查。

纪检监察机关之间对管辖事项有争议的，由其共同的上级纪检监察机关确定；认为所管辖的事项重大、复杂，需要由上级纪检监察机关管辖的，可以报请上级纪检监察机关管辖。

《政务处分法》

第四十四条　调查终结后，监察机关应当根据下列不同情况，分别作出处理：

（一）确有应受政务处分的违法行为的，根据情节轻重，按照政务处分决定权限，履行规定的审批手续后，作出政务处分决定；

（二）违法事实不能成立的，撤销案件；

（三）符合免予、不予政务处分条件的，作出免予、不予政务处分决定；

（四）被调查人涉嫌其他违法或者犯罪行为的，依法移送主管机关处理。

第五十一条　下级监察机关根据上级监察机关的指定管辖决定进行调查的案件，调查终结后，对不属于本监察机关管辖范围内的监察对象，应当交有管理权限的监察机关依法作出政务处分决定。

---

① 慕振东：《纪法解读｜湖北消防救援总队副总队长涉嫌违纪违法，为何不是湖北省纪委监委调查？》，载中央纪委国家监委网站，https://www.ccdi.gov.cn/toutiaon/202009/t20200918_98107.html，最后访问时间：2025年1月1日。

第四章 监察权限

> **第十八条 【证据收集一般原则】**
>
> 监察机关行使监督、调查职权，有权依法向有关单位和个人了解情况，收集、调取证据。有关单位和个人应当如实提供。
>
> 监察机关及其工作人员对监督、调查过程中知悉的国家秘密、工作秘密、商业秘密、个人隐私和个人信息，应当保密。
>
> 任何单位和个人不得伪造、隐匿或者毁灭证据。

重点解读

本条确立了监察机关在证据收集方面应遵循的基本原则。

其主要目标在于确立监察机关在执行监督和调查职能时的法律依据，并明确相关单位和个人必须如实提供证据的法律责任。

在《监察法》中，监察证据，是指监察机关为证明待证事实，在办理职务违法案件和职务犯罪案件的过程中依法依规收集、固定、审查、运用的证据。证据是监察机关调查工作的根本和核心，必须具备客观性、关联性和合法性这三个基本属性。证据类型包括物证、书证、证人证言、被调查人的供述与辩解、鉴定意见、勘验检查笔录、视听资料和电子数据等。

本条分为三款。第1款明确了监察机关在收集证据方面的权限，以及相关单位和个人的证据提供义务。监察机关依法向相关单位和个人了解情况、收集和调取证据，是查明事实、打击腐败、保护被调查人权益的必要手段。《监察法》在其他章节中对了解情况和收集、调取证据的具体程序和规范进行了详细规定。"如实提供"要求相关单位和个人提供的材料必须真实反映与监察事项相关的内容、情节和线索，不得有任何伪造、篡改或虚构。

第2款规定了监察机关及其工作人员对于在监督和调查过程中了解到的国家秘密、工作秘密、商业秘密和个人隐私的保密责任。这些法律概念分别指代只限特定人员知悉的国家安全相关事项、在履行职能过程中的特定事项和信息、能够带来经济利益并经权利人保密的技术或经营信息，以及个人不愿公开的私生活秘密。相关法律对它们的保护有明确规定，监察机关及其工作人员必须妥善保管这些信息，防止遗失或泄露。

第3款规定了禁止伪造、隐匿或毁灭证据。这些行为不仅会严重干扰监察机关的工作，可能导致被监督人或被调查人逃脱法律责任，还可能造成冤假错案，影响检察机关的起诉和法院的审判。无论是监察机关及其工作人员，还是被监督人、被调查人、证人或其他相关单位和个人，都不得实施这些行为。违反者将承担法律责任，构成犯罪的将依法追究刑事责任。

需注意的是，监察机关及其工作人员在了解情况和收集证据时必须客观和全面，无论是对被监督人、被调查人有利或不利的证据，都应全面收集，不得故意遗漏。

典型案例

1.【案例】

某县纪委监委接到人民群众举报，反映某小学存在乱培训问题。该县纪委监委迅速成立工作组，根据线索到现场进行了走访调查，发现确实存在上述问题。

经查，该校主管教学的副校长W某未经同意，擅自组织一名语文老师和一名数学老师在学校附近小区租房，以学校的名义在社会上和互联网平台发布广告，利用上班时间收费补课，两个月来共获利20万元，其中W某个人获利10万元，两名任课老师分别获利5万元。此外，该培训地点设于地下室，还存在一定安全隐患。

监委工作人员到学校办公室调取相关人员的人事档案、签到表和课程安排，校办借调人员 Z 某一开始不愿提供，称相关资料"找不到了"，相关资料属于"教学秘密"，不经上级领导批准不能对外提供，经批评教育后配合提供。与此同时，某县纪委监委依法分别对 W 某和两名任课老师进行了调查谈话，核实了相关情况及问题。

调查后，某县纪委监委依法将调查认定的相关事实材料交给 W 某和两名任课老师进行了签字确认。后该县纪委监委依法履行相关程序，对 W 某依纪依规进行了严肃处理，同时建议该学校对两名任课老师进行处理，并责令 W 某及时对该校的相关教育乱收费、乱培训问题进行整改。①

2.【案例】

W 某，某县工商局局长，中共党员。当地纪委监委在接到关于 W 某接受服务对象宴请并收受财物的举报后，约请 W 某到纪委监委谈话说明情况。因担心受处分，W 某向调查人员隐瞒了真实情况，否认存在举报中所说的问题。

之后，W 某想到，中秋节前个体老板 Z 某等人约他吃饭，席间 Z 某还送了他一个装有 1 万元的红包。W 某反复思量，觉得举报人反映的可能就是这件事。于是，他约 Z 某见面，退还了 1 万元，并现场制作一式两份的虚假借款合同，谎称因临时购买家电借款，并由 Z 某现场签字确认已经归还。后来，当地纪委监委向 Z 某了解情况，Z 某出具了借款合同，称 W 某属于借款并已经归还。

当地纪委监委调查后认为，W 某接受服务对象宴请并收受红包，本身就已经违纪违法，其后对抗组织调查的种种做法更是一错再错，Z 某配合 W 某伪造证据，也应承担法律责任。事后，W 某受到相应党纪政务处分。②

---

① 《【案例解读监察法】监察机关可依法收集调取证据》，载中央纪委国家监委网站：https：//www.ccdi.gov.cn/yaowenn/201810/t20181026_69436.html，最后访问时间：2025 年 1 月 5 日。

② 《【案例解读监察法】任何单位和个人不得伪造证据》，载中央纪委国家监委网站：https：//www.ccdi.gov.cn/yaowenn/201810/t20181026_69443.html，最后访问时间：2025 年 1 月 5 日。

关联规定

《刑事诉讼法》

第一百五十二条 采取技术侦查措施，必须严格按照批准的措施种类、适用对象和期限执行。

侦查人员对采取技术侦查措施过程中知悉的国家秘密、商业秘密和个人隐私，应当保密；对采取技术侦查措施获取的与案件无关的材料，必须及时销毁。

采取技术侦查措施获取的材料，只能用于对犯罪的侦查、起诉和审判，不得用于其他用途。

公安机关依法采取技术侦查措施，有关单位和个人应当配合，并对有关情况予以保密。

《人民检察院刑事诉讼规则》

第二百三十一条 检察人员对采取技术侦查措施过程中知悉的国家秘密、商业秘密和个人隐私，应当保密；对采取技术侦查措施获取的与案件无关的材料，应当及时销毁，并对销毁情况制作记录。

采取技术侦查措施获取的证据、线索及其他有关材料，只能用于对犯罪的侦查、起诉和审判，不得用于其他用途。

《公安机关办理刑事案件程序规定》

第二百六十九条 采取技术侦查措施收集的材料，应当严格依照有关规定存放，只能用于对犯罪的侦查、起诉和审判，不得用于其他用途。

采取技术侦查措施收集的与案件无关的材料，必须及时销毁，并制作销毁记录。

第二百七十条 侦查人员对采取技术侦查措施过程中知悉的国家秘密、商业秘密和个人隐私，应当保密。

公安机关依法采取技术侦查措施，有关单位和个人应当配合，并对有关情况予以保密。

> **第十九条　【谈话和函询】**
>
> 对可能发生职务违法的监察对象，监察机关按照管理权限，可以直接或者委托有关机关、人员进行谈话，或者进行函询，要求说明情况。

重点解读

本条款明确了监察机关采取谈话或函询措施，对可能存在职务违法行为的监察对象进行处理的规则。

该条款的核心宗旨在于将监察工作与党内监督执纪的"四种形态"中的第一种形态相对应，确立谈话或函询作为一项法律手段的地位。本条款主要涵盖以下两个方面的内容。

首先，本条款规定了实施谈话或函询的对象及其条件。具体而言，对象为监察对象，条件是存在可能发生职务违法的情况，如接到关于其问题的线索反映或出现职务违法的初步迹象。有效开展监察工作，与党内监督一样，应重视第一种形态的运用。监察机关在履行监督、调查、处置职责时，需从细节和日常行为入手，对可能违法的监察对象及时依法进行谈话或函询，或要求其说明情况，防止其进一步滑向职务违法和犯罪的边缘。这既是监察机关履行监察职责的必然要求，也是对党和国家事业的责任，以及对监察对象的关怀。

其次，本条款规定了进行谈话或函询的主体和程序。监察机关根据管理权限进行谈话或函询，并需按照既定程序进行报批。谈话可由监察机关相关负责人或承办部门主要负责人进行，并可有被谈话人所在单位党委（党组）或纪委（纪检组）主要负责人陪同。所谓"委托有关机关、人员"，指的是委托被谈话人所在单位党委（党组）主要负责人进行。谈话或函询结束后，承办部门需在规定时间内提交情况报告和处置意见以供审批，并根据具体情况采取相应措施：（1）对于不实反映或无证据证明可能发生职务违法的情况，应予以了结澄清；（2）对于有证据表明可能发生职务违法行为但情节较轻的情况，监察机关可以直接或委托相关机关、人员进行批评教育、责令检查或给予诫勉；（3）对于反映问题具体但被反映人否认，或其说明存在明显问题的情况，应进行再次谈话、函询或初步核实。

典型案例

【案例】

A县纪委监委通过计算机软件系统分析、群众反映和领导指定等方式，定期筛查重点对象，开展"四个必谈"：信访反映集中的必谈、发现苗头性倾向性问题的必谈、轻微违规违纪的必谈、工作通报批评的必谈。谈话主要通过勤政廉政教育提醒，预先防范，促进领导干部依法履职。对存在的苗头性、倾向性问题及相关反映情况及时指出，帮助认清问题的性质和危害，督促整改。

比如，县纪委监委受理D乡群众信访举报最多，对该乡党委书记进行谈话，指出上一届乡党委、政府对村级管理不够规范，信访件主要集中反映上届村委会和村干部的问题，对此要引起高度重视，采取有效措施，进一步加强村级干部管理。

比如，群众投诉反映县房管局局长J某上班经常和廉租房工地老板赌博，经调查无实据，不予认定，但对其进行组织提醒、打招呼，有针对性地教育，要求在今后工作生活中注意小节，不参加与本人身份不相符的活动，树立良好的党员干部形象。

比如，群众反映县住建局局长K某直接把未列入土建招投标范围的200余万元铝合金、墙漆放入土建五个标段里，而后召集五个标段的老板交代给县财政局局长的胞弟施工，经调查反映情况不属实，谈话小组对该局长进行勤政廉政谈话，在要求作出情况说明的同时，还领学工程招投标、工程建设等相关规定，重温党员领导干部廉洁自律若干准则，做到早教育、早提醒，防患于未然。

比如，在日常监督检查中，发现某村欠账白条较多，村财政不公开，林木资源交易未进入县公共资源中心交易，委托乡镇党委书记对该村村委会主任C某进行谈话，要求其认真履行职责，严格按照有关制度规定，进一步规范村级财务管理和公共资源交易，加强对村干部的教育管理，及早提醒，预先防范，把问题解决在萌芽状态。①

关联规定

《党内监督条例》

第二十一条　坚持党内谈话制度，认真开展提醒谈话、诫勉谈话。发现领导干部有思想、作风、纪律等方面苗头性、倾向性问题的，有关党组织负责人应当及时对其提醒谈话；发现轻微违纪问题的，上级党组织负责人应当对其诫勉谈话，并由本人作出说明或者检讨，经所在党组织主要负责人签字后报上级纪委和组织部门。

第二十九条　认真处理信访举报，做好问题线索分类处置，早发现早报告，对社会反映突出、群众评价较差的领导干部情况及时报告，对重要检举事项应当集体研究。定期分析研判信访举报情况，对信访反映的典型性、普遍性问题提出有针对性的处置意见，督促信访举报比较集中的地方和部门查找分析原因并认真整改。

《监督执纪工作规则》

第十四条　纪委监委（纪检监察组、纪检监察工委）报请或者会同党委（党组）定期召开专题会议，听取加强党内监督情况专题报告，综合分析所联系的地区、部门、单位政治生态状况，提出加强和改进的意见及工作措施，抓好组织实施和督促检查。

第十五条　纪检监察机关应当结合被监督对象的职责，加强对行使权力情况的日常监督，通过多种方式了解被监督对象的思想、工作、作风、生活情况，发现苗头性、倾向性问题或者轻微违纪问题，应当及时约谈提醒、批评教育、责令检查、诫勉谈话，提高监督的针对性和实效性。

第十六条　纪检监察机关应当畅通来信、来访、来电和网络等举报渠道，建设覆盖纪检监察系统的检举举报平台，及时受理检举控告，发挥党员和群众

---

① 《【案例解读监察法】监察机关可依法开展约谈工作》，载中央纪委国家监委网站：https://www.ccdi.gov.cn/yaowenn/201810/t20181030_69520.html，最后访问时间：2025年1月6日。

的监督作用。

第十七条 纪检监察机关应当建立健全党员领导干部廉政档案，主要内容包括：

（一）任免情况、人事档案情况、因不如实报告个人有关事项受到处理的情况等；

（二）巡视巡察、信访、案件监督管理以及其他方面移交的问题线索和处置情况；

（三）开展谈话函询、初步核实、审查调查以及其他工作形成的有关材料；

（四）党风廉政意见回复材料；

（五）其他反映廉政情况的材料。

廉政档案应当动态更新。

《纪检监察机关处理检举控告工作规则》

第十七条 纪检监察机关监督检查部门应当对收到的检举控告进行认真甄别，对没有实质内容的检举控告或者属于其他纪检监察机关受理的检举控告，在沟通研究、经本机关分管领导批准后，按程序退回信访举报部门处理。

监督检查部门对属于本级受理的检举控告，应当结合日常监督掌握的情况，进行综合分析、适当了解，经集体研究并履行报批程序后，以谈话函询、初步核实、暂存待查、予以了结等方式处置，或者按规定移送审查调查部门处置。

第三十三条 纪检监察机关在开展日常监督工作中应当对检举控告情况进行收集、研判，综合各方面信息，全面掌握被监督单位政治生态情况和被监督对象的思想、工作、作风、生活情况，提高监督的针对性和实效性。

《政务处分法》

第十二条 公职人员违法行为情节轻微，且具有本法第十一条规定的情形之一的，可以对其进行谈话提醒、批评教育、责令检查或者予以诫勉，免予或者不予政务处分。

公职人员因不明真相被裹挟或者被胁迫参与违法活动，经批评教育后确有悔改表现的，可以减轻、免予或者不予政务处分。

《中国共产党党员教育管理工作条例》

第二十八条 发现党员有思想、工作、生活、作风和纪律方面苗头性倾向性问题的，以及群众对其有不良反映的，党组织负责人应当及时进行提醒谈话，抓早抓小、防微杜渐。

《监督执纪工作规则》

第十五条 纪检监察机关应当结合被监督对象的职责，加强对行使权力情况的日常监督，通过多种方式了解被监督对象的思想、工作、作风、生活情况，发现苗头性、倾向性问题或者轻微违纪问题，应当及时约谈提醒、批评教育、责令检查、诫勉谈话，提高监督的针对性和实效性。

《党委（党组）落实全面从严治党主体责任规定》

第十六条 党委（党组）书记对领导班子其他成员、下一级党委（党组）书记，领导班子其他成员对分管部门和单位党组织书记，发现存在政治、思想、工作、生活、作风、纪律等方面苗头性、倾向性问题的，应当及时进行提醒谈话；发现落实全面从严治党责任不到位、管党治党问题较多、党员群众来信来访反映问题较多的，应当及时进行约谈，严肃批评教育，督促落实责任。

第二十条 【要求被调查人陈述及讯问被调查人】

在调查过程中，对涉嫌职务违法的被调查人，监察机关可以进行谈话，要求其就涉嫌违法行为作出陈述，必要时向被调查人出具书面通知。

对涉嫌贪污贿赂、失职渎职等职务犯罪的被调查人，监察机关可以进行讯问，要求其如实供述涉嫌犯罪的情况。

重点解读

本条款涉及监察机关在调查过程中要求被调查人进行陈述以及对涉嫌职务犯罪的被调查人进行讯问的权限。该条款借鉴了纪律检查机关在执纪监督工作中的有效做法，以及《刑事诉讼法》的相关条款。

第1款规定了监察机关对于涉嫌职务违法行为但不构成职务犯罪的公职人员可以采取的措施。为确保这一措施的执行，防止被调查人不配合，条款规定监察机关可以通过谈话要求被调查人就其涉嫌的违法行为进行陈述，并在必要时发出具有法律效力的书面通知。若被调查人未按口头要求陈述，监察机关将发出书面通知，要求其陈述。若被调查人仍不履行陈述义务，将承担相应的法律责任。需要指出的是，要求被调查人陈述的权力专属于监察机关工作人员，不得委托其他机关或个人行使。

第2款规定了对于涉嫌贪污贿赂、失职渎职等职务犯罪的被调查人进行讯问的规定。所谓"讯问"，是指监察机关工作人员通过提问和被调查人回答的方式，获取与职务违法犯罪事实相关的口供和其他证据的过程。监察机关是负责调查此类职务犯罪的机关，讯问是其重要权限之一，讯问笔录也是后续处理、起诉和审判的重要证据。讯问权同样只能由监察机关工作人员依法行使，不得委托其他机关或个人。

在执行陈述和讯问过程中，监察机关调查人员应首先询问被调查人是否存在违法犯罪行为，并让其陈述相关事实或进行辩解，然后再提出具体问题。被调查人应对调查人员的提问如实回答。对于共同违法犯罪的被调查人，应分别单独讯问，以防止串供或相互影响。监察机关调查人员必须依法保障被调查人的权利，严格禁止使用威胁、引诱、欺骗等非法手段获取口供，也严禁侮辱、打骂、虐待、体罚或变相体罚被调查人。

典型案例

【案例】

S省纪委监委接到举报，某煤炭企业党委书记、董事长G某涉嫌贪污贿赂和失职渎职，纪委监委进行了初核后，按程序报批，对G某进行讯问。

G某刚被带进留置点时心情沉重，铁了心"死不开口"。

调查人员并没有咄咄逼人，一直娓娓道来，对他很尊重，并且设身处地地帮他分析出路，合理安排讯问时间和时长，提讯时该吃饭就吃饭，该休息就休息，不搞疲劳提审、熬夜提审，时刻关注他的身体和情绪，还赴外地为G某购买治疗心脏的特效药物。

几天的讯问下来，G某的心理防线动摇，开始交代自己的问题，不仅交代了收受D某名表、字画和翡翠挂件等贵重物品的细节，还主动交代了组织没有掌握的关于他在违规提拔任用干部、承揽工程项目等方面收受多人钱款的事实。

调查人员按图索骥，收集相关书证物证，很快就形成了相互印证、完整稳定的证据链。调查期间，G某结合自身违纪违法事实撰写了一万多字的忏悔录，深刻反省自己走上违法犯罪道路的原因。①

关 联 规 定

《监督执纪工作规则》

第十五条 纪检监察机关应当结合被监督对象的职责，加强对行使权力情况的日常监督，通过多种方式了解被监督对象的思想、工作、作风、生活情况，发现苗头性、倾向性问题或者轻微违纪问题，应当及时约谈提醒、批评教育、责令检查、诫勉谈话，提高监督的针对性和实效性。

第二十条 纪检监察机关应当加强对问题线索的集中管理、分类处置、定期清理。信访举报部门归口受理同级党委管理的党组织和党员、干部以及监察对象涉嫌违纪或者职务违法、职务犯罪问题的信访举报，统一接收有关纪检监察机关、派驻或者派出机构以及其他单位移交的相关信访举报，移送本机关有关部门，深入分析信访形势，及时反映损害群众最关心、最直接、最现实的利益问题。

巡视巡察工作机构和审计机关、行政执法机关、司法机关等单位发现涉嫌违纪或者职务违法、职务犯罪问题线索，应当及时移交纪检监察机关案件监督管理部门统一办理。

监督检查部门、审查调查部门、干部监督部门发现的相关问题线索，属于本部门受理范围的，应当送案件监督管理部门备案；不属于本部门受理范围的，

---

① 《【案例解读监察法】依法讯问涉嫌犯罪的被调查人》，载中央纪委国家监委网站：https://www.ccdi.gov.cn/yaowenn/201810/t20181030_69523.html，最后访问时间：2025年1月6日。

经审批后移送案件监督管理部门，由其按程序转交相关监督执纪部门办理。

第二十一条 纪检监察机关应当结合问题线索所涉及地区、部门、单位总体情况，综合分析，按照谈话函询、初步核实、暂存待查、予以了结4类方式进行处置。

线索处置不得拖延和积压，处置意见应当在收到问题线索之日起1个月内提出，并制定处置方案，履行审批手续。

第二十六条 各级党委（党组）和纪检监察机关应当推动加强和规范党内政治生活，经常拿起批评和自我批评的武器，及时开展谈话提醒、约谈函询，促使党员、干部以及监察对象增强党的观念和纪律意识。

第二十七条 纪检监察机关采取谈话函询方式处置问题线索，应当起草谈话函询报批请示，拟订谈话方案和相关工作预案，按程序报批。需要谈话函询下一级党委（党组）主要负责人的，应当报纪检监察机关主要负责人批准，必要时向同级党委主要负责人报告。

第二十八条 谈话应当由纪检监察机关相关负责人或者承办部门负责人进行，可以由被谈话人所在党委（党组）、纪委监委（纪检监察组、纪检监察工委）有关负责人陪同；经批准也可以委托被谈话人所在党委（党组）主要负责人进行。

谈话应当在具备安全保障条件的场所进行。由纪检监察机关谈话的，应当制作谈话笔录，谈话后可以视情况由被谈话人写出书面说明。

第二十九条 纪检监察机关进行函询应当以办公厅（室）名义发函给被反映人，并抄送其所在党委（党组）和派驻纪检监察组主要负责人。被函询人应当在收到函件后15个工作日内写出说明材料，由其所在党委（党组）主要负责人签署意见后发函回复。

被函询人为党委（党组）主要负责人的，或者被函询人所作说明涉及党委（党组）主要负责人的，应当直接发函回复纪检监察机关。

第三十条 承办部门应当在谈话结束或者收到函询回复后1个月内写出情况报告和处置意见，按程序报批。根据不同情形作出相应处理：

（一）反映不实，或者没有证据证明存在问题的，予以采信了结，并向被函询人发函反馈。

（二）问题轻微，不需要追究纪律责任的，采取谈话提醒、批评教育、责令检查、诫勉谈话等方式处理。

（三）反映问题比较具体，但被反映人予以否认且否认理由不充分具体的，或者说明存在明显问题的，一般应当再次谈话或者函询；发现被反映人涉嫌违纪或者职务违法、职务犯罪问题需要追究纪律和法律责任的，应当提出初步核实的建议。

（四）对诬告陷害者，依规依纪依法予以查处。

必要时可以对被反映人谈话函询的说明情况进行抽查核实。

谈话函询材料应当存入廉政档案。

第三十一条 被谈话函询的党员干部应当在民主生活会、组织生活会上就本年度或者上年度谈话函询问题进行说明，讲清组织予以采信了结的情况；存在违纪问题的，应当进行自我批评，作出检讨。

第四十二条 审查调查工作应当依照规定由两人以上进行，按照规定出示证件，出具书面通知。

第四十三条 立案审查调查方案批准后，应当由纪检监察机关相关负责人或者部门负责人与被审查调查人谈话，宣布立案决定，讲明党的政策和纪律，要求被审查调查人端正态度、配合审查调查。

审查调查应当充分听取被审查调查人陈述，保障其饮食、休息，提供医疗服务，确保安全。严格禁止使用违反党章党规党纪和国家法律的手段，严禁逼供、诱供、侮辱、打骂、虐待、体罚或者变相体罚。

第四十四条 审查调查期间，对被审查调查人以同志相称，安排学习党章党规党纪以及相关法律法规，开展理想信念宗旨教育，通过深入细致的思想政治工作，促使其深刻反省、认识错误、交代问题，写出忏悔反思材料。

《党内监督条例》

第二十一条 坚持党内谈话制度，认真开展提醒谈话、诫勉谈话。发现领导干部有思想、作风、纪律等方面苗头性、倾向性问题的，有关党组织负责人应当及时对其提醒谈话；发现轻微违纪问题的，上级党组织负责人应当对其诫勉谈话，并由本人作出说明或者检讨，经所在党组织主要负责人签字后报上级纪委和组织部门。

《对党员领导干部进行诫勉谈话和函询的暂行办法》

第二条 根据党委（党组）要求，纪律检查机关和组织（人事）部门按照干部管理权限，对党员领导干部进行诫勉谈话和函询。对下一级领导班子成员，根据具体情况，也可以委托其所在党委（党组）的主要负责人进行诫勉谈话。

第三条 党员领导干部有下列情况之一的，应当对其进行诫勉谈话：

（一）不能严格遵守党的政治纪律，贯彻落实党的路线方针政策和上级党组织决议、决定以及工作部署不力；

（二）不认真执行民主集中制，作风专断，或者在领导班子中闹无原则纠纷；

（三）不认真履行职责，给工作造成一定损失；

（四）搞华而不实和脱离实际的"形象工程"、"政绩工程"，铺张浪费，造成不良影响；

（五）不严格执行《党政领导干部选拔任用工作条例》，用人失察失误；

（六）不严格执行廉洁自律规定，造成不良影响；

（七）其他需要进行诫勉谈话的情况。

第四条 诫勉谈话时，应当向谈话对象说明谈话原因，认真听取其对有关问题的解释和说明，指出需要注意的问题，并要求其提出改正措施。

第八条 对党员领导干部进行诫勉谈话和函询，要严格履行审批程序。一般应当按照干部管理权限，有纪律检查机关或者组织（人事）部门的有关单位提出意见，报本机关或者本部门领导批准。

《刑事诉讼法》

第八十八条 人民检察院审查批准逮捕，可以讯问犯罪嫌疑人；有下列情形之一的，应当讯问犯罪嫌疑人：

（一）对是否符合逮捕条件有疑问的；

（二）犯罪嫌疑人要求向检察人员当面陈述的；

（三）侦查活动可能有重大违法行为的。

人民检察院审查批准逮捕，可以询问证人等诉讼参与人，听取辩护律师的意见；辩护律师提出要求的，应当听取辩护律师的意见。

第一百一十八条 讯问犯罪嫌疑人必须由人民检察院或者公安机关的侦查人员负责进行。讯问的时候，侦查人员不得少于二人。

犯罪嫌疑人被送交看守所羁押以后，侦查人员对其进行讯问，应当在看守所内进行。

第一百二十一条　讯问聋、哑的犯罪嫌疑人，应当有通晓聋、哑手势的人参加，并且将这种情况记明笔录。

《刑事诉讼法解释》

第五十四条　对作为证据材料向人民法院移送的讯问录音录像，辩护律师申请查阅的，人民法院应当准许。

第七十四条　依法应当对讯问过程录音录像的案件，相关录音录像未随案移送的，必要时，人民法院可以通知人民检察院在指定时间内移送。人民检察院未移送，导致不能排除属于刑事诉讼法第五十六条规定的以非法方法收集证据情形的，对有关证据应当依法排除；导致有关证据的真实性无法确认的，不得作为定案的根据。

第九十三条　对被告人供述和辩解应当着重审查以下内容：

（一）讯问的时间、地点，讯问人的身份、人数以及讯问方式等是否符合法律、有关规定；

（二）讯问笔录的制作、修改是否符合法律、有关规定，是否注明讯问的具体起止时间和地点，首次讯问时是否告知被告人有关权利和法律规定，被告人是否核对确认；

（三）讯问未成年被告人时，是否通知其法定代理人或者合适成年人到场，有关人员是否到场；

（四）讯问女性未成年被告人时，是否有女性工作人员在场；

（五）有无以刑讯逼供等非法方法收集被告人供述的情形；

（六）被告人的供述是否前后一致，有无反复以及出现反复的原因；

（七）被告人的供述和辩解是否全部随案移送；

（八）被告人的辩解内容是否符合案情和常理，有无矛盾；

（九）被告人的供述和辩解与同案被告人的供述和辩解以及其他证据能否相互印证，有无矛盾；存在矛盾的，能否得到合理解释。

必要时，可以结合现场执法音视频记录、讯问录音录像、被告人进出看守所的健康检查记录、笔录等，对被告人的供述和辩解进行审查。

第九十四条 被告人供述具有下列情形之一的，不得作为定案的根据：

（一）讯问笔录没有经被告人核对确认的；

（二）讯问聋、哑人，应当提供通晓聋、哑手势的人员而未提供的；

（三）讯问不通晓当地通用语言、文字的被告人，应当提供翻译人员而未提供的；

（四）讯问未成年人，其法定代理人或者合适成年人不在场的。

第九十五条 讯问笔录有下列瑕疵，经补正或者作出合理解释的，可以采用；不能补正或者作出合理解释的，不得作为定案的根据：

（一）讯问笔录填写的讯问时间、讯问地点、讯问人、记录人、法定代理人等有误或者存在矛盾的；

（二）讯问人没有签名的；

（三）首次讯问笔录没有记录告知被讯问人有关权利和法律规定的。

《人民检察院刑事诉讼规则》

第七十七条 在法庭审理过程中，被告人或者辩护人对讯问活动合法性提出异议，公诉人可以要求被告人及其辩护人提供相关线索或者材料。必要时，公诉人可以提请法庭当庭播放相关时段的讯问录音、录像，对有关异议或者事实进行质证。

需要播放的讯问录音、录像中涉及国家秘密、商业秘密、个人隐私或者含有其他不宜公开内容的，公诉人应当建议在法庭组成人员、公诉人、侦查人员、被告人及其辩护人范围内播放。因涉及国家秘密、商业秘密、个人隐私或者其他犯罪线索等内容，人民检察院对讯问录音、录像的相关内容进行技术处理的，公诉人应当向法庭作出说明。

第一百八十七条 讯问犯罪嫌疑人一般按照下列顺序进行：

（一）核实犯罪嫌疑人的基本情况，包括姓名、出生年月日、户籍地、公民身份号码、民族、职业、文化程度、工作单位及职务、住所、家庭情况、社会经历、是否属于人大代表、政协委员等；

（二）告知犯罪嫌疑人在侦查阶段的诉讼权利，有权自行辩护或者委托律师辩护，告知其如实供述自己罪行可以依法从宽处理和认罪认罚的法律规定；

（三）讯问犯罪嫌疑人是否有犯罪行为，让他陈述有罪的事实或者无罪的辩解，应当允许其连贯陈述。

犯罪嫌疑人对检察人员的提问，应当如实回答。但是对与本案无关的问题，有拒绝回答的权利。

讯问犯罪嫌疑人时，应当告知犯罪嫌疑人将对讯问进行全程同步录音、录像。告知情况应当在录音、录像中予以反映，并记明笔录。

讯问时，对犯罪嫌疑人提出的辩解要认真查核。严禁刑讯逼供和以威胁、引诱、欺骗以及其他非法的方法获取供述。

第一百八十八条 讯问犯罪嫌疑人，应当制作讯问笔录。讯问笔录应当忠实于原话，字迹清楚，详细具体，并交犯罪嫌疑人核对。犯罪嫌疑人没有阅读能力的，应当向他宣读。如果记载有遗漏或者差错，应当补充或者改正。犯罪嫌疑人认为讯问笔录没有错误的，由其在笔录上逐页签名或者盖章，并捺指印，在末页写明"以上笔录我看过（向我宣读过），和我说的相符"，同时签名或者盖章，并捺指印，注明日期。如果犯罪嫌疑人拒绝签名、盖章、捺指印的，应当在笔录上注明。讯问的检察人员、书记员也应当在笔录上签名。

第二十一条　【强制到案】

监察机关根据案件情况，经依法审批，可以强制涉嫌严重职务违法或者职务犯罪的被调查人到案接受调查。

重点解读

本条规定监察机关根据案件情况，可以强制涉嫌严重职务违法或者职务犯罪的被调查人到案接受调查。有助于解决监察实践中存在的部分被调查人经通知不到案的问题，增强监察执法权威性。强制到案涉及对人身自由的限制，必须严格依法执行。

首先，强制到案的适用对象是涉嫌严重职务违法或职务犯罪的被调查人。"被调查人"是指那些正在接受监察机关调查，但尚未被采取留置措施或其他强制措施的人员。"严重职务违法或者职务犯罪"则限定了强制到案措施的适用案件范围,并非所有职务违法行为都适用强制到案。判断是否"严重"需要结合案件的具体情况,如违法的性质、情节以及社会危害程度等因素考虑。

其次,适用这一措施的条件是必须根据案件的具体情况,并经过依法审批。"强制到案"这一措施与"管护"或"留置"有所区别,它指的是对那些未被实行管护或留置的调查对象实施的一种强制手段,使其必须到案接受询问或讯问。这种措施的核心目的是进行"询问或讯问",并不旨在进行一段较长时间的深入调查。此外,根据《监察法》第46条第1款,采取强制到案、责令候查或者管护措施,应当按照规定的权限和程序,经监察机关主要负责人批准,以确保程序的合法性和公正性。

强制到案的措施包括将被调查人强制带到指定地点接受调查。这一过程中,监察机关使用的强制手段必须符合法律规定,严禁采用非法手段。被调查人到案后,需要配合监察机关的调查,如实回答问题并提供相关证据。值得注意的是,强制到案措施与留置措施不同,前者通常时间较短,用于初步调查和取证。如果在强制到案后发现被调查人涉嫌犯罪,并符合《监察法》规定的留置条件,监察机关可以依法对其采取留置措施。

关 联 规 定

《刑事诉讼法》

第六十六条 人民法院、人民检察院和公安机关根据案件情况,对犯罪嫌疑人、被告人可以拘传、取保候审或者监视居住。

第一百一十九条 对不需要逮捕、拘留的犯罪嫌疑人,可以传唤到犯罪嫌疑人所在市、县内的指定地点或者到他的住处进行讯问,但是应当出示人民检察院或者公安机关的证明文件。对在现场发现的犯罪嫌疑人,经出示工作证件,可以口头传唤,但应当在讯问笔录中注明。

传唤、拘传持续的时间不得超过十二小时;案情特别重大、复杂,需要采取拘留、逮捕措施的,传唤、拘传持续的时间不得超过二十四小时。

不得以连续传唤、拘传的形式变相拘禁犯罪嫌疑人。传唤、拘传犯罪嫌疑人,应当保证犯罪嫌疑人的饮食和必要的休息时间。

第四章　监察权限

《监督执纪工作规则》

第三十四条　核查组经批准可以采取必要措施收集证据，与相关人员谈话了解情况，要求相关组织作出说明，调取个人有关事项报告，查阅复制文件、账目、档案等资料，查核资产情况和有关信息，进行鉴定勘验。对被核查人及相关人员主动上交的财物，核查组应当予以暂扣。

需要采取技术调查或者限制出境等措施的，纪检监察机关应当严格履行审批手续，交有关机关执行。

第四十一条　需要对被审查调查人采取留置措施的，应当依据监察法进行，在24小时内通知其所在单位和家属，并及时向社会公开发布。因可能毁灭、伪造证据，干扰证人作证或者串供等有碍调查情形而不宜通知或者公开的，应当按程序报批并记录在案。有碍调查的情形消失后，应当立即通知被留置人员所在单位和家属。

第四十二条　审查调查工作应当依照规定由两人以上进行，按照规定出示证件，出具书面通知。

《政务处分法》

第四十三条　作出政务处分决定前，监察机关应当将调查认定的违法事实及拟给予政务处分的依据告知被调查人，听取被调查人的陈述和申辩，并对其陈述的事实、理由和证据进行核实，记录在案。被调查人提出的事实、理由和证据成立的，应予采纳。不得因被调查人的申辩而加重政务处分。

第四十六条　政务处分决定书应当及时送达被处分人和被处分人所在机关、单位，并在一定范围内宣布。

作出政务处分决定后，监察机关应当根据被处分人的具体身份书面告知相关的机关、单位。

《人民检察院刑事诉讼规则》

第一百二十九条　犯罪嫌疑人具有下列情形之一的，可以认定为"可能实施新的犯罪"：

（一）案发前或者案发后正在策划、组织或者预备实施新的犯罪的；

（二）扬言实施新的犯罪的；

（三）多次作案、连续作案、流窜作案的；

（四）一年内曾因故意实施同类违法行为受到行政处罚的；

· 85 ·

（五）以犯罪所得为主要生活来源的；

（六）有吸毒、赌博等恶习的；

（七）其他可能实施新的犯罪的情形。

第一百三十条 犯罪嫌疑人具有下列情形之一的，可以认定为"有危害国家安全、公共安全或者社会秩序的现实危险"：

（一）案发前或者案发后正在积极策划、组织或者预备实施危害国家安全、公共安全或者社会秩序的重大违法犯罪行为的；

（二）曾因危害国家安全、公共安全或者社会秩序受到刑事处罚或者行政处罚的；

（三）在危害国家安全、黑恶势力、恐怖活动、毒品犯罪中起组织、策划、指挥作用或者积极参加的；

（四）其他有危害国家安全、公共安全或者社会秩序的现实危险的情形。

第一百三十二条 犯罪嫌疑人具有下列情形之一的，可以认定为"可能对被害人、举报人、控告人实施打击报复"：

（一）扬言或者准备、策划对被害人、举报人、控告人实施打击报复的；

（二）曾经对被害人、举报人、控告人实施打击、要挟、迫害等行为的；

（三）采取其他方式滋扰被害人、举报人、控告人的正常生活、工作的；

（四）其他可能对被害人、举报人、控告人实施打击报复的情形。

第二十二条 【询问证人】

在调查过程中，监察机关可以询问证人等人员。

重点解读

本条款是关于监察机关在调查中运用询问措施的规定。

本条款的核心宗旨在于将监察机关在实践中运用的询问措施确定为法律赋予的权限。询问措施是基于纪检监察机关长期实践中的执纪审查手段发展而来的。鉴于监察机关承担着调查职务违法和职务犯罪的重要职责，《监察法》将询问措施纳入监察机关的调查权限之中。

询问措施主要针对的是证人等。"证人"指的是除案件当事人之外，了解监察机关调查案件真相的第三人。任何了解案件情况的人都有作证的义务，但由于生理或精神缺陷或年龄过小而无法辨别是非、正确表达的人，不具备作证资格。监察机关的调查人员可以在证人所在单位、住处或证人提出的地点进行询问，如有必要，也可以要求证人到监察机关提供证言。询问证人应当单独进行。在询问过程中，调查人员应告知证人必须如实提供证据和证言，并说明故意作伪证或隐匿罪证的法律责任。如果法庭查明证人故意作伪证或隐匿罪证，应依法进行处理。询问活动必须遵守《监察法》及其他相关法律法规的具体程序和要求。

需要特别指出的是，证人证言只有在法庭上经过公诉人、被告人和辩护人双方的质证并被查实后，才能作为审判定案的依据。

关 联 规 定

《监察法实施条例》

第七十五条 立案后，与未被限制人身自由的被调查人谈话的，应当在具备安全保障条件的场所进行。

调查人员按规定通知被调查人所在单位派员或者被调查人家属陪同被调查人到指定场所的，应当与陪同人员办理交接手续，填写《陪送交接单》。

第七十六条 调查人员与被留置的被调查人谈话的，按照法定程序在留置场所进行。

与在押的犯罪嫌疑人、被告人谈话的，应当持以监察机关名义出具的介绍信、工作证件，商请有关案件主管机关依法协助办理。

与在看守所、监狱服刑的人员谈话的，应当持以监察机关名义出具的介绍信、工作证件办理。

第七十七条 与被调查人进行谈话，应当合理安排时间、控制时长，保证其饮食和必要的休息时间。

第七十八条 谈话笔录应当在谈话现场制作。笔录应当详细具体，如实反映谈话情况。笔录制作完成后，应当交给被调查人核对。被调查人没有阅读能力的，应当向其宣读。

笔录记载有遗漏或者差错的，应当补充或者更正，由被调查人在补充或者更正处捺指印。被调查人核对无误后，应当在笔录中逐页签名、捺指印。被调查人拒绝签名、捺指印的，调查人员应当在笔录中记明。调查人员也应当在笔录中签名。

第七十九条 被调查人请求自行书写说明材料的，应当准许。必要时，调查人员可以要求被调查人自行书写说明材料。

被调查人应当在说明材料上逐页签名、捺指印，在末页写明日期。对说明材料有修改的，在修改之处应当捺指印。说明材料应当由二名调查人员接收，在首页记明接收的日期并签名。

第八十五条 监察机关按规定报批后，可以依法对证人、被害人等人员进行询问，了解核实有关问题或者案件情况。

第八十六条 证人未被限制人身自由的，可以在其工作地点、住所或者其提出的地点进行询问，也可以通知其到指定地点接受询问。到证人提出的地点或者调查人员指定的地点进行询问的，应当在笔录中记明。

调查人员认为有必要或者证人提出需要由所在单位派员或者其家属陪同到询问地点的，应当办理交接手续并填写《陪送交接单》。

第八十七条 询问应当个别进行。负责询问的调查人员不得少于二人。

首次询问时，应当向证人出示《证人权利义务告知书》，由其签名、捺指印。证人拒绝签名、捺指印的，调查人员应当在文书上记明。证人未被限制人身自由的，应当在首次询问时向其出具《询问通知书》。

询问时，应当核实证人身份，问明证人的基本情况，告知证人应当如实提供证据、证言，以及作伪证或者隐匿证据应当承担的法律责任。不得向证人泄露案情，不得采用非法方法获取证言。

询问重大或者有社会影响案件的重要证人，应当对询问过程全程同步录音录像，并告知证人。告知情况应当在录音录像中予以反映，并在笔录中记明。

第八十八条 询问未成年人，应当通知其法定代理人到场。无法通知或者法定代理人不能到场的，应当通知未成年人的其他成年亲属或者所在学校、居住地基层组织的代表等有关人员到场。询问结束后，由法定代理人或者有关人员在笔录中签名。调查人员应当将到场情况记录在案。

询问聋、哑人，应当有通晓聋、哑手势的人员参加。调查人员应当在笔录中记明证人的聋、哑情况，以及翻译人员的姓名、工作单位和职业。询问不通晓当地通用语言、文字的证人，应当有翻译人员。询问结束后，由翻译人员在笔录中签名。

第八十九条 凡是知道案件情况的人，都有如实作证的义务。对故意提供虚假证言的证人，应当依法追究法律责任。

证人或者其他任何人不得帮助被调查人隐匿、毁灭、伪造证据或者串供，不得实施其他干扰调查活动的行为。

第九十条 证人、鉴定人、被害人因作证，本人或者近亲属人身安全面临危险，向监察机关请求保护的，监察机关应当受理并及时进行审查；对于确实存在人身安全危险的，监察机关应当采取必要的保护措施。监察机关发现存在上述情形的，应当主动采取保护措施。

监察机关可以采取下列一项或者多项保护措施：

（一）不公开真实姓名、住址和工作单位等个人信息；

（二）禁止特定的人员接触证人、鉴定人、被害人及其近亲属；

（三）对人身和住宅采取专门性保护措施；

（四）其他必要的保护措施。

依法决定不公开证人、鉴定人、被害人的真实姓名、住址和工作单位等个人信息的，可以在询问笔录等法律文书、证据材料中使用化名。但是应当另行书面说明使用化名的情况并标明密级，单独成卷。

监察机关采取保护措施需要协助的，可以提请公安机关等有关单位和要求有关个人依法予以协助。

第九十一条 本条例第七十六条至第七十九条的要求，也适用于询问。询问重要涉案人员，根据情况适用本条例第七十五条的规定。

询问被害人，适用询问证人的规定。

《监督执纪工作规则》

第四十条 审查调查组可以依照党章党规和监察法，经审批进行谈话、讯问、询问、留置、查询、冻结、搜查、调取、查封、扣押（暂扣、封存）、勘验检查、鉴定，提请有关机关采取技术调查、通缉、限制出境等措施。

承办部门应当建立台账，记录使用措施情况，向案件监督管理部门定期备案。

案件监督管理部门应当核对检查，定期汇总重要措施使用情况并报告纪委监委领导和上一级纪检监察机关，发现违规违纪违法使用措施的，区分不同情况进行处理，防止擅自扩大范围、延长时限。

《刑事诉讼法》

第一百二十四条　侦查人员询问证人，可以在现场进行，也可以到证人所在单位、住处或者证人提出的地点进行，在必要的时候，可以通知证人到人民检察院或者公安机关提供证言。在现场询问证人，应当出示工作证件，到证人所在单位、住处或者证人提出的地点询问证人，应当出示人民检察院或者公安机关的证明文件。

询问证人应当个别进行。

《人民检察院刑事诉讼规则》

第一百九十三条　询问证人，可以在现场进行，也可以到证人所在单位、住处或者证人提出的地点进行。必要时，也可以通知证人到人民检察院提供证言。到证人提出的地点进行询问的，应当在笔录中记明。

询问证人应当个别进行。

在现场询问证人，应当出示工作证件。到证人所在单位、住处或者证人提出的地点询问证人，应当出示人民检察院的证明文件。

第一百九十五条　询问被害人，适用询问证人的规定。

《公安机关办理刑事案件程序规定》

第二百一十条　询问证人、被害人，可以在现场进行，也可以到证人、被害人所在单位、住处或者证人、被害人提出的地点进行。在必要的时候，可以书面、电话或者当场通知证人、被害人到公安机关提供证言。

询问证人、被害人应当个别进行。

在现场询问证人、被害人，侦查人员应当出示人民警察证。到证人、被害人所在单位、住处或者证人、被害人提出的地点询问证人、被害人，应当经办案部门负责人批准，制作询问通知书。询问前，侦查人员应当出示询问通知书和人民警察证。

第四章 监察权限

第二十三条 【责令候查】

被调查人涉嫌严重职务违法或者职务犯罪,并有下列情形之一的,经监察机关依法审批,可以对其采取责令候查措施:

(一) 不具有本法第二十四条第一款所列情形的;

(二) 符合留置条件,但患有严重疾病、生活不能自理的,系怀孕或者正在哺乳自己婴儿的妇女,或者生活不能自理的人的唯一扶养人;

(三) 案件尚未办结,但留置期限届满或者对被留置人员不需要继续采取留置措施的;

(四) 符合留置条件,但因为案件的特殊情况或者办理案件的需要,采取责令候查措施更为适宜的。

被责令候查人员应当遵守以下规定:

(一) 未经监察机关批准不得离开所居住的直辖市、设区的市的城市市区或者不设区的市、县的辖区;

(二) 住址、工作单位和联系方式发生变动的,在二十四小时以内向监察机关报告;

(三) 在接到通知的时候及时到案接受调查;

(四) 不得以任何形式干扰证人作证;

(五) 不得串供或者伪造、隐匿、毁灭证据。

被责令候查人员违反前款规定,情节严重的,可以依法予以留置。

重点解读

本条规定了监察机关对涉嫌严重职务违法或者职务犯罪的被调查人,在特定情况下可以采取责令候查措施。增加责令候查措施,有助于解决未被采取留置措施的被调查人缺乏相应监督管理措施的问题，同时减少留置措施适用，彰显监察工作尊重和保障权利、维护监察对象和相关人员合法权益的基本原则。

第1款规定了责令候查的四种适用情形。不具有第24条第1款所列情形，是指不具有案情重大、复杂的，可能逃跑、自杀的，可能串供或者伪造、隐匿、毁灭证据的，可能有其他妨碍调查行为的四种情形。患有严重疾病、生活不能自理的，怀孕或者正在哺乳自己婴儿的妇女，或者系生活不能自理的人的唯一扶养人，基于人道考虑，对这类被调查人不宜采取留置措施，但案件需要继续调查，可以采取责令候查措施。案件尚未办结，留置期限届满或不再需要留置时，为了避免超期留置，可以采取责令候查措施。在某些特殊情况下，即使被调查人符合留置条件，但基于案件特殊情况或办理需要，也可以采取责令候查措施。需要注意的是，即使符合以上四种情形之一，但只要被调查人并非涉嫌严重职务违法或者职务犯罪，亦不得责令候查。

第2款是有关被责令候查人员在责令候查期间行为的规定。其在此期间，未经批准不得离开所居住的市、县；住址、工作单位和联系方式变动的，被责令候查人员有责任在变动后24小时内向监察机关报告，以确保监察机关能够及时联系到被调查人；在监察机关通知时，被责令候查人员应按时到案接受调查；被责令候查人员不得以任何形式影响证人的作证行为；不得串供或者伪造、隐匿、毁灭证据。

第3款规定了被责令候查人员违反相应义务的后果。违反留置候查期间相应义务，情节严重的，监察机关可以依法对其采取留置措施。

关 联 规 定

《刑事诉讼法》

第六十七条 人民法院、人民检察院和公安机关对有下列情形之一的犯罪嫌疑人、被告人，可以取保候审：

（一）可能判处管制、拘役或者独立适用附加刑的；

（二）可能判处有期徒刑以上刑罚，采取取保候审不致发生社会危险性的；

（三）患有严重疾病、生活不能自理，怀孕或者正在哺乳自己婴儿的妇女，采取取保候审不致发生社会危险性的；

（四）羁押期限届满，案件尚未办结，需要采取取保候审的。

取保候审由公安机关执行。

第七十四条 人民法院、人民检察院和公安机关对符合逮捕条件，有下列情形之一的犯罪嫌疑人、被告人，可以监视居住：

（一）患有严重疾病、生活不能自理的；

（二）怀孕或者正在哺乳自己婴儿的妇女；

（三）系生活不能自理的人的唯一扶养人；

（四）因为案件的特殊情况或者办理案件的需要，采取监视居住措施更为适宜的；

（五）羁押期限届满，案件尚未办结，需要采取监视居住措施的。

对符合取保候审条件，但犯罪嫌疑人、被告人不能提出保证人，也不交纳保证金的，可以监视居住。

监视居住由公安机关执行。

第一百六十五条 人民检察院直接受理的案件中符合本法第八十一条、第八十二条第四项、第五项规定情形，需要逮捕、拘留犯罪嫌疑人的，由人民检察院作出决定，由公安机关执行。

《刑事诉讼法解释》

第一百六十九条 被逮捕的被告人具有下列情形之一的，人民法院可以变更强制措施：

（一）患有严重疾病、生活不能自理的；

（二）怀孕或者正在哺乳自己婴儿的；

（三）系生活不能自理的人的唯一扶养人。

《人民检察院刑事诉讼规则》

第五百八十条 人民检察院发现犯罪嫌疑人、被告人具有下列情形之一，且具有悔罪表现，不予羁押不致发生社会危险性的，可以向办案机关提出释放或者变更强制措施的建议：

（一）预备犯或者中止犯；

（二）共同犯罪中的从犯或者胁从犯；

（三）过失犯罪的；

（四）防卫过当或者避险过当的；

（五）主观恶性较小的初犯；

（六）系未成年人或者已满七十五周岁的人；

（七）与被害方依法自愿达成和解协议，且已经履行或者提供担保的；

（八）认罪认罚的；

（九）患有严重疾病、生活不能自理的；

（十）怀孕或者正在哺乳自己婴儿的妇女；

（十一）系生活不能自理的人的唯一扶养人；

（十二）可能被判处一年以下有期徒刑或者宣告缓刑的；

（十三）其他不需要继续羁押的情形。

第二十四条 【留置】

被调查人涉嫌贪污贿赂、失职渎职等严重职务违法或者职务犯罪，监察机关已经掌握其部分违法犯罪事实及证据，仍有重要问题需要进一步调查，并有下列情形之一的，经监察机关依法审批，可以将其留置在特定场所：

（一）涉及案情重大、复杂的；

（二）可能逃跑、自杀的；

（三）可能串供或者伪造、隐匿、毁灭证据的；

（四）可能有其他妨碍调查行为的。

对涉嫌行贿犯罪或者共同职务犯罪的涉案人员，监察机关可以依照前款规定采取留置措施。

留置场所的设置、管理和监督依照国家有关规定执行。

重点解读

本条款是监察机关实施留置措施的相关规定，包括对象和适用条件等。所谓"留置"，是指监察机关在调查涉嫌严重职务违法或职务犯罪时，已掌握部分违法犯罪事实及证据，且需进一步调查重要问题，同时符合法定情形，并经依法审批后，将被调查人留在特定场所配合调查的措施。

第1款明确了留置措施的基本条件。留置措施主要包括三个条件：涉案性质严重，证据充分且需要进一步调查，以及存在法定情形之一，如案情重大复杂、可能逃跑自杀、可能串供或毁灭证据等。这三个条件必须同时满足，才能实施留置。

第2款规定了其他适用留置的对象。除了符合基本条件的被调查人外，对于涉嫌行贿犯罪或共同职务犯罪的涉案人员，如果其情况符合法定情形，监察机关也可以采取留置措施，以确保调查的客观性和公正性。

第3款涉及留置场所的设置、管理和监督。留置是一项重要的调查措施，因此需要一套严格细致的制度来规范。《监察法》作为国家基本法律，并未对所有细节进行规定，但为未来国家制定相关专门规定提供了法律依据，有助于监察机关依法执行留置措施，同时保障被留置人的合法权益。

最后，需要强调的是，留置措施必须依法严格掌握和谨慎使用。留置是监察机关调查严重职务违法和职务犯罪的关键手段，其审批程序和使用期限都有严格限制，在适用留置前，监察机关必须做好基础调查工作。

关联规定

《人民检察院刑事诉讼规则》

第一百二十九条 犯罪嫌疑人具有下列情形之一的，可以认定为"可能实施新的犯罪"：

（一）案发前或者案发后正在策划、组织或者预备实施新的犯罪的；

（二）扬言实施新的犯罪的；

（三）多次作案、连续作案、流窜作案的；

（四）一年内曾因故意实施同类违法行为受到行政处罚的；

（五）以犯罪所得为主要生活来源的；

（六）有吸毒、赌博等恶习的；

（七）其他可能实施新的犯罪的情形。

第一百三十条 犯罪嫌疑人具有下列情形之一的，可以认定为"有危害国家安全、公共安全或者社会秩序的现实危险"：

（一）案发前或者案发后正在积极策划、组织或者预备实施危害国家安全、公共安全或者社会秩序的重大违法犯罪行为的；

（二）曾因危害国家安全、公共安全或者社会秩序受到刑事处罚或者行政处罚的；

（三）在危害国家安全、黑恶势力、恐怖活动、毒品犯罪中起组织、策划、指挥作用或者积极参加的；

（四）其他有危害国家安全、公共安全或者社会秩序的现实危险的情形。

第一百三十一条 犯罪嫌疑人具有下列情形之一的，可以认定为"可能毁灭、伪造证据，干扰证人作证或者串供"：

（一）曾经或者企图毁灭、伪造、隐匿、转移证据的；

（二）曾经或者企图威逼、恐吓、利诱、收买证人，干扰证人作证的；

（三）有同案犯罪嫌疑人或者与其在事实上存在密切关联犯罪的犯罪嫌疑人在逃，重要证据尚未收集到位的；

（四）其他可能毁灭、伪造证据，干扰证人作证或者串供的情形。

第一百四十二条 对于监察机关移送起诉的已采取留置措施的案件，人民检察院应当在受理案件后，及时对犯罪嫌疑人作出拘留决定，交公安机关执行。执行拘留后，留置措施自动解除。

第一百四十五条 人民检察院应当自收到移送起诉的案卷材料之日起三日以内告知犯罪嫌疑人有权委托辩护人。对已经采取留置措施的，应当在执行拘留时告知。

第一百四十六条 对于监察机关移送起诉的未采取留置措施的案件，人民检察院受理后，在审查起诉过程中根据案件情况，可以依照本规则相关规定决定是否采取逮捕、取保候审或者监视居住措施。

第四章　监察权限

《刑事诉讼法》

第六十七条　人民法院、人民检察院和公安机关对有下列情形之一的犯罪嫌疑人、被告人，可以取保候审：

（一）可能判处管制、拘役或者独立适用附加刑的；

（二）可能判处有期徒刑以上刑罚，采取取保候审不致发生社会危险性的；

（三）患有严重疾病、生活不能自理，怀孕或者正在哺乳自己婴儿的妇女，采取取保候审不致发生社会危险性的；

（四）羁押期限届满，案件尚未办结，需要采取取保候审的。

取保候审由公安机关执行。

第七十四条　人民法院、人民检察院和公安机关对符合逮捕条件，有下列情形之一的犯罪嫌疑人、被告人，可以监视居住：

（一）患有严重疾病、生活不能自理的；

（二）怀孕或者正在哺乳自己婴儿的妇女；

（三）系生活不能自理的人的唯一扶养人；

（四）因为案件的特殊情况或者办理案件的需要，采取监视居住措施更为适宜的；

（五）羁押期限届满，案件尚未办结，需要采取监视居住措施的。

对符合取保候审条件，但犯罪嫌疑人、被告人不能提出保证人，也不交纳保证金的，可以监视居住。

监视居住由公安机关执行。

第一百六十五条　人民检察院直接受理的案件中符合本法第八十一条、第八十二条第四项、第五项规定情形，需要逮捕、拘留犯罪嫌疑人的，由人民检察院作出决定，由公安机关执行。

第一百七十条　人民检察院对于监察机关移送起诉的案件，依照本法和监察法的有关规定进行审查。人民检察院经审查，认为需要补充核实的，应当退回监察机关补充调查，必要时可以自行补充侦查。

对于监察机关移送起诉的已采取留置措施的案件，人民检察院应当对犯罪嫌疑人先行拘留，留置措施自动解除。人民检察院应当在拘留后的十日以内作出是否逮捕、取保候审或者监视居住的决定。在特殊情况下，决定的时间可以延长一日至四日。人民检察院决定采取强制措施的期间不计入审查起诉期限。

《刑事诉讼法解释》

第一百六十九条 被逮捕的被告人具有下列情形之一的，人民法院可以变更强制措施：

（一）患有严重疾病、生活不能自理的；

（二）怀孕或者正在哺乳自己婴儿的；

（三）系生活不能自理的人的唯一扶养人。

《监督执纪工作规则》

第四十一条 需要对被审查调查人采取留置措施的，应当依据监察法进行，在24小时内通知其所在单位和家属，并及时向社会公开发布。因可能毁灭、伪造证据，干扰证人作证或者串供等有碍调查情形而不宜通知或者公开的，应当按程序报批并记录在案。有碍调查的情形消失后，应当立即通知被留置人员所在单位和家属。

第四十二条 审查调查工作应当依照规定由两人以上进行，按照规定出示证件，出具书面通知。

第四十三条 立案审查调查方案批准后，应当由纪检监察机关相关负责人或者部门负责人与被审查调查人谈话，宣布立案决定，讲明党的政策和纪律，要求被审查调查人端正态度、配合审查调查。

审查调查应当充分听取被审查调查人陈述，保障其饮食、休息，提供医疗服务，确保安全。严格禁止使用违反党章党规党纪和国家法律的手段，严禁逼供、诱供、侮辱、打骂、虐待、体罚或者变相体罚。

第二十五条 【管护】

对于未被留置的下列人员，监察机关发现存在逃跑、自杀等重大安全风险的，经依法审批，可以进行管护：

（一）涉嫌严重职务违法或者职务犯罪的自动投案人员；

> （二）在接受谈话、函询、询问过程中，交代涉嫌严重职务违法或者职务犯罪问题的人员；
>
> （三）在接受讯问过程中，主动交代涉嫌重大职务犯罪问题的人员。
>
> 采取管护措施后，应当立即将被管护人员送留置场所，至迟不得超过二十四小时。

重点解读

本条规定了监察机关对自动投案或者交代有关问题的涉嫌严重职务违法或者职务犯罪人员，在紧急情况下可以进行管护，以保障办案安全。管护是指为了防止被调查人逃跑、自杀等安全风险，监察机关采取的必要的保护性措施。管护措施是一种临时性的措施，其目的是防止被调查人逃跑或自杀等风险，并非惩罚措施。采取管护措施必须依法进行，需要经过监察机关的审批程序，以确保措施的合法性和必要性。

管护的对象包括三种。一是在违法犯罪后，主动向监察机关投案自首的被调查人员；二是在监察机关的谈话、函询或询问过程中，主动交代了自己的违法犯罪行为的被调查人员；三是在讯问过程中，主动交代了重大职务犯罪问题的被调查人员。

在监察机关发现以上三类人员存在可能逃跑、自杀等严重的安全风险，经过监察机关主要负责人依法审批后，可以采取管护措施。根据规定，这一过程的最长时限为二十四小时，即从采取管护措施起，至迟不得超过二十四小时，必须完成将被管护人员送达留置场所的程序。这样的规定体现了监察机关在保障调查效率和人员安全之间的平衡。

关联规定

《刑事诉讼法》

第一百一十九条　对不需要逮捕、拘留的犯罪嫌疑人，可以传唤到犯罪嫌疑人所在市、县内的指定地点或者到他的住处进行讯问，但是应当出示人民检察院或者公安机关的证明文件。对在现场发现的犯罪嫌疑人，经出示工作证件，可以口头传唤，但应当在讯问笔录中注明。

传唤、拘传持续的时间不得超过十二小时；案情特别重大、复杂，需要采取拘留、逮捕措施的，传唤、拘传持续的时间不得超过二十四小时。

不得以连续传唤、拘传的形式变相拘禁犯罪嫌疑人。传唤、拘传犯罪嫌疑人，应当保证犯罪嫌疑人的饮食和必要的休息时间。

《监督执纪工作规则》

第二十八条　谈话应当由纪检监察机关相关负责人或者承办部门负责人进行，可以由被谈话人所在党委（党组）、纪委监委（纪检监察组、纪检监察工委）有关负责人陪同；经批准也可以委托被谈话人所在党委（党组）主要负责人进行。

谈话应当在具备安全保障条件的场所进行。由纪检监察机关谈话的，应当制作谈话笔录，谈话后可以视情况由被谈话人写出书面说明。

第三十八条第一款　对符合立案条件的，承办部门应当起草立案审查调查呈批报告，经纪检监察机关主要负责人审批，报同级党委主要负责人批准，予以立案审查调查。

第四十二条　审查调查工作应当依照规定由两人以上进行，按照规定出示证件，出具书面通知。

《中国共产党党务公开条例（试行）》

第十二条　党的纪律检查机关应当公开以下内容：

（一）学习贯彻党中央大政方针和重大决策部署，坚决维护以习近平同志为核心的党中央权威和集中统一领导，贯彻落实本级党委、上级纪律检查机关工作部署情况；

（二）开展纪律教育、加强纪律建设，维护党章党规党纪情况；

（三）查处违反中央八项规定精神，发生在群众身边、影响恶劣的不正之风和腐败问题情况；

（四）对党员领导干部严重违纪涉嫌违法犯罪进行立案审查、组织审查和给予开除党籍处分情况；

（五）对党员领导干部严重失职失责进行问责情况；

（六）加强纪律检查机关自身建设情况；

（七）其他应当公开的党务。

第二十六条　【查询、冻结】

监察机关调查涉嫌贪污贿赂、失职渎职等严重职务违法或者职务犯罪，根据工作需要，可以依照规定查询、冻结涉案单位和个人的存款、汇款、债券、股票、基金份额等财产。有关单位和个人应当配合。

冻结的财产经查明与案件无关的，应当在查明后三日内解除冻结，予以退还。

重点解读

查询、冻结，是指监察机关根据调查严重职务违法或者职务犯罪的需要而依法向金融机构、证券公司或企业查询被调查主体的存款、汇款、债券、股票、基金份额等财产，并在必要时予以冻结的一种调查活动。规定本条的主要原因是在监察调查办案实践中，被调查主体的涉案财物除了现金，往往还涉及存款、汇款、债券、股票、基金份额等财产，监察机关无法直接知晓和直接控制这些财物，需要相关部门根据监察办案的需要予以配合。规定该条的目的是收集、保全涉案财产性证据，及时固定证据，最大限度发现案件事实，确保在后续工作中对违法犯罪所得予以没收、追缴、返还、责令退赔，最大限度减少被调查人及相关人的违法犯罪行为造成的损失。

理解本条款，应当重点关注以下几个方面：

第一，查询、冻结措施所针对的主体只能是涉案的单位或个人，不能是与案件无关的单位和个人。采取查询、冻结措施应当严格区分违法所得、其他涉案财产与合法财产，严格区分企业法人财产与股东个人财产，严格区分被调查人个人财产与家庭成员财产，不得超权限、超范围、超数额、超时限冻结，并注意保护利害关系人的合法权益。

第二，采取查询、冻结措施的条件应当是"根据工作需要"，即不进行查询、冻结措施会导致案件事实无法查明或发生财物被转移的情况。采取冻结措施的金额应当具体、明确，不得超过涉案金额范围；暂时无法确定具体金额的，应当在《协助冻结财产通知书》上写明"只收不付"。同时注意了解相关涉案人员经济和生活情况，为被调查人及其所扶养的亲属保留必需的生活费用。

第三，采取查询、冻结措施应当经过严格审批程序，监察机关应当根据批准的查询对象、范围和事项严格执行。

第四，冻结存款、汇款等财产的期限为6个月；而对于冻结债券、股票、基金份额等资产，参照《刑事诉讼法》对冻结的规定，期限应当为2年。有特殊原因需要延长期限的，调查机关应当在冻结期限届满前办理继续冻结手续。每次续冻存款、汇款等财产的期限最长不得超过6个月；每次续冻债券、股票、基金份额等证券的期限最长不得超过2年。继续冻结的，应当重新办理冻结的批准手续；逾期不办理继续冻结的批准手续的，视为自动解除冻结。已被冻结的财产可以轮候冻结，不得重复冻结。

第五，由于股票、债券等财产可能存在市场波动导致贬值，所以冻结股票、债券、基金份额等财产，调查人员应当告知权利人或者其法定代理人、委托代理人有权申请出售。上述相关人员如申请出售，经审批可以依法出售或者变现。所得价款应当继续冻结在其对应的银行账户中；没有对应银行账户的，所得价款由监察机关在银行指定专门账户保管，并及时告知当事人或者其近亲属。

第六，不得冻结的财产和账户，包括：金融机构存款准备金和备付金；特定非金融机构备付金；封闭贷款专用账户（在封闭贷款未结清期间）；商业汇票保证金；证券投资者保障基金、保险保障基金、存款保险基金、信托业保障基金；党、团费账户和工会经费集中户；社会保险基金；国有企业下岗职工基本生活保障基金；住房公积金和职工集资建房账户资金；人民法院开立的执行账户；军队、武警部队一类保密单位开设的"特种预算存款""特种其他存款"和连队账户的存款；金融机构质押给中国人民银行的债权、股票、贷款等。[1]

第七，对冻结的存款、汇款等财产，经查明确实与案件无关的，监察机关应当在3日以内通知金融机构等单位解除冻结，并通知被冻结存款、汇款等财产的所有人。

典型案例

2017年5月31日，一份盖着山西省监察委员会红印的冻结金融财产通知书发往山西证券某营业部。接到通知后，营业部立即对路某的股票账户予以冻结，回执于当天发回。

房地产老板路某，系魏某（化名）案的重要涉案人员。2017年1月，魏某因被群众举报而接受山西省纪委监委谈话函询。谈话函询中，魏某对有关问题无法做出合理说明，有关问题线索被转入初步核实，其与路某的隐秘联系逐渐浮出水面。5月24日，经山西省委批准，山西省纪委监委对魏某立案调查并采取留置措施。5月31日，根据案情需要，对路某进行立案调查，为了防止路某对账户"做手脚"、转移、藏匿资金，才有了上述冻结股票账户的一幕。

"事后我们才知道，冻结措施采取得太及时了。"参与调查的山西省纪委监委第一执纪审查（调查）室工作人员回忆道。原来，该股票账户是路某以自己的名义开设并汇入资金，实际由魏某夫妇控制并交易。在魏某"出事"以后，路某为了能让股票账户看起来更像他的，就想把密码改一下，进去操作几笔资金。正是在5月31日当天，路某让证券公司客户经理帮他变更了账户密码，但还没来得及使用该账户操作资金，账户就被冻结。6月27日，山西省监委又对与该证券账户绑定的银行账户进行冻结。有了这个证据，调查人员很快从路某身上打开了突破口。"路某采取的是一种比较新型的行贿手段，即以开设股票账户的形式行贿。表面上看账户名字是路某的，银行卡也是在路某手里拿着的，

---

[1] 《哪些财产和账户不得冻结？》，载微信公众号"中国方正出版社"，https://mp.weixin.qq.com/s/zQohVUqg287i6wMLD9Ra_A，最后访问时间：2025年3月31日。

但实际上所有的炒股、理财等都是魏某及其妻任某操作。"调查人员介绍道。2015年，魏某的女婿在上海开公司，任某安排路某从该账户转出100万元给魏某女婿。在谈话函询和初核阶段，魏某夫妇到处订立攻守同盟，大肆隐匿、转移赃款赃物，采取种种手段对抗组织调查。2017年3月，任某找到路某，要其一口咬定股票账户是自己的，和魏某无关，魏某只是帮忙炒股；同时在其安排下，魏某的女婿与路某就转出的100万元补充了投资协议，由魏某女婿把"投资"产生的"利息"2.9万元打回该账户。①

关联规定

《监察法实施条例》

第一百零四条　监察机关调查严重职务违法或者职务犯罪，根据工作需要，按规定报批后，可以依法查询、冻结涉案单位和个人的存款、汇款、债券、股票、基金份额等财产。

第一百零五条　查询、冻结财产时，调查人员不得少于二人。调查人员应当出具《协助查询财产通知书》或者《协助冻结财产通知书》，送交银行或者其他金融机构、邮政部门等单位执行。有关单位和个人应当予以配合，并严格保密。

查询财产应当在《协助查询财产通知书》中填写查询账号、查询内容等信息。没有具体账号的，应当填写足以确定账户或者权利人的自然人姓名、身份证件号码或者企业法人名称、统一社会信用代码等信息。

冻结财产应当在《协助冻结财产通知书》中填写冻结账户名称、冻结账号、冻结数额、冻结期限起止时间等信息。冻结数额应当具体、明确，暂时无法确定具体数额的，应当在《协助冻结财产通知书》上明确写明"只收不付"。冻结证券和交易结算资金时，应当明确冻结的范围是否及于孳息。

冻结财产，应当为被调查人及其所扶养的亲属保留必需的生活费用。

第一百零六条　调查人员可以根据需要对查询结果进行打印、抄录、复制、

---

① 参见《〈从试点看监委12项调查措施⑤〉冻结：控制涉案财产的"定身法"》，载中央纪委国家监委网站：https://www.ccdi.gov.cn/special/sexdccs/201801/t20180105_161090.html，最后访问时间：2024年12月18日。

拍照，要求相关单位在有关材料上加盖证明印章。对查询结果有疑问的，可以要求相关单位进行书面解释并加盖印章。

第一百零七条 监察机关对查询信息应当加强管理，规范信息交接、调阅、使用程序和手续，防止滥用和泄露。

调查人员不得查询与案件调查工作无关的信息。

第一百零八条 冻结财产的期限不得超过六个月。冻结期限到期未办理续冻手续的，冻结自动解除。

有特殊原因需要延长冻结期限的，应当在到期前按原程序报批，办理续冻手续。每次续冻期限不得超过六个月。

第一百零九条 已被冻结的财产可以轮候冻结，不得重复冻结。轮候冻结的，监察机关应当要求有关银行或者其他金融机构等单位在解除冻结或者作出处理前予以通知。

监察机关接受司法机关、其他监察机关等国家机关移送的涉案财物后，该国家机关采取的冻结期限届满，监察机关续行冻结的顺位与该国家机关冻结的顺位相同。

第一百一十条 冻结财产应当通知权利人或者其法定代理人、委托代理人，要求其在《冻结财产告知书》上签名。冻结股票、债券、基金份额等财产，应当告知权利人或者其法定代理人、委托代理人有权申请出售。

对于被冻结的股票、债券、基金份额等财产，权利人或者其法定代理人、委托代理人申请出售，不损害国家利益、被害人利益，不影响调查正常进行的，经审批可以在案件办结前由相关机构依法出售或者变现。对于被冻结的汇票、本票、支票即将到期的，经审批可以在案件办结前由相关机构依法出售或者变现。出售上述财产的，应当出具《许可出售冻结财产通知书》。

出售或者变现所得价款应当继续冻结在其对应的银行账户中；没有对应的银行账户的，应当存入监察机关指定的专用账户保管，并将存款凭证送监察机关登记。监察机关应当及时向权利人或者其法定代理人、委托代理人出具《出售冻结财产通知书》，并要求其签名。拒绝签名的，调查人员应当在文书上记明。

> **第二十七条　【搜查】**
>
> 　　监察机关可以对涉嫌职务犯罪的被调查人以及可能隐藏被调查人或者犯罪证据的人的身体、物品、住处和其他有关地方进行搜查。在搜查时,应当出示搜查证,并有被搜查人或者其家属等见证人在场。
>
> 　　搜查女性身体,应当由女性工作人员进行。
>
> 　　监察机关进行搜查时,可以根据工作需要提请公安机关配合。公安机关应当依法予以协助。

重点解读

本条赋予监察机关调查职务犯罪时可以依法采取搜查措施的权限,规范搜查程序和要求,保障监察机关收集犯罪证据、查获被调查人,确保搜查严格依法进行,防止搜查权滥用,以顺利查明职务犯罪事实,有力惩治腐败。

理解本条款,应当重点关注以下几个方面:

第一,搜查的准备工作要充分。首先,要掌握被调查人、其主要亲属以及其他密切关系人的房产、常住地址、办公地点和行踪轨迹,判断有无特殊的隐匿地点,在此基础上确定搜查范围和重点。其次,要制定切实可行的搜查方案,明确搜查目的、人员分工以及应急处置预案,对遇到家属无理阻挠,转移、销毁证据,甚至以自残手段相威胁等特殊情况做好充分准备。必要的时候,可以提请当地公安机关配合,由公安机关派员维护搜查现场的秩序和安全。行动前要对计划搜查的地点进行现场摸排,熟悉周围环境,并根据现场摸排情况对搜查计划进行调整。最后,要十分注意做好搜查前的保密工作。控制被调查人和搜查行动要衔接好,被调查人到案前,决不能打草惊蛇;被调查人到案后,各个搜查小组要在第一时间同时展开搜查。调查人员要对搜查的时机和地点精准掌控,确保各处的物品、证据不被转移或毁灭。搜查前保密工作做得好,才能保证搜查的效果，才能确保搜查有所收获。①

第二，搜查的范围主要包括：涉嫌职务犯罪的被调查人的身体、物品和住处；可能隐藏被调查人或者犯罪证据的人的身体、物品、住处，以及其他被调查人可能藏身或者隐匿犯罪证据的地方。特别要注意的是，调查人员开展搜查工作必须严格依法进行，不得滥用搜查权，不得搜查与所调查的案件无关的场所。

第三，搜查时，要"按规定报批后"才可以开展搜查工作，搜查时应当出示搜查证。搜查证上应当写明被搜查人的有关信息、搜查的目的、搜查机关、执行人员以及搜查日期等内容。实践中遇到紧急情况，如发现可能藏匿、毁弃、转移犯罪证据的，或者隐匿被调查人的，也可以先行搜查，待搜查结束后，在24小时内按照规定的审批权限补办有关手续。

第四，监察机关在搜查时，调查人员不得少于2人，应当有被搜查人或者其亲属等见证人在场，监察人员不得作为见证人。设立见证人制度是为了规范使用搜查措施、确保搜查真实性和合法性，同时保障被调查人等合法权益。实践中，搜查办公场所时一般由被调查人所在单位工作人员担任为宜，搜查被调查人住所时，一般由其小区物业、社区工作人员作为见证人。搜查的同步录音录像必须是全流程、全过程的，防止证据收集存在程序瑕疵而引起证据是否具有真实性的争议。要注意全面、完整、真实对整个搜查现场、搜查过程进行同步录音录像，一般自到达现场开展搜查工作时起，到搜查结束时止，不间断记录。对同时分区搜查的应当全过程同步录音录像，对拟扣押物品应当集中放置在固定摄像机能够拍摄到的指定地点并由专人看守。对于因客观原因中止记录的，应当进行书面说明。上述做法有利于记录和证实搜查情况，增强搜查所取得的证据的真实性、可靠性和合法性，也有利于监督调查人员严格依法开展搜查工作，防止侵犯被搜查人的合法权利，保证搜查工作顺利进行。

第五，搜查情况应当现场制作笔录，将搜查的情况按照搜查的顺序如实记录下来，写明搜查的时间、地点、过程，发现的证据等有关犯罪线索。搜查笔

---

① 参见《科学运用审查调查措施中的搜查 有效使用搜查助力案件突破》，载中央纪委国家监委网站：https://www.ccdi.gov.cn/yaowenn/202002/t20200226_77566.html，最后访问时间：2024年12月30日。

录由调查人员和被搜查人或被搜查人亲属、其他见证人签名。被搜查人在逃，其亲属拒不到场，或者拒绝签名的，应当在笔录中注明。《监察实施条例》第117条第1款规定："搜查时，应当避免未成年人或者其他不适宜在搜查现场的人在场。"这是首次在法规中规定监察机关搜查时的"未成年人（特殊人群）避开制"。执法实践中，监察机关在搜查时要避免被调查人未成年子女、高龄父母、病人等人员在场，避免给此类人群造成不必要的伤害，维护其身心健康，确保搜查更加安全文明。

第六，对于查获的重要物证、书证、视听资料、电子数据及其放置、存储位置应当拍照，并在《搜查笔录》中作出文字说明。要坚持当场固定原则，否则，查获的证据可能因程序上的瑕疵且无法补正，造成证据无法采信适用。同时，规范制作《搜查笔录》。《搜查笔录》应当现场制作，不能简单概括搜查过程，要具体记载搜查时间、地点、搜查证编号、参加人员、搜查过程、有无突发情况等，同时还应记载现场被搜查人家属、见证人的身份信息和联系方式等，并要求二者在笔录上签名捺印，同时由调查人员签名。对于查获的重要证据，应当详细载明存放位置及物品的名称、特征、数量、质量等内容，不能笼统地说明见附件《查封/扣押物品清单》。

第七，调查人员应当依法开展搜查，不得无故损坏搜查现场的物品，不得擅自扩大搜查对象和范围。对于查获的重要书证、物证、视听资料、电子数据及其放置、存储地点应当拍照，并且用文字说明有关情况。

第八，搜查女性身体时，应当由女性工作人员进行。这是对女性的特殊保护，防止在搜查时出现人身侮辱等违法行为，确保被搜查女性的人格尊严和人身安全不受侵犯。

第九，公安机关有义务配合监察机关开展搜查。根据搜查工作需要，监察机关可以商请公安机关或者有关单位协助进行。对以暴力、威胁等方法阻碍搜查的，公安干警应当予以制止，或者将其带离现场。对有关人员违反《监察法》第72条第1项规定，拒绝、阻碍调查措施实施等拒不配合监察机关调查的，由其所在单位、主管部门、上级机关或者监察机关责令改正，依法给予处理。阻碍搜查涉嫌犯罪的，应当移送司法机关依法追究刑事责任。①

典型案例

某市纪委监委按程序报批后，依法对涉嫌严重违纪违法的 A 某立案调查并采取留置措施，同时对涉嫌共同犯罪的 A 某之妻 B 某采取留置措施，配合调查。

调查期间，A 某承认自己在担任该市某国有企业主要负责人期间，利用职务上的便利先后为多名私营企业主在资金周转、项目合作、投资经营等方面提供过支持，这些企业主确实经常请他吃饭、打高尔夫球，多次在他出国考察期间陪他吃饭、旅游，但他从没有直接收受过这些人的钱款或贵重物品，并表示"请组织核查，自己经得起检验"。同时，调查组对 A 某家庭财产也进行了初步核查，确实未发现大宗财产和贵重物品。这与调查组掌握的其他证据情况极不相符。

为进一步核清事实，调查组依法对 A 某之妻 B 某进行谈话，经过耐心细致的思想教育，B 某终于如实交代了这些年来 A 某与这些私营企业主的密切交往情况，A 某用手中权力帮助他人办事，而企业主们也纷纷"投桃报李"，送给 A 某和 B 某大量财物，这些财物中有不少是现金、名表、金条、翡翠玉石、名人字画等物品。案发前 A 某和 B 某商议认为，这些东西放在家里不安全、存进银行也不安全，于是陆续用硬纸箱将收受的现金和贵重物品封装好后，分批转移到乡下外甥 C 某家中隐藏，并告诉外甥"都是些旧衣服和旧书""先放在你这里帮忙好生保管""等到需要时我们再过来拿"。

根据这一信息，调查组及时派人到乡下 C 某处依法进行了搜查，并对起获的赃款赃物进行了提取扣押，整个取证过程全程录音录像，依法向在场的 C 某及邻居等人出示证件、出具搜查手续，并由 C 某邻居作为见证人在扣押清单上签字确认。

获取这些证据后，调查组再与 A 某进行谈话，A 某在铁的证据面前对自己

---

① 王多：《如何把握监察法实施条例关于搜查工作的相关规定　坚持依法规范、细致全面、精准有效》，载《中国纪检监察》2022 年第 14 期。

涉嫌的犯罪问题供认不讳，作出了详细交代。①

关 联 规 定

《监察法实施条例》

第一百一十二条　监察机关调查职务犯罪案件，为了收集犯罪证据、查获被调查人，按规定报批后，可以依法对被调查人以及可能隐藏被调查人或者犯罪证据的人的身体、物品、住处、工作地点和其他有关地方进行搜查。

第一百一十三条　搜查应当在调查人员主持下进行，调查人员不得少于二人。搜查女性的身体，由女性工作人员进行。

搜查时，应当有被搜查人或者其家属、其所在单位工作人员或者其他见证人在场。监察人员不得作为见证人。调查人员应当向被搜查人或者其家属、见证人出示《搜查证》，要求其签名。被搜查人或者其家属不在场，或者拒绝签名的，调查人员应当在文书上记明。

第一百一十四条　搜查时，应当要求在场人员予以配合，不得进行阻碍。对以暴力、威胁等方法阻碍搜查的，应当依法制止。对阻碍搜查构成违法犯罪的，依法追究法律责任。

第一百一十五条　县级以上监察机关需要提请公安机关依法协助采取搜查措施的，应当按规定报批，请同级公安机关予以协助。提请协助时，应当出具《提请协助采取搜查措施函》，列明提请协助的具体事项和建议，搜查时间、地点、目的等内容，附《搜查证》复印件。

需要提请异地公安机关协助采取搜查措施的，应当按规定报批，向协作地同级监察机关出具协作函件和相关文书，由协作地监察机关提请当地公安机关予以协助。

第一百一十六条　对搜查取证工作，应当全程同步录音录像。

对搜查情况应当制作《搜查笔录》，由调查人员和被搜查人或者其家属、见证人签名。被搜查人或者其家属不在场，或者拒绝签名的，调查人员应当在笔录中记明。

---

① 本书编写组：《〈中华人民共和国监察法〉案例解读》，中国方正出版社2018年版，第360—361页。

对于查获的重要物证、书证、视听资料、电子数据及其放置、存储位置应当拍照，并在《搜查笔录》中作出文字说明。

第一百一十七条 搜查时，应当避免未成年人或者其他不适宜在搜查现场的人在场。

搜查人员应当服从指挥、文明执法，不得擅自变更搜查对象和扩大搜查范围。搜查的具体时间、方法，在实施前应当严格保密。

第一百一十八条 在搜查过程中查封、扣押财物和文件的，按照查封、扣押的有关规定办理。

> **第二十八条　【调取、查封、扣押措施】**
>
> 监察机关在调查过程中，可以调取、查封、扣押用以证明被调查人涉嫌违法犯罪的财物、文件和电子数据等信息。采取调取、查封、扣押措施，应当收集原物原件，会同持有人或者保管人、见证人，当面逐一拍照、登记、编号，开列清单，由在场人员当场核对、签名，并将清单副本交财物、文件的持有人或者保管人。
>
> 对调取、查封、扣押的财物、文件，监察机关应当设立专用账户、专门场所，确定专门人员妥善保管，严格履行交接、调取手续，定期对账核实，不得毁损或者用于其他目的。对价值不明物品应当及时鉴定，专门封存保管。
>
> 查封、扣押的财物、文件经查明与案件无关的，应当在查明后三日内解除查封、扣押，予以退还。

重点解读

监察机关进行监督执纪，既要管住人，又要管住财物，防止被调查人及相关人员转移、抽逃涉案财物，给党和国家带来损失。调取、查封、扣押，是指监察机关依法调取、查封、扣押能够证明被调查主体有无违法犯罪情节以及违法犯罪情节轻重的证据材料或者财物、文件的一种调查活动。在调查实践中，"调取"一般针对的是证据材料（包括文件），"查封"针对的是"不动产"，而"扣押"针对的则是"动产"。调查机关只能调取、查封、扣押能够证明被调查人有罪或者无罪以及犯罪情节轻重的各种证据材料或者财物、文件，与案件无关的证据材料或者财物、文件，不得调取、查封、扣押。在调查过程中，调查机关调取、查封、扣押证据材料或者财物、文件，可以获取和保全物证、书证、视听资料和电子数据，防止其损毁和被隐匿，进而用以认定案情，查明职务违法犯罪，保障监察调查活动的顺利进行。

理解本条款，应当重点关注以下几个方面。

第一，需要调取、查封、扣押的财物、文件、电子数据必须是监察机关在调查过程中发现的；且上述这些财物、文件、电子数据必须与监察机关调查的职务违法犯罪行为有关联，且能够或者有可能证明职务违法犯罪行为的真实情况。从调查实践情况来看，（1）调取的文件和电子数据主要内容有：工作计划、工作安排、工作报告、工作总结、简报、档案、账册、票据、报表、会议记录、会议纪要、谈话记录、文件草稿、电话记录、电报、电传、信件、笔记、日记、各种凭证、录音录像、电子邮件等。（2）查封、扣押的财物、文件和电子数据主要内容有：不动产及相关财物、外币、金银珠宝等贵重物品，存折等支付凭证和现金，已损毁、灭失、变质以及其他不宜长期保存的物品，可以作为证据使用的录音录像、电子数据存储介质，被调查人职务犯罪所得与合法收入不可分割的财产等。[①]

第二，采取调取、查封、扣押措施的，必须经监察机关相关负责人审批，并开具文书。在执行的时候，应当由2名以上调查人员持工作证件和文书，并有持有人或者保管人、见证人在场。

第三，采取查封、扣押应当收集原物原件。查封、扣押不动产、车辆、船舶等财物，可以扣押其权利证书，经拍照或者录像后原地封存。对书证、视听资料、电子数据，应当调取原件。取得原件确有困难的，可以调取副本或者复制件，但原件也要采用一定方式加以固定。

[①] 本书编写组：《监察机关15项调查措施学习图解》，中国方正出版社2019年版，第97—117页。

第四，在实施查封、扣押的过程中，应当在仔细查点的基础上，当面逐一拍照、登记、编号，开列清单，由在场人员当场核对、签字。在清单上写明调取、查封、扣押财物和文件的名称、规格、特征、质量、数量，文件和电子数据的编号，以及发现的地点和时间等。清单不得涂改，凡是必须更正的，须共同签名或盖章，或者重新开列清单。清单副本交财物、文件的持有人或者占有人。

第五，监察机关应当根据财物、文件和电子数据的不同类别登记入卷，不能入卷的，应当拍照后将照片附卷，将原财物、文件予以封存。被查封、扣押的财物属于大型物品或数量较多的，应当在拍照并登记后就地封存或易地封存。封存应当张贴盖有监察机关印章的封条，以备查核。对容易损坏的财物，应当采取拍照、录像等方法加以固定和保全。调查中需要使用相关财物、文件或者电子数据的，应当履行严格的审批手续，调取、交接应当严格登记。任何单位和个人都不得以任何借口将被调取、查封、扣押的财物、文件用于调查违法犯罪行为以外的目的，也不得将其损毁或者自行处理，要保证其完好无损。采取查封、扣押措施应当尽量不影响持有人的正常生活和生产经营活动，必要时，可以将被查封的财物交持有人或者其近亲属保管，并告知保管人对被查封的财物应当妥善保管，不得转移、变卖、毁损、出租、抵押、赠与等。①

第六，对调取、查封、扣押的财物、文件和电子数据，监察机关应当设立专用账户、专门场所，配备专用的存储设备，由专门人员妥善保管和使用，严格履行交接、调取手续，定期对账核实，不得损毁或者用于其他目的。对价值不明的物品应当及时鉴定，专门封存保管；对容易腐烂变质或者其他不易保管的财物，可以根据具体情况，经监察机关负责人批准，在拍照或者录像后委托有关部门拍卖、变卖，拍卖的价款暂存监察机关专用账户，待诉讼终结后一并处理；对违禁品，应当依照国家有关规定处理；对于需要作为证据使用的，应当在诉讼终结后处理。

第七，监察机关对查封、扣押的财物、文件，应当及时进行认真审查。经

---

① 本书编写组：《〈中华人民共和国监察法〉案例解读》，中国方正出版社2018年版，第224—225页。

过调查核实，认定该查封、扣押的财物等与本案并无任何牵连的，经审批，应当在 3 日内解除查封、扣押，并退还原持有人或者保管人。

典型案例

2017 年 7 月 21 日，浙江省临海市某局局长、党总支书记杜某被立案一个小时后，临海市纪委监委查封了他位于城乡接合部的老宅。调查人员发现，杜某平时都住在市区的新房，老宅基本不用，但不久前，他一反常态，频繁出没于老宅。所以，调查人员怀疑里面藏有赃款赃物。果不其然！监察机关在杜某老宅中发现了名酒、名茶、名表、名包、金条等大量赃款赃物，此外，还发现了一些"有问题的"招投标合同。在随后的讯问中，调查人员将查封清单、现场照片等摆在杜某面前，他立刻意识到自己藏匿赃款赃物的地方被查，内心受到很大冲击，接受讯问时的态度也慢慢改变了，如实地交代了自己的罪行。①

关联规定

《监察法实施条例》

第一百一十九条 监察机关按规定报批后，可以依法向有关单位和个人调取用以证明案件事实的证据材料。

第一百二十条 调取证据材料时，调查人员不得少于二人。调查人员应当依法出具《调取证据通知书》，必要时附《调取证据清单》。

有关单位和个人配合监察机关调取证据，应当严格保密。

第一百二十一条 调取物证应当调取原物。原物不便搬运、保存，或者依法应当返还，或者因保密工作需要不能调取原物的，可以将原物封存，并拍照、录像。对原物拍照或者录像时，应当足以反映原物的外形、内容。

调取书证、视听资料应当调取原件。取得原件确有困难或者因保密工作需要不能调取原件的，可以调取副本或者复制件。

调取物证的照片、录像和书证、视听资料的副本、复制件的，应当书面记明不能调取原物、原件的原因，原物、原件存放地点，制作过程，是否与原物、

---

① 《监委 12 项调查措施之"查封"》，载《深圳特区报》2018 年 7 月 11 日。

原件相符，并由调查人员和物证、书证、视听资料原持有人签名或者盖章。持有人无法签名、盖章或者拒绝签名、盖章的，应当在笔录中记明，由见证人签名。

第一百二十二条　调取外文材料作为证据使用的，应当交由具有资质的机构和人员出具中文译本。中文译本应当加盖翻译机构公章。

第一百二十三条　收集、提取电子数据，能够扣押原始存储介质的，应当予以扣押、封存并在笔录中记录封存状态。无法扣押原始存储介质的，可以提取电子数据，但应当在笔录中记明不能扣押的原因、原始存储介质的存放地点或者电子数据的来源等情况。

由于客观原因无法或者不宜采取前款规定方式收集、提取电子数据的，可以采取打印、拍照或者录像等方式固定相关证据，并在笔录中说明原因。

收集、提取的电子数据，足以保证完整性，无删除、修改、增加等情形的，可以作为证据使用。

收集、提取电子数据，应当制作笔录，记录案由、对象、内容，收集、提取电子数据的时间、地点、方法、过程，并附电子数据清单，注明类别、文件格式、完整性校验值等，由调查人员、电子数据持有人（提供人）签名或者盖章；电子数据持有人（提供人）无法签名或者拒绝签名的，应当在笔录中记明，由见证人签名或者盖章。有条件的，应当对相关活动进行录像。

第一百二十四条　调取的物证、书证、视听资料等原件，经查明与案件无关的，经审批，应当在查明后三日以内退还，并办理交接手续。

第一百二十五条　监察机关按规定报批后，可以依法查封、扣押用以证明被调查人涉嫌违法犯罪以及情节轻重的财物、文件、电子数据等证据材料。

对于被调查人到案时随身携带的物品，以及被调查人或者其他相关人员主动上交的财物和文件，依法需要扣押的，依照前款规定办理。对于被调查人随身携带的与案件无关的个人用品，应当逐件登记，随案移交或者退还。

第一百二十六条　查封、扣押时，应当出具《查封/扣押通知书》，调查人员不得少于二人。持有人拒绝交出应当查封、扣押的财物和文件的，可以依法强制查封、扣押。

调查人员对于查封、扣押的财物和文件，应当会同在场见证人和被查封、扣押财物持有人进行清点核对，开列《查封/扣押财物、文件清单》，由调查人员、见证人和持有人签名或者盖章。持有人不在场或者拒绝签名、盖章的，调查人员应当在清单上记明。

查封、扣押财物，应当为被调查人及其所扶养的亲属保留必需的生活费用和物品。

第一百二十七条 查封、扣押不动产和置于该不动产上不宜移动的设施、家具和其他相关财物，以及车辆、船舶、航空器和大型机械、设备等财物，必要时可以依法扣押其权利证书，经拍照或者录像后原地封存。调查人员应当在查封清单上记明相关财物的所在地址和特征，已经拍照或者录像及其权利证书被扣押的情况，由调查人员、见证人和持有人签名或者盖章。持有人不在场或者拒绝签名、盖章的，调查人员应当在清单上记明。

查封、扣押前款规定财物的，必要时可以将被查封财物交给持有人或者其近亲属保管。调查人员应当告知保管人妥善保管，不得对被查封财物进行转移、变卖、毁损、抵押、赠予等处理。

调查人员应当将《查封/扣押通知书》送达不动产、生产设备或者车辆、船舶、航空器等财物的登记、管理部门，告知其在查封期间禁止办理抵押、转让、出售等权属关系变更、转移登记手续。相关情况应当在查封清单上记明。被查封、扣押的财物已经办理抵押登记的，监察机关在执行没收、追缴、责令退赔等决定时应当及时通知抵押权人。

第一百二十八条 查封、扣押下列物品，应当依法进行相应的处理：

（一）查封、扣押外币、金银珠宝、文物、名贵字画以及其他不易辨别真伪的贵重物品，具备当场密封条件的，应当当场密封，由二名以上调查人员在密封材料上签名并记明密封时间。不具备当场密封条件的，应当在笔录中记明，以拍照、录像等方法加以保全后进行封存。查封、扣押的贵重物品需要鉴定的，应当及时鉴定。

（二）查封、扣押存折、银行卡、有价证券等支付凭证和具有一定特征能够证明案情的现金，应当记明特征、编号、种类、面值、张数、金额等，当场密封，由二名以上调查人员在密封材料上签名并记明密封时间。

（三）查封、扣押易损毁、灭失、变质等不宜长期保存的物品以及有消费期限的卡、券，应当在笔录中记明，以拍照、录像等方法加以保全后进行封存，或者经审批委托有关机构变卖、拍卖。变卖、拍卖的价款存入专用账户保管，待调查终结后一并处理。

（四）对于可以作为证据使用的录音录像、电子数据存储介质，应当记明案由、对象、内容、录制、复制的时间、地点、规格、类别、应用长度、文件格式及长度等，制作清单。具备查封、扣押条件的电子设备、存储介质应当密封保存。必要时，可以请有关机关协助。

（五）对被调查人使用违法犯罪所得与合法收入共同购置的不可分割的财产，可以先行查封、扣押。对无法分割退还的财产，涉及违法的，可以在结案后委托有关单位拍卖、变卖，退还不属于违法所得的部分及孳息；涉及职务犯罪的，依法移送司法机关处置。

（六）查封、扣押危险品、违禁品，应当及时送交有关部门，或者根据工作需要严格封存保管。

第一百二十九条　对于需要启封的财物和文件，应当由二名以上调查人员共同办理。重新密封时，由二名以上调查人员在密封材料上签名、记明时间。

第一百三十条　查封、扣押涉案财物，应当按规定将涉案财物详细信息、《查封/扣押财物、文件清单》录入并上传监察机关涉案财物信息管理系统。

对于涉案款项，应当在采取措施后十五日以内存入监察机关指定的专用账户。对于涉案物品，应当在采取措施后三十日以内移交涉案财物保管部门保管。因特殊原因不能按时存入专用账户或者移交保管的，应当按规定报批，将保管情况录入涉案财物信息管理系统，在原因消除后及时存入或者移交。

第一百三十一条　对于已移交涉案财物保管部门保管的涉案财物，根据调查工作需要，经审批可以临时调用，并应当确保完好。调用结束后，应当及时归还。调用和归还时，调查人员、保管人员应当当面清点查验。保管部门应当对调用和归还情况进行登记，全程录像并上传涉案财物信息管理系统。

第一百三十二条　对于被扣押的股票、债券、基金份额等财产，以及即将到期的汇票、本票、支票，依法需要出售或者变现的，按照本条例关于出售冻结财产的规定办理。

第一百三十三条　监察机关接受司法机关、其他监察机关等国家机关移送的涉案财物后，该国家机关采取的查封、扣押期限届满，监察机关续行查封、扣押的顺位与该国家机关查封、扣押的顺位相同。

第一百三十四条 对查封、扣押的财物和文件，应当及时进行核查。经查明与案件无关的，经审批，应当在查明后三日以内解除查封、扣押，予以退还。解除查封、扣押的，应当向有关单位、原持有人或者近亲属送达《解除查封/扣押通知书》，附《解除查封/扣押财物、文件清单》，要求其签名或者盖章。

第一百三十五条 在立案调查之前，对监察对象及相关人员主动上交的涉案财物，经审批可以接收。

接收时，应当由二名以上调查人员，会同持有人和见证人进行清点核对，当场填写《主动上交财物登记表》。调查人员、持有人和见证人应当在登记表上签名或者盖章。

对于主动上交的财物，应当根据立案及调查情况及时决定是否依法查封、扣押。

> **第二十九条 【勘验检查】**
>
> 监察机关在调查过程中，可以直接或者指派、聘请具有专门知识的人在调查人员主持下进行勘验检查。勘验检查情况应当制作笔录，由参加勘验检查的人员和见证人签名或者盖章。
>
> 必要时，监察机关可以进行调查实验。调查实验情况应当制作笔录，由参加实验的人员签名或者盖章。

重点解读

规定本条的主要目的是在监察调查中发现和获取证据、查明案情而采取勘验检查或侦查实验。首先，通过勘验、检查，可以发现和提取职务违法犯罪行为所遗留下来的各种物品和痕迹，这些物品和痕迹大多是原始证据，对查明案件事实和正确认定事实起着关键作用。其次，对所获取的各种物品和痕迹的分析研究，勘验判明案件性质，了解被调查人的特征，明确调查的方向和范围。再次，根据对象和内容的不同，勘验、检查的形式多样，可以分为现场勘查、物品检验、人身检查等。最后，新增"调查实验"，通过模拟案件发生条件，进一步查明案件事实。

理解本条款，应当重点关注以下几个方面。

第一，采取勘验检查措施，必须经监察机关相关负责人审批后，方可依法对与违法犯罪有关的场所、物品、人身、电子数据等进行勘验检查。

第二，进行勘验检查的，应当制作《勘验检查证》；需要委托勘验检查的，应当出具《委托勘验检查书》，送具有专门知识的单位或个人办理。被委托进行勘验检查的单位或个人应当与本案无利益关系。

第三，调查人员是勘验检查的实施主体，可以由监察机关工作人员直接进行，并邀请见证人在场。在实践中，监察机关应当根据案件的性质和重要程度，指派相应级别的调查人员主持指挥勘验检查。为了保证勘验检查结果的准确性和可靠性，在必要的时候，可以指派或者聘请具有专门知识的人，在调查人员主持下进行勘验检查。指派、聘请具有专门知识的人参与勘验检查，主要是因为职务违法犯罪情况复杂，手段和形式多种多样，特别是利用现代科学技术手段实施的违法犯罪，采用一般的调查措施可能难以得出正确结论，必须运用一定科学方法和专门知识才能查明案件情况。

第四，调查人员和其他参加人员应当将勘验检查的情况制作勘验检查笔录，主要包括勘验检查的时间、地点、对象、目的、经过和结果等。勘验检查笔录由参加勘验检查的人和见证人签名或盖章。勘验检查现场应当全程录音录像，勘验检查现场的情况应当拍摄现场照片、制作现场图并签名。

第五，此次《监察法》修改新增了"调查实验"调查方式，在调查中，为了查明案情，在必要的时候，经监察机关负责人批准，可以进行调查实验。进行调查实验应当做到：（1）实验的条件应当与事件发生时的条件尽量相同，尽可能在事件发生的原地，使用原来的工具、物品等进行。注意查明一些重点事项，如在一定条件下能否听到或者看到；在一定时间内能否完成某一行为；在什么条件下能够发生某种现象；在某种条件下，某种行为和某种痕迹是否吻合一致；某种事件是怎样发生的等。（2）注意采用科学合理的方法进行，必要时，在调查人员主持下，可以邀请具有专门知识的人参与实验。（3）本条中的"必要时"是指与案件有关的重要情节，非经调查实验难以证明，或者对案件是否发生及如何发生难以确定的时候。（4）调查实验应当制作笔录，记明调查实验的条件、经过和结果，并由参加实验人员签名或者盖章，才能够作为证据使用。同时，需要注意的是，进行调查实验，禁止一切足以造成危险、侮辱人格或者有伤风化的行为。调查实验的目的是查明案情，同时在实验过程中仍须注意保护当事人及其他公民的合法权益，防止因调查实验造成损失和伤害。调查实验应当采取的手段、方法必须合理规范，不得违背客观规律，违反操作规程，给实验人员和其他相关人员的生命、财产造成危险。同时，禁止任何带有人身侮辱性，损害当事人及其他人的人格尊严，或者有伤当地善良民俗的行为。

典型案例

A国有企业在加工中会产生含有一定有毒有害物质的污水，必须经过特殊设备处理达到排放标准后才能排放，故引进第三方B企业及设备处理污水，并按污水处理量付费。调查中，监察机关查看了B企业处理污水的相关记录，发现设备耗电量和污水处理量之间严重不符，即B企业可能存在虚报污水处理量套取国有资金的问题，但B企业拒不承认，A国有企业也否认存在监管失职行为。

为进一步查证上述问题，监察机关使用原场地、原设备、原材料等相同条件开展调查实验。实验证明，以B企业实际耗电量处理污水，根本无法完成其申报的污水处理量。在调查实验所得出的结论面前，B企业承认了虚报污水处理量套取国有资金问题，A国有企业也承认了监管失职问题。此案经调查实验，快速打开缺口，并得以顺利查办。[1]

---

[1] 《监察机关开展调查实验若干思考》，载中央纪委国家监委网站：https://www.ccdi.gov.cn/yaowenn/202202/t20220223_173573.html，最后访问时间：2024年12月23日。

第四章　监察权限

关联规定

《监察法实施条例》

第一百三十六条　监察机关按规定报批后，可以依法对与违法犯罪有关的场所、物品、人身、尸体、电子数据等进行勘验检查。

第一百三十七条　依法需要勘验检查的，应当制作《勘验检查证》；需要委托勘验检查的，应当出具《委托勘验检查书》，送具有专门知识、勘验检查资格的单位（人员）办理。

第一百三十八条　勘验检查应当由二名以上调查人员主持，邀请与案件无关的见证人在场。勘验检查情况应当制作笔录，并由参加勘验检查人员和见证人签名。

勘验检查现场、拆封电子数据存储介质应当全程同步录音录像。对现场情况应当拍摄现场照片、制作现场图，并由勘验检查人员签名。

第一百三十九条　为了确定被调查人或者相关人员的某些特征、伤害情况或者生理状态，可以依法对其人身进行检查。必要时可以聘请法医或者医师进行人身检查。检查女性身体，应当由女性工作人员或者医师进行。被调查人拒绝检查的，可以依法强制检查。

人身检查不得采用损害被检查人生命、健康或者贬低其名誉、人格的方法。对人身检查过程中知悉的个人隐私，应当严格保密。

对人身检查的情况应当制作笔录，由参加检查的调查人员、检查人员、被检查人员和见证人签名。被检查人员拒绝签名的，调查人员应当在笔录中记明。

第一百四十条　为查明案情，在必要的时候，经审批可以依法进行调查实验。调查实验，可以聘请有关专业人员参加，也可以要求被调查人、被害人、证人参加。

进行调查实验，应当全程同步录音录像，制作调查实验笔录，由参加实验的人签名。进行调查实验，禁止一切足以造成危险、侮辱人格的行为。

> **第三十条　【鉴定】**
> 监察机关在调查过程中，对于案件中的专门性问题，可以指派、聘请有专门知识的人进行鉴定。鉴定人进行鉴定后，应当出具鉴定意见，并且签名。

重点解读

规定本条的主要目的是查明案情，而指派、聘请具有专门知识的人，就案件中的专门性问题进行科学鉴别和判断的一种调查措施。通过鉴定，解决案件中的专门性问题，从而获取、补强证据，查清职务违法犯罪事实。

理解本条款，应当重点关注以下几个方面。

第一，鉴定应当针对的是"专门性问题"，而并非一般的法律问题或事实问题。本条规定的"专门性问题"，主要是指监察机关在调查过程中遇到的必须运用专门的知识和经验作出科学判断的问题。实践中，对一些专门性问题进行的鉴定主要包括：（1）法医类鉴定，包括法医病理鉴定、法医临床鉴定、法医精神病鉴定、法医物证鉴定和法医毒物鉴定；（2）物证类鉴定，包括文书鉴定、痕迹鉴定；（3）声像资料鉴定，包括对录音带、录像带、磁盘、光盘、图片等载体上记录的声音、图像信息的真实性、完整性及其所反映的情况过程进行的鉴定和对记录的声音、图像中的语言、人体、物体作出种类或者同一认定。此外，有的案件还需进行会计鉴定，包括对账目、表册、单据、发票、支票等书面材料进行鉴别判断；技术问题鉴定，包括对涉及工业、交通、建筑等方面的科学技术进行鉴别判断等。

第二，进行鉴定，应当经过监察机关负责人的批准，出具《委托鉴定书》，由2名以上调查人员送交具有鉴定资格的鉴定人进行鉴定。关于监察鉴定人的主体资格问题，应当符合以下要求，首先，必须是具有鉴定资格的人。《监察法》及其实施条例等没有明确规定，对此可以参照和比对司法鉴定人资格加以掌握和理解。《全国人民代表大会常务委员会关于司法鉴定管理问题的决定》第4条规定，（司法）鉴定人需要具备下列条件之一：（1）具有与所申请从事的司法鉴定业务相关的高级专业技术职称；（2）具有与所申请从事的司法鉴定业务相关的专业执业资格或者高等院校相关专业本科以上学历，从事相关工作5年以上；（3）具有与所申请从事的司法鉴定业务相关工作10年以上经历，具有较强的专业技能。因故意犯罪或者职务过失犯罪受过刑事处罚的，受过开除公职处分的，以及被撤销鉴定人登记的人员，不得从事司法鉴定业务。其次，必须获得调查机关的指派或聘请。最后，必须是与本案无利害关系，能够客观公正作出鉴定的人。

第三，调查机关应当为鉴定人进行鉴定提供必要的条件，及时向鉴定人送交有关检材和对比样本等原始材料，介绍与鉴定有关的情况，并且明确提出要求鉴定解决的问题，但是不得暗示或者强迫鉴定人作出某种鉴定意见。此外，调查人员应当做好检材的保管和送检工作，并注明检材环节的责任人，确保检材在流转环节中的同一性和不被污染。

第四，鉴定人应当按照鉴定规则，运用科学方法独立进行鉴定。鉴定后，应当出具鉴定意见，并在鉴定意见书上签名，同时附上鉴定机构和鉴定人的资质证明或者其他证明文件。此外，多人参加鉴定，鉴定人有不同意见的，应当注明。需要注意的是，随着科技的快速发展和行业的不断变化，鉴定标准需要及时更新。例如，在电子数据鉴定领域，新的数据存储技术和加密算法不断出现，而现有的鉴定标准可能无法涵盖这些新技术。如果仍然按照旧的标准进行鉴定，就可能无法准确地对新的数据形式进行鉴定，从而影响监察调查中电子证据的有效性。

第五，调查人员应当对鉴定意见进行审查，需注意两个方面：（1）形式正义：审核鉴定意见的形式要件是否完备，是否注明提起鉴定的事由、鉴定委托人、鉴定机构、鉴定要求、鉴定过程、鉴定方法、鉴定日期等相关内容，是否由鉴定机构加盖司法鉴定专用章并由鉴定人签名、盖章，鉴定意见是否明确等。（2）实质正义：审核鉴定过程是否有人为干预或干扰，如审查调查人员不能对鉴定人进行技术上的干预，更不能强迫或暗示鉴定人或鉴定机构作出某种不真实的倾向性结论。

第六，对于存在补充鉴定和重新鉴定情形的，应当决定补充鉴定或者重新鉴定。重新鉴定的，应当另行确定鉴定机构和鉴定人。监察机关对于法庭审理中依法决定鉴定人出庭作证的，应当予以协调。对于故意虚假作出鉴定意见的，应当依法追究违法责任。

关 联 规 定

《监察法实施条例》

第一百四十五条 监察机关为解决案件中的专门性问题，按规定报批后，可以依法进行鉴定。

鉴定时应当出具《委托鉴定书》，由二名以上调查人员送交具有鉴定资格的鉴定机构、鉴定人进行鉴定。

第一百四十六条 监察机关可以依法开展下列鉴定：

（一）对笔迹、印刷文件、污损文件、制成时间不明的文件和以其他形式表现的文件等进行鉴定；

（二）对案件中涉及的财务会计资料及相关财物进行会计鉴定；

（三）对被调查人、证人的行为能力进行精神病鉴定；

（四）对人体造成的损害或者死因进行人身伤亡医学鉴定；

（五）对录音录像资料进行鉴定；

（六）对因电子信息技术应用而出现的材料及其派生物进行电子证据鉴定；

（七）其他可以依法进行的专业鉴定。

第一百四十七条 监察机关应当为鉴定提供必要条件，向鉴定人送交有关检材和对比样本等原始材料，介绍与鉴定有关的情况。调查人员应当明确提出要求鉴定事项，但不得暗示或者强迫鉴定人作出某种鉴定意见。

监察机关应当做好检材的保管和送检工作，记明检材送检环节的责任人，确保检材在流转环节的同一性和不被污染。

第一百四十八条 鉴定人应当在出具的鉴定意见上签名，并附鉴定机构和鉴定人的资质证明或者其他证明文件。多个鉴定人的鉴定意见不一致的，应当在鉴定意见上记明分歧的内容和理由，并且分别签名。

监察机关对于法庭审理中依法决定鉴定人出庭作证的，应当予以协调。

鉴定人故意作虚假鉴定的，应当依法追究法律责任。

第一百四十九条 调查人员应当对鉴定意见进行审查。对经审查作为证据使用的鉴定意见，应当告知被调查人及相关单位、人员，送达《鉴定意见告知书》。

被调查人或者相关单位、人员提出补充鉴定或者重新鉴定申请，经审查符合法定要求的，应当按规定报批，进行补充鉴定或者重新鉴定。

对鉴定意见告知情况可以制作笔录，载明告知内容和被告知人的意见等。

第一百五十条 经审查具有下列情形之一的，应当补充鉴定：

（一）鉴定内容有明显遗漏的；

（二）发现新的有鉴定意义的证物的；

（三）对鉴定证物有新的鉴定要求的；

（四）鉴定意见不完整，委托事项无法确定的；

（五）其他需要补充鉴定的情形。

第一百五十一条 经审查具有下列情形之一的，应当重新鉴定：

（一）鉴定程序违法或者违反相关专业技术要求的；

（二）鉴定机构、鉴定人不具备鉴定资质和条件的；

（三）鉴定人故意作出虚假鉴定或者违反回避规定的；

（四）鉴定意见依据明显不足的；

（五）检材虚假或者被损坏的；

（六）其他应当重新鉴定的情形。

决定重新鉴定的，应当另行确定鉴定机构和鉴定人。

第一百五十二条 因无鉴定机构，或者根据法律法规等规定，监察机关可以指派、聘请具有专门知识的人就案件的专门性问题出具报告。

第三十一条 【技术调查措施】

监察机关调查涉嫌重大贪污贿赂等职务犯罪，根据需要，经过严格的批准手续，可以采取技术调查措施，按照规定交有关机关执行。

批准决定应当明确采取技术调查措施的种类和适用对象，自签发之日起三个月以内有效；对于复杂、疑难案件，期限届满仍有必要继续采取技术调查措施的，经过批准，有效期可以延长，每次不得超过三个月。对于不需要继续采取技术调查措施的，应当及时解除。

重点解读

规定本条的主要目的是规范监察机关技术调查权限以及采取技术调查措施的程序和要求，有利于有力打击重大贪污贿赂等职务犯罪，也有利于保护被调查人的合法权利。

理解本条款，应当重点关注以下几个方面。

第一，可以采取技术调查措施的案件范围是涉嫌重大贪污贿赂等职务犯罪案件。"重大贪污贿赂等职务犯罪"案件是指具有下列情形之一的：（1）案情重大复杂，涉及国家利益或者重大公共利益的；（2）被调查人可能被判处10年以上有期徒刑、无期徒刑或者死刑的；（3）案件在全国或者本省、自治区、直辖市范围内有较大影响的。

第二，必须是"确有必要"。这是指在调查重大职务犯罪案件中，当用常规的调查措施和手段无法达到调查目的，或只有采取特定的技术调查措施或技术手段才能收集到犯罪证据、查清犯罪事实时，才能采取技术调查措施。对于既可以采取技术调查措施又可以通过其他调查途径解决问题的，应当采取其他调查措施。

第三，采取技术调查手段必须依照法律规定，履行严格的批准手续，并按照规定提请公安机关等有权单位执行，监察机关不能自己执行。依法采取技术调查措施的，监察机关应当出具《采取技术调查措施委托函》和《采取技术调查措施适用对象情况表》，送交有关机关执行。其中，设区的市级以下监察机关委托有关执行机关采取技术调查措施的，还应当提供《立案决定书》。技术调查手段通常包括电子数据调查、通信监控、视频监控与图像识别、定位跟踪、地理信息分析、秘密拍摄与录音等。

第四，采取技术调查措施的期限为3个月，自批准决定签发之日起算。对于复杂、疑难案件期满后，经过批准，可以延长，但每次延长不得超过3个月。需要注意的是，虽然采取技术调查措施的批准决定是3个月内有效，但在3个月有效期内，对于不需要继续采取技术调查措施的，应当及时解除，并将《解除技术调查措施决定书》送交有关机关执行。

第五，采取技术调查手段收集的证据应当制作书面说明，写明技术调查的具体情况，调查人员应当在书面说明上签名。调查人员在采取技术调查措施过程中知悉的国家秘密、商业秘密、个人隐私，应当严格保密，且获取的证据只能用于监察调查和刑事诉讼活动；获取的与本案无关的证据，应当经审批后及时销毁。对于使用采取技术调查手段获得的证据可能危及有关人员的人身安全或可能造成其他严重后果的，应当采取不暴露有关人员身份、技术方法等保护措施；必要时，可以建议由审判人员在庭外进行核实。

关 联 规 定

《监察法实施条例》

第一百五十三条　监察机关根据调查涉嫌重大贪污贿赂等职务犯罪需要，依照规定的权限和程序报经批准，可以依法采取技术调查措施，按照规定交公安机关或者国家有关执法机关依法执行。

前款所称重大贪污贿赂等职务犯罪，是指具有下列情形之一：

（一）案情重大复杂，涉及国家利益或者重大公共利益的；

（二）被调查人可能被判处十年以上有期徒刑、无期徒刑或者死刑的；

（三）案件在全国或者本省、自治区、直辖市范围内有较大影响的。

第一百五十四条　依法采取技术调查措施的，监察机关应当出具《采取技术调查措施委托函》《采取技术调查措施决定书》和《采取技术调查措施适用对象情况表》，送交有关机关执行。其中，设区的市级以下监察机关委托有关执行机关采取技术调查措施，还应当提供《立案决定书》。

第一百五十五条　技术调查措施的期限按照监察法的规定执行，期限届满前未办理延期手续的，到期自动解除。

对于不需要继续采取技术调查措施的，监察机关应当按规定及时报批，将《解除技术调查措施决定书》送交有关机关执行。

需要依法变更技术调查措施种类或者增加适用对象的，监察机关应当重新办理报批和委托手续，依法送交有关机关执行。

第一百五十六条　对于采取技术调查措施收集的信息和材料，依法需要作为刑事诉讼证据使用的，监察机关应当按规定报批，出具《调取技术调查证材料通知书》向有关执行机关调取。

对于采取技术调查措施收集的物证、书证及其他证据材料，监察机关应当制作书面说明，写明获取证据的时间、地点、数量、特征以及采取技术调查措施的批准机关、种类等。调查人员应当在书面说明上签名。

对于采取技术调查措施获取的证据材料，如果使用该证据材料可能危及有关人员的人身安全，或者可能产生其他严重后果的，应当采取不暴露有关人员身份、技术方法等保护措施。必要时，可以建议由审判人员在庭外进行核实。

第一百五十七条 调查人员对采取技术调查措施过程中知悉的国家秘密、商业秘密、个人隐私，应当严格保密。

采取技术调查措施获取的证据、线索及其他有关材料，只能用于对违法犯罪的调查、起诉和审判，不得用于其他用途。

对采取技术调查措施获取的与案件无关的材料，应当经审批及时销毁。对销毁情况应当制作记录，由调查人员签名。

第三十二条　【通缉】
依法应当留置的被调查人如果在逃，监察机关可以决定在本行政区域内通缉，由公安机关发布通缉令，追捕归案。通缉范围超出本行政区域的，应当报请有权决定的上级监察机关决定。

重点解读

规定本条的主要目的是抓获应当留置却在逃的被调查人，使案件调查得以顺利进行。

理解本条款，应当重点关注以下几个方面。

第一，监察机关决定通缉的对象需具备三个条件。（1）被通缉的人必须是涉嫌职务违法犯罪的被调查人；（2）该被调查人依法应当留置；（3）该被调查人因逃避调查而下落不明。

第二，通缉决定由监察机关经报批后作出，公安机关发出通缉令和实施追捕。具体程序为：县级以上监察机关依法决定在本行政区域内采取通缉的，应当出具《通缉决定书》，附《留置决定书》等法律文书和被通缉人员信息，以及承办单位和承办人员等有关情况，送交同级公安机关执行。通缉范围超出本行政区域的，应当报有决定权的上级监察机关出具《通缉决定书》，并附有关材料，送交同级公安机关执行。

第三，监察机关接到公安机关抓获被通缉人员的通知后，应当立即核实被抓获人员身份，并在接到通知后 24 小时以内派员办理交接手续。边远或者交通不便地区，至迟不得超过 3 日。公安机关在移交前，将被抓获人员送往当地监察机关留置场所临时看管的，当地监察机关应当接收，并保障临时看管期间的安全，对工作信息严格保密。监察机关需要提请公安机关协助将被抓获人员带回的，应当按规定报批，请本地同级公安机关依法予以协助。提请协助时，应当出具《提请协助采取留置措施函》，附《留置决定书》复印件及相关材料。

第四，监察机关对依法应当留置或者已经决定留置的外逃人员，可以按规定申请发布国际刑警组织红色通报。地方各级监察机关需要发布红色通报的，应当在商请同级人民检察院作出逮捕决定后，层报国家监察委员会审核，由国家监察委员会协调公安部向国际刑警组织提出申请。[①]

第五，监察机关对于被通缉人员已经归案、死亡，或者依法撤销留置决定以及发现有其他不需要继续采取通缉措施情形的，应当经审批出具《撤销通缉通知书》，送交协助采取原措施的公安机关执行。

典型案例

某省省委巡视组在对当地某大学进行专项巡视期间，接到群众举报，反映某大学校党委副书记、校长蒋某在学校基建工程中收受承包商巨额贿赂 1000 万元，蒋某得知风声后畏罪潜逃，该省监委决定对蒋某进行通缉，按程序报批后由该省公安厅发布 A 级通缉令，宣布根据《省公安机关配合监察委员会查办案件工作办法》和《省监察委员会决定通缉通知书》的要求，现对涉案人员蒋某

[①] 参见国家监察委员会、最高人民法院、最高人民检察院、公安部联合发布的《关于加强和完善监察执法和刑事司法衔接机制的意见（试行）》规定。

进行通缉。通缉令公布了蒋某的身份证号码、护照号码和大陆居民往来台湾地区通行证号码。同时宣布，对发现线索、举报查实的个人或单位，奖励人民币5万元；对抓捕归案的个人或单位，奖励人民币10万元。通缉令发布后，该省追逃办会同公安、外事等单位开展全面布控工作，最终蒋某未能出逃境外，在昆明被抓获，从通缉到抓获仅用了20天时间。随后，该省纪委监委通知公安机关解除通缉令，严格依照有关法律规定对此案展开调查。①

关 联 规 定

《监察法实施条例》

第一百五十八条 县级以上监察机关对在逃的应当被留置人员，依法决定在本行政区域内通缉的，应当按规定报批，送交同级公安机关执行。送交执行时，应当出具《通缉决定书》，附《留置决定书》等法律文书和被通缉人员信息，以及承办单位、承办人员等有关情况。

通缉范围超出本行政区域的，应当报有决定权的上级监察机关出具《通缉决定书》，并附《留置决定书》及相关材料，送交同级公安机关执行。

第一百五十九条 国家监察委员会依法需要提请公安部对在逃人员发布公安部通缉令的，应当先提请公安部采取网上追逃措施。如情况紧急，可以向公安部同时出具《通缉决定书》和《提请采取网上追逃措施函》。

省级以下监察机关报请国家监察委员会提请公安部发布公安部通缉令的，应当先提请本地公安机关采取网上追逃措施。

第一百六十条 监察机关接到公安机关抓获被通缉人员的通知后，应当立即核实被抓获人员身份，并在接到通知后二十四小时以内派员办理交接手续。边远或者交通不便地区，至迟不得超过三日。

公安机关在移交前，将被抓获人员送往当地监察机关留置场所临时看管的，当地监察机关应当接收，并保障临时看管期间的安全，对工作信息严格保密。

---

① 《欲令智昏，他如一台疯狂敛财的机器——西南林业大学原校长蒋某严重违纪违法案剖析》，载《中国纪检监察报》2018年11月7日。

监察机关需要提请公安机关协助将被抓获人员带回的，应当按规定报批，请本地同级公安机关依法予以协助。提请协助时，应当出具《提请协助采取留置措施函》，附《留置决定书》复印件及相关材料。

第一百六十一条 监察机关对于被通缉人员已经归案、死亡，或者依法撤销留置决定以及发现有其他不需要继续采取通缉措施情形的，应当经审批出具《撤销通缉通知书》，送交协助采取原措施的公安机关执行。

> **第三十三条 【限制出境】**
> 监察机关为防止被调查人及相关人员逃匿境外，经省级以上监察机关批准，可以对被调查人及相关人员采取限制出境措施，由公安机关依法执行。对于不需要继续采取限制出境措施的，应当及时解除。

重点解读

本条规定赋予监察机关采取限制出境措施的权限，主要目的是保障调查工作的顺利进行，防止因被调查人及相关人员逃匿境外，而不能掌握违法犯罪事实及证据，导致调查工作停滞。

理解本条款，应当重点关注以下几个方面。

第一，采取限制出境措施的对象为涉嫌职务违法、职务犯罪的被调查人；涉嫌行贿犯罪或者共同职务犯罪的涉案人员；与案件有关的其他相关人员。相关人员可以是被调查人的配偶、子女或其他直系亲属，也可以是与被调查人有关系的人，如被调查人的秘书、司机、情人或者行贿人等。

第二，采取限制出境措施的条件为"有逃匿境外可能"。对于如何判断"有逃匿境外可能"，可以考虑犯罪性质和严重程度、案件调查进展情况、家庭情况及资产分布、个人经历和行为习惯、语言能力和生活适应能力等因素。

第三，监察机关采取限制出境措施的决定后，应当将《采取限制出境措施决定书》交由公安机关的移民管理机构依法执行。其中，采取边控措施的，应当附《边控对象通知书》。县级以上监察机关在紧急情况下，经审批可以依法直接向口岸所在地口岸移民管理机构提请办理临时限制出境措施。限制出境措施的有效期不超过3个月，到期自动解除，到期后仍有必要继续采取措施的，应当重新报批，将《延长限制出境措施期限决定书》交给移民管理机构。每次延长期限不得超过3个月。对于不需要继续采取限制出境措施的，监察机关应当按规定报批，及时予以解除，并将《解除限制出境措施决定书》交给移民管理机构。

第四，监察机关接到口岸移民管理机构抓获被决定限制出境对象的通知后，应当在24小时内到达口岸移民管理机构移交手续。无法及时到达的，应当委托当地监察机关及时前往口岸移民管理机构移交手续，当地监察机关应当予以协助。

典型案例

云南省纪委监委在对昆明市某单位副厅级干部A某初核过程中，于2018年10月24日，对A某及其妻子、女儿采取限制出境措施，后经依法批准延长，直至该案移送检察机关。2018年11月，A某女儿欲前往泰国，在昆明长水国际机场被限制出境。12月底，A某本人欲前往美国，在上海浦东国际机场被限制出境。2018年12月3日，A某主动联系办案人员。办案人员经请示批准后，与A某谈话。谈话期间，办案人员向A某宣讲政策，劝其主动说清问题，争取从宽处理。A某向组织保证自己在履职过程中没有任何违纪违法问题。根据初核掌握的情况来看，A某没说实话。A某离开后，办案人员继续密切关注其动态，发现A某存在明显的转移财产行为。按程序报批后，果断对A某立案审查调查并采取留置措施。面对自己转移的600余万元涉案现金被查获的事实，A某在被讯问中很快交代了其违纪违法问题。经查，A某严重违纪违法并涉嫌职务犯罪，其涉嫌受贿共计2000余万元。

从上述案例中可以看出，限制出境措施作为《监察法》赋予监察机关的一项重要工作措施，一方面保障了初核或审查调查工作顺利开展，有效防范被调查人及相关人员逃匿境外，带来消极政治影响或使初核工作、审查调查工作陷入被动停滞的局面；另一方面通过适时运用限制出境措施，可以在特定时间节点对被调查人及涉案人员产生强大的心理震慑，促使被调查人放弃抵抗，主动说明问题。如上述案例中，在被限制出境后，A某急于转移、隐匿非法所得，反而有利于派生（衍生）证据的产生和收集，从间接角度反证A某的违纪违法事实，从而在短时间内瓦解A某的对抗心理，提高审查调查工作效率。[1]

关联规定

《监察法实施条例》

第一百六十二条　监察机关为防止被调查人及相关人员逃匿境外，按规定报批后，可以依法决定采取限制出境措施，交由移民管理机构依法执行。

第一百六十三条　监察机关采取限制出境措施应当出具有关函件，与《采取限制出境措施决定书》一并送交移民管理机构执行。其中，采取边控措施的，应当附《边控对象通知书》；采取法定不批准出境措施的，应当附《法定不准出境人员报备表》。

第一百六十四条　限制出境措施有效期不超过三个月，到期自动解除。

到期后仍有必要继续采取措施的，应当按原程序报批。承办部门应当出具有关函件，在到期前与《延长限制出境措施期限决定书》一并送交移民管理机构执行。延长期限每次不得超过三个月。

第一百六十五条　监察机关接到口岸移民管理机构查获被决定采取留置措施的边控对象的通知后，应当于二十四小时以内到达口岸办理移交手续。无法及时到达的，应当委托当地监察机关及时前往口岸办理移交手续。当地监察机关应当予以协助。

第一百六十六条　对于不需要继续采取限制出境措施的，应当按规定报批，及时予以解除。承办部门应当出具有关函件，与《解除限制出境措施决定书》一并送交移民管理机构执行。

---

[1] 《用好限制出境措施　助力案件突破》，载中央纪委国家监委网站：https://www.ccdi.gov.cn/yaowen/202004/t20200408_214966.html，最后访问时间：2024年12月23日。

第一百六十七条 县级以上监察机关在重要紧急情况下,经审批可以依法直接向口岸所在地口岸移民管理机构提请办理临时限制出境措施。

第三十四条 【认罪认罚从宽】

涉嫌职务犯罪的被调查人主动认罪认罚,有下列情形之一的,监察机关经领导人员集体研究,并报上一级监察机关批准,可以在移送人民检察院时提出从宽处罚的建议:

(一)自动投案,真诚悔罪悔过的;

(二)积极配合调查工作,如实供述监察机关还未掌握的违法犯罪行为的;

(三)积极退赃,减少损失的;

(四)具有重大立功表现或者案件涉及国家重大利益等情形的。

重点解读

本条规定的目的是贯彻"惩前毖后、治病救人""惩办与宽大相结合"的政策,被调查人符合本条款规定情形的,体现了其主观上真诚认罪悔罪的态度,也在客观上降低了调查成本、节约了调查资源,提高了反腐败的效率,由此在移送审查起诉时向检察机关提起从宽处理的建议。

理解本条款,应当重点关注以下几个方面。

第一,被调查人主动认罪认罚,应当理解为被调查人采取了积极主动的方式如实供述自己的职务犯罪情节,并自愿接受法律的制裁。被调查人承认指控的主要犯罪事实,仅对个别事实情节提出异议,或者虽然对行为性质提出辩解,但表示接受司法机关认定意见的,不影响"认罪"的认定。被调查人犯数罪,仅如实供述其中一罪或部分罪名事实的,不能认定为认罪。"认罚"考察的重点是被调查人的悔罪态度和悔罪表现,应当结合退赃退赔等因素来考量。被调查人虽然表示"认罚",却暗中串供、干扰证人作证、毁灭、伪造证据或者隐匿、转移财产,则不能适用认罪认罚从宽制度。

第二,充分理解"主动投案"的情形。被调查人犯罪以后,犯罪事实未被监察机关发现以前;或者犯罪事实虽被发现,但不知何人所为;或者犯罪事实和被调查人均已被发现,但是尚未受到监察机关的询问、讯问或者尚未采取留置措施之前,主动到监察机关或者所在单位、基层组织等投案,接受调查。被调查人犯罪后逃到异地,又向异地的监察机关投案的,以及被调查人因患病、身受重伤,委托他人先行代为投案的,也属于自动投案。关于"自动投案"的认定需要结合具体情况以及相关规定进行认定,此处不再赘述。

第三,"积极配合调查工作,如实供述监察机关还未掌握的违法犯罪行为",是指被调查人投案以后,能够按照监察机关的要求,积极主动地予以配合,除了如实供述监察机关已掌握的违法犯罪行为,还应当如实供述监察机关不知道、还未掌握的其他违法犯罪行为。对于涉嫌共同职务犯罪的被调查人,不仅应供述自己的犯罪行为,还应供述与其共同实施犯罪的其他共犯的共同犯罪事实。对于共同职务犯罪,如果供述监察机关未掌握他人的犯罪事实,符合重大立功条件的,应当按照重大立功的规定处理。

第四,"积极退赃,减少损失",是指被调查人主动上交违法犯罪所得赃款赃物,减少国家、集体和公民的合法权益可能受到的损失。

第五,具有重大立功表现是相对于一般立功表现而言,主要包括:一是被调查人检举、揭发他人的重大犯罪行为,如揭发一个犯罪集团或犯罪团伙,或者因其提供了有关犯罪的重要线索,才使一个重大犯罪案件得以查清;二是提供其他重大案件的重要线索且经查证属实的;三是阻止他人重大犯罪活动;四是协助监察机关抓捕其他重大犯罪被调查人或重大犯罪嫌疑人(包括同案)的;五是为国家挽回重大损失等对国家和社会有其他重大贡献的;主要包括被调查人所涉及的案件关系到国家安全、社会稳定、经济发展等国家重大利益等情形。需要注意的是,前四项所指犯罪行为,既包括重大职务犯罪行为,也包括其他犯罪行为。一般而言,被调查人检举、揭发他人犯罪,提供查清其他案件的重要线索,阻止他人的犯罪活动,或者协助监察机关抓捕的其他被调查人,被调查人或者犯罪嫌疑人、被告人依法可能被判处无期徒刑以上刑罚的,应当认定为有重大立功表现。

第六，对于符合从宽处罚法定情形的被调查人，"可以"而不是"应当"提出从宽处罚建议。监察机关不仅要从法律上分析从宽处罚的情形，更要在全面考虑犯罪事实、性质、情节、后果和对社会危害程度的基础上，结合被调查人的一贯表现、主观恶性、认罪悔罪态度、当地政治生态等因素进行综合分析判断。对于破坏党内政治生态、危害党中央权威和集中统一领导，给党组织造成严重损害或者严重不良影响的，职务犯罪问题主要发生在党的十八大后，特别是党的十九大后仍不制止的，以及在干部选拔任用中严重破坏选人用人风气和政治生态等严重违纪违法行为的，应当从严把握，原则上不宜提出从宽处罚建议。

第七，监察机关提出从宽处罚建议应当经本级监察机关领导人员集体研究，并报上一级监察机关批准。向上级报请批准时，应当一并提供主要证据材料、忏悔反思材料。如被调查人具有自首情节的，应当包括被调查人投案经过、自书材料、有罪供述以及能够证明其投案情况的其他材料。从宽处罚建议一般应当在移送起诉时作为《起诉意见书》内容一并提出，特殊情况下也可以在案件移送后、人民检察院提起公诉前，单独形成从宽处罚建议书移送人民检察院。

典型案例

河北省政协原副主席艾某在任各职期间，直接或者通过特定关系人收受财物，共计折合人民币6478万余元。2019年4月，法院一审对艾某以受贿罪判处有期徒刑8年，并处罚金300万元；对艾某受贿所得财物及其孳息予以追缴，上缴国库。艾某当庭表示服从判决，不上诉。本案系《监察法》实施以来，首例携带赃款赃物主动到中央纪委国家监委投案的案件。中央纪委国家监委对外发布的有关通报中，首次使用了"提出减轻处罚的建议"的表述，检察机关的量刑建议中，亦提出对艾某予以减轻处罚的意见。[①]

[①] 《河北省政协原副主席艾某受贿案一审宣判》，载中央纪委国家监委网站：https://www.ccdi.gov.cn/yaowenn/201904/t20190418_72331.html，最后访问时间：2025年3月30日。

关联规定

《监察法实施条例》

第二百一十三条 涉嫌职务犯罪的被调查人和涉案人员符合监察法第三十一条、第三十二条规定情形的，结合其案发前的一贯表现、违法犯罪行为的情节、后果和影响等因素，监察机关经综合研判和集体审议，报上一级监察机关批准，可以在移送人民检察院时依法提出从轻、减轻或者免除处罚等从宽处罚建议。报请批准时，应当一并提供主要证据材料、忏悔反思材料。

上级监察机关相关监督检查部门负责审查工作，重点审核拟认定的从宽处罚情形、提出的从宽处罚建议，经审批在十五个工作日以内作出批复。

第二百一十四条 涉嫌职务犯罪的被调查人有下列情形之一，如实交代自己主要犯罪事实的，可以认定为监察法第三十一条第一项规定的自动投案，真诚悔罪悔过：

（一）职务犯罪问题未被监察机关掌握，向监察机关投案的；

（二）在监察机关谈话、函询过程中，如实交代监察机关未掌握的涉嫌职务犯罪问题的；

（三）在初步核实阶段，尚未受到监察机关谈话时投案的；

（四）职务犯罪问题虽被监察机关立案，但尚未受到讯问或者采取留置措施，向监察机关投案的；

（五）因伤病等客观原因无法前往投案，先委托他人代为表达投案意愿，或者以书信、网络、电话、传真等方式表达投案意愿，后到监察机关接受处理的；

（六）涉嫌职务犯罪潜逃后又投案，包括在被通缉、抓捕过程中投案的；

（七）经查实确已准备去投案，或者正在投案途中被有关机关抓获的；

（八）经他人规劝或者在他人陪同下投案的；

（九）虽未向监察机关投案，但向其所在党组织、单位或者有关负责人员投案，向有关巡视巡察机构投案，以及向公安机关、人民检察院、人民法院投案的；

（十）具有其他应当视为自动投案的情形的。

被调查人自动投案后不能如实交代自己的主要犯罪事实，或者自动投案并如实供述自己的罪行后又翻供的，不能适用前款规定。

第二百一十五条 涉嫌职务犯罪的被调查人有下列情形之一的，可以认定为监察法第三十一条第二项规定的积极配合调查工作，如实供述监察机关还未掌握的违法犯罪行为：

（一）监察机关所掌握线索针对的犯罪事实不成立，在此范围外被调查人主动交代其他罪行的；

（二）主动交代监察机关尚未掌握的犯罪事实，与监察机关已掌握的犯罪事实属不同种罪行的；

（三）主动交代监察机关尚未掌握的犯罪事实，与监察机关已掌握的犯罪事实属同种罪行的；

（四）监察机关掌握的证据不充分，被调查人如实交代有助于收集定案证据的。

前款所称同种罪行和不同种罪行，一般以罪名区分。被调查人如实供述其他罪行的罪名与监察机关已掌握犯罪的罪名不同，但属选择性罪名或者在法律、事实上密切关联的，应当认定为同种罪行。

第二百一十六条 涉嫌职务犯罪的被调查人有下列情形之一的，可以认定为监察法第三十一条第三项规定的积极退赃，减少损失：

（一）全额退赃的；

（二）退赃能力不足，但被调查人及其亲友在监察机关追缴赃款赃物过程中积极配合，且大部分已追缴到位的；

（三）犯罪后主动采取措施避免损失发生，或者积极采取有效措施减少、挽回大部分损失的。

第二百一十七条 涉嫌职务犯罪的被调查人有下列情形之一的，可以认定为监察法第三十一条第四项规定的具有重大立功表现：

（一）检举揭发他人重大犯罪行为且经查证属实的；

（二）提供其他重大案件的重要线索且经查证属实的；

（三）阻止他人重大犯罪活动的；

（四）协助抓捕其他重大职务犯罪案件被调查人、重大犯罪嫌疑人（包括

第四章 监察权限

同案犯）的；

（五）为国家挽回重大损失等对国家和社会有其他重大贡献的。

前款所称重大犯罪一般是指依法可能被判处无期徒刑以上刑罚的犯罪行为；重大案件一般是指在本省、自治区、直辖市或者全国范围内有较大影响的案件；查证属实一般是指有关案件已被监察机关或者司法机关立案调查、侦查，被调查人、犯罪嫌疑人被监察机关采取留置措施或者被司法机关采取强制措施，或者被告人被人民法院作出有罪判决，并结合案件事实、证据进行判断。

监察法第三十一条第四项规定的案件涉及国家重大利益，是指案件涉及国家主权和领土完整、国家安全、外交、社会稳定、经济发展等情形。

第二百一十八条 涉嫌行贿等犯罪的涉案人员有下列情形之一的，可以认定为监察法第三十二条规定的揭发有关被调查人职务违法犯罪行为，查证属实或者提供重要线索，有助于调查其他案件：

（一）揭发所涉案件以外的被调查人职务犯罪行为，经查证属实的；

（二）提供的重要线索指向具体的职务犯罪事实，对调查其他案件起到实质性推动作用的；

（三）提供的重要线索有助于加快其他案件办理进度，或者对其他案件固定关键证据、挽回损失、追逃追赃等起到积极作用的。

第二百一十九条 从宽处罚建议一般应当在移送起诉时作为《起诉意见书》内容一并提出，特殊情况下也可以在案件移送后、人民检察院提起公诉前，单独形成从宽处罚建议书移送人民检察院。对于从宽处罚建议所依据的证据材料，应当一并移送人民检察院。

监察机关对于被调查人在调查阶段认罪认罚，但不符合监察法规定的提出从宽处罚建议条件，在移送起诉时没有提出从宽处罚建议的，应当在《起诉意见书》中写明其自愿认罪认罚的情况。

《关于适用认罪认罚从宽制度的指导意见》

6. "认罪"的把握。认罪认罚从宽制度中的"认罪"，是指犯罪嫌疑人、被告人自愿如实供述自己的罪行，对指控的犯罪事实没有异议。承认指控的主要犯罪事实，仅对个别事实情节提出异议，或者虽然对行为性质提出辩解但表示接受司法机关认定意见的，不影响"认罪"的认定。犯罪嫌疑人、被告人犯数罪，仅如实供述其中一罪或部分罪名事实的，全案不作"认罪"的认定，不适用认罪认罚从宽制度，但对如实供述的部分，人民检察院可以提出从宽处罚的建议，人民法院可以从宽处罚。

7. "认罚"的把握。认罪认罚从宽制度中的"认罚"，是指犯罪嫌疑人、被告人真诚悔罪，愿意接受处罚。"认罚"，在侦查阶段表现为表示愿意接受处罚；在审查起诉阶段表现为接受人民检察院拟作出的起诉或不起诉决定，认可人民检察院的量刑建议，签署认罪认罚具结书；在审判阶段表现为当庭确认自愿签署具结书，愿意接受刑罚处罚。

"认罚"考察的重点是犯罪嫌疑人、被告人的悔罪态度和悔罪表现，应当结合退赃退赔、赔偿损失、赔礼道歉等因素来考量。犯罪嫌疑人、被告人虽然表示"认罚"，却暗中串供、干扰证人作证、毁灭、伪造证据或者隐匿、转移财产，有赔偿能力而不赔偿损失，则不能适用认罪认罚从宽制度。犯罪嫌疑人、被告人享有程序选择权，不同意适用速裁程序、简易程序的，不影响"认罚"的认定。

8. "从宽"的理解。从宽处理既包括实体上从宽处罚，也包括程序上从简处理。"可以从宽"，是指一般应当体现法律规定和政策精神，予以从宽处理。但可以从宽不是一律从宽，对犯罪性质和危害后果特别严重、犯罪手段特别残忍、社会影响特别恶劣的犯罪嫌疑人、被告人，认罪认罚不足以从轻处罚的，依法不予从宽处罚。

办理认罪认罚案件，应当依照刑法、刑事诉讼法的基本原则，根据犯罪的事实、性质、情节和对社会的危害程度，结合法定、酌定的量刑情节，综合考虑认罪认罚的具体情况，依法决定是否从宽、如何从宽。对于减轻、免除处罚，应当于法有据；不具备减轻处罚情节的，应当在法定幅度以内提出从轻处罚的量刑建议和量刑；对其中犯罪情节轻微不需要判处刑罚的，可以依法作出不起诉决定或者判决免予刑事处罚。

9. 从宽幅度的把握。办理认罪认罚案件，应当区别认罪认罚的不同诉讼阶段、对查明案件事实的价值和意义、是否确有悔罪表现，以及罪行严重程度等，综合考量确定从宽的限度和幅度。在刑罚评价上，主动认罪优于被动认罪，早认罪优于晚认罪，彻底认罪优于不彻底认罪，稳定认罪优于不稳定认罪。

认罪认罚的从宽幅度一般应当大于仅有坦白，或者虽认罪但不认罚的从宽幅度。对犯罪嫌疑人、被告人具有自首、坦白情节，同时认罪认罚的，应当在法定刑幅度内给予相对更大的从宽幅度。认罪认罚与自首、坦白不作重复评价。

对罪行较轻、人身危险性较小的，特别是初犯、偶犯，从宽幅度可以大一些；罪行较重、人身危险性较大的，以及累犯、再犯，从宽幅度应当从严把握。

> **第三十五条　【揭发、检举】**
> 　　职务违法犯罪的涉案人员揭发有关被调查人职务违法犯罪行为，查证属实的，或者提供重要线索，有助于调查其他案件的，监察机关经领导人员集体研究，并报上一级监察机关批准，可以在移送人民检察院时提出从宽处罚的建议。

重点解读

规定本条的主要目的是鼓励职务违法犯罪的涉案人员积极配合监察机关的调查工作，争取宽大处理。职务违法犯罪相较于一般犯罪行为而言，作案手段更为隐蔽，证据相对较少，受贿人大多会采取一些反调查手段。该条规定有利于鼓励职务违法犯罪的涉案人员积极配合监察机关的调查工作，为监察机关顺利查清案件提供有利条件，节省人力物力，提高反腐败工作的效率。

理解本条款，应当重点关注以下几个方面。

第一，本条款适用的情形有两种，一是揭发有关被调查人职务违法犯罪行为，且查证属实；二是其提供的重要线索有助于调查其他案件。

第二，能否对职务违法犯罪的被调查人适用从宽处理的规定，关键需要考量以下几个因素：（1）涉案人员是否主动揭发有关被调查人全部职务违法犯罪行为或者提供重要线索，抑或有所隐瞒。需要注意的是，涉案人员在揭发有关被调查人职务违法犯罪行为或者提供重要线索时，对有些细节或者情节记不清楚或者确实无法说清楚的，不能认为是隐瞒或者不配合调查工作。（2）揭发的有关被调查人职务违法犯罪行为须经查证属实。（3）提供的重要线索对监察机关查清案件起到重要作用。

典型案例

颜某出生于1962年2月，江西崇仁人，曾任上饶市委常委、组织部部长，宜春市委常委、副市长，萍乡市委副书记，景德镇市市长，上饶市市长等职，2017年任宜春市委书记。2020年6月，颜某官宣被查，次年2月被开除党籍和公职。人民法院案例库"颜某受贿案"显示，颜某非法收受他人财物共计2611.9243万元，于2021年4月被新余中院判处有期徒刑11年。新余中院在判决中提到，颜某"检举揭发他人罪行，经查证属实，具有立功表现，依法对其从轻处罚"。[1]

关联规定

《监察法实施条例》

第二百一十八条　涉嫌行贿等犯罪的涉案人员有下列情形之一的，可以认定为监察法第三十二条规定的揭发有关被调查人职务违法犯罪行为，查证属实或者提供重要线索，有助于调查其他案件：

（一）揭发所涉案件以外的被调查人职务犯罪行为，经查证属实的；

（二）提供的重要线索指向具体的职务犯罪事实，对调查其他案件起到实质性推动作用的；

（三）提供的重要线索有助于加快其他案件办理进度，或者对其他案件固定关键证据、挽回损失、追逃追赃等起到积极作用的。

---

[1] 人民法院案例库"颜某受贿案"（入库编号2023-03-1-404-020）。

第三十六条　【监察证据与刑事证据衔接】

监察机关依照本法规定收集的物证、书证、证人证言、被调查人供述和辩解、视听资料、电子数据等证据材料，在刑事诉讼中可以作为证据使用。

监察机关在收集、固定、审查、运用证据时，应当与刑事审判关于证据的要求和标准相一致。

以非法方法收集的证据应当依法予以排除，不得作为案件处置的依据。

重点解读

规定本条的主要目的是突出监察活动要与"以审判为中心"的刑事诉讼程序相对接，规定了监察机关依照《监察法》及相关规定收集的证据材料，经审查符合法定要求的，在刑事诉讼中可以作为证据使用；监察证据的收集、固定、审查、运用应当与刑事审判关于证据的要求和标准相一致；监察机关通过非法手段获取的证据应当排除。同时，《监察法实施条例》第68条、第69条分别对行政证据、刑事证据如何转化为监察证据作出了具体规定，为行政证据、刑事证据赋予了监察证据资格。

理解本条款，应当重点关注以下几个方面。

第一，该条第1款为监察证据赋予了刑事证据的资格，即监察机关通过相关的调查措施收集到的监察证据可以直接作为刑事证据使用，而无需检察机关或者法院重新收集，体现了监察机关办案的权威性和监察效率原则。需要注意的是，规定监察证据刑事证据资格并不意味着监察机关收集的证据可以无需经过司法机关的审查直接用来定罪量刑。

第二，正是因为规定了监察证据可以直接作为刑事证据使用，但监察证据进入刑事诉讼阶段后又需要按照《刑事诉讼法》的相关规定进行审查、运用，所以监察机关在收集证据的过程中应当主动对接刑事诉讼的要求，甚至严于

《刑事诉讼法》的相关规定，增强反腐败的效能。

第三，规定监察证据具有刑事证据的资格不意味着监察证据可以直接用来定罪量刑，因此必须保证监察证据的收集规范、合法。对于可能存在非法取证的情形，监察机关在调查阶段可以依职权或者根据被调查人的申请，启动非法证据排除。对于被调查人申请，其应当提供相应的线索，如被非法取证的时间、地点等。监察机关经过查证，如果不能排除存在以非法方法收集证据可能性的，对有关证据应当排除。在排除上，根据证据的种类不同，非法言词证据采取绝对排除模式，而对于非法实物证据则采取裁量排除模式，即调查人员无法补正或者作出合理解释的，应当对该非法实物证据予以排除。

典型案例

2018年5月15日下午，柳州市鱼峰区监察委员会工作人员将曲某军从阳光100带到办案场所，曲某军于当日18时30分在《询问通知书》上签字，直至2018年5月18日对曲某军采取留置措施，其间无合法手续将曲某军长时间留在办案工作区配合调查，未离开办案场所。因此，本院认为，2018年5月15日至2018年5月17日期间，制作的两份曲某军询问笔录，以及曲某军自书材料一份，根据《刑事诉讼法》第五十六条、第六十条的规定，依法应予排除，不作为本案定案依据。[1]

关联规定

《监察法实施条例》

第五十九条 可以用于证明案件事实的材料都是证据，包括：

（一）物证；

（二）书证；

（三）证人证言；

（四）被害人陈述；

（五）被调查人陈述、供述和辩解；

---

[1] 参见中国裁判文书网：曲某军行贿罪一审刑事判决书［（2019）桂0203刑初191号］。

（六）鉴定意见；

（七）勘验检查、辨认、调查实验等笔录；

（八）视听资料、电子数据。

监察机关向有关单位和个人收集、调取证据时，应当告知其必须依法如实提供证据。对于不按要求提供有关材料，泄露相关信息，伪造、隐匿、毁灭证据，提供虚假情况或者阻止他人提供证据的，依法追究法律责任。

监察机关依照监察法和本条例规定收集的证据材料，经审查符合法定要求的，在刑事诉讼中可以作为证据使用。

第六十条 监察机关认定案件事实应当以证据为根据，全面、客观地收集、固定被调查人有无违法犯罪以及情节轻重的各种证据，形成相互印证、完整稳定的证据链。

只有被调查人陈述或者供述，没有其他证据的，不能认定案件事实；没有被调查人陈述或者供述，证据符合法定标准的，可以认定案件事实。

第六十一条 证据必须经过查证属实，才能作为定案的根据。审查认定证据，应当结合案件的具体情况，从证据与待证事实的关联程度、各证据之间的联系、是否依照法定程序收集等方面进行综合判断。

第六十二条 监察机关调查终结的职务违法案件，应当事实清楚、证据确凿。证据确凿，应当符合下列条件：

（一）定性处置的事实都有证据证实；

（二）定案证据真实、合法；

（三）据以定案的证据之间不存在无法排除的矛盾；

（四）综合全案证据，所认定事实清晰且令人信服。

第六十三条 监察机关调查终结的职务犯罪案件，应当事实清楚，证据确实、充分。证据确实、充分，应当符合下列条件：

（一）定罪量刑的事实都有证据证明；

（二）据以定案的证据均经法定程序查证属实；

（三）综合全案证据，对所认定事实已排除合理怀疑。

证据不足的，不得移送人民检察院审查起诉。

第六十四条 严禁以暴力、威胁、引诱、欺骗以及非法限制人身自由等非法方法收集证据，严禁侮辱、打骂、虐待、体罚或者变相体罚被调查人、涉案人员和证人。

第六十五条 对于调查人员采用暴力、威胁以及非法限制人身自由等非法方法收集的被调查人供述、证人证言、被害人陈述，应当依法予以排除。

前款所称暴力的方法，是指采用殴打、违法使用戒具等方法或者变相肉刑的恶劣手段，使人遭受难以忍受的痛苦而违背意愿作出供述、证言、陈述；威胁的方法，是指采用以暴力或者严重损害本人及其近亲属合法权益等进行威胁的方法，使人遭受难以忍受的痛苦而违背意愿作出供述、证言、陈述。

收集物证、书证不符合法定程序，可能严重影响案件公正处理的，应当予以补正或者作出合理解释；不能补正或者作出合理解释的，对该证据应当予以排除。

第六十六条 监察机关监督检查、调查、案件审理、案件监督管理等部门发现监察人员在办理案件中，可能存在以非法方法收集证据情形的，应当依据职责进行调查核实。对于被调查人控告、举报调查人员采用非法方法收集证据，并提供涉嫌非法取证的人员、时间、地点、方式和内容等材料或者线索的，应当受理并进行审核。根据现有材料无法证明证据收集合法性的，应当进行调查核实。

经调查核实，确认或者不能排除以非法方法收集证据的，对有关证据依法予以排除，不得作为案件定性处置、移送审查起诉的依据。认定调查人员非法取证的，应当依法处理，另行指派调查人员重新调查取证。

监察机关接到对下级监察机关调查人员采用非法方法收集证据的控告、举报，可以直接进行调查核实，也可以交由下级监察机关调查核实。交由下级监察机关调查核实的，下级监察机关应当及时将调查结果报告上级监察机关。

第六十七条 对收集的证据材料及扣押的财物应当妥善保管，严格履行交接、调用手续，定期对账核实，不得违规使用、调换、损毁或者自行处理。

第六十八条 监察机关对行政机关在行政执法和查办案件中收集的物证、书证、视听资料、电子数据、勘验、检查等笔录，以及鉴定意见等证据材料，经审查符合法定要求的，可以作为证据使用。

根据法律、行政法规规定行使国家行政管理职权的组织在行政执法和查办案件中收集的证据材料,视为行政机关收集的证据材料。

第六十九条 监察机关对人民法院、人民检察院、公安机关、国家安全机关等在刑事诉讼中收集的物证、书证、视听资料、电子数据,勘验、检查、辨认、侦查实验等笔录,以及鉴定意见等证据材料,经审查符合法定要求的,可以作为证据使用。

监察机关办理职务违法案件,对于人民法院生效刑事判决、裁定和人民检察院不起诉决定采信的证据材料,可以直接作为证据使用。

> **第三十七条 【线索移送与互涉案件管辖】**
>
> 人民法院、人民检察院、公安机关、审计机关等国家机关在工作中发现公职人员涉嫌贪污贿赂、失职渎职等职务违法或者职务犯罪的问题线索,应当移送监察机关,由监察机关依法调查处置。
>
> 被调查人既涉嫌严重职务违法或者职务犯罪,又涉嫌其他违法犯罪的,一般应当由监察机关为主调查,其他机关予以协助。

重点解读

本条是关于职务违法犯罪问题线索移送和互涉案件管辖的规定。

本条规定了其他国家机关在发现职务违法犯罪问题线索时向监察机关移送的规则,有利于确保职务违法犯罪问题线索集中由监察机关调查处置;规定互涉案件一般以监察机关为主调查的规则,进一步确保了监察机关对职务违法犯罪案件的调查权限,也避免了监察机关与其他机关的职责划分争议。本条从上述两方面进一步明确了监察机关对职务违法犯罪案件的管辖权,体现了监察机关作为腐败治理专责机关的功能定位,符合国家监察体制改革构建集中统一、权威高效的监察体系的目标。

本条第1款规定了其他国家机关发现职务违法犯罪问题线索时的移送制度。

根据本法第 3 条和第 4 条的规定，监察机关是行使国家监察职能的专责机关，依照本法对所有行使公权力的公职人员进行监察，调查职务违法和职务犯罪，且监察机关办理职务违法和职务犯罪案件，应当与审判机关、检察机关、执法部门互相配合，互相制约。因此，法院、检察院、公安机关、审计机关等其他国家机关，如果在履行各自职责的过程中发现了应由监察机关管辖的职务违法犯罪问题线索，应当及时向监察机关移送，不能自行调查处置。此处规定的"职务违法或者职务犯罪的问题线索"不限于条文中明确列举的"贪污贿赂、失职渎职"，也不局限于本法第 11 条第 2 项列举的 7 类职务违法或职务犯罪，只要是依法应由监察机关管辖的职务违法犯罪案件问题线索（参见《监察法实施条例》第 23 条至第 31 条），均应移送。此外，对于人民检察院在审查起诉中发现并移送的新职务违法犯罪问题线索（《监察法实施条例》第 228 条），审判机关、检察机关、执法部门等发现并移送的监察官违纪违法履行职责的问题线索（《监察官法》第 44 条），监察机关应及时调查处置。监察机关接收其他机关移送的问题线索后，应当及时审查是否对问题线索有管辖权并作出相应处理（《监察法实施条例》第 171 条）。

本条第 2 款规定了互涉案件的管辖规则。本条文规定的"被调查人既涉嫌严重职务违法或者职务犯罪，又涉嫌其他违法犯罪的"情形，在学理上一般称为互涉案件。在互涉案件中，需要解决监察管辖与公安机关、检察机关侦查管辖的分工与衔接问题。对此，本条明确了互涉案件以监察机关为主调查的原则。《监察法实施条例》第 51 条进一步规定了"由监察机关为主调查"的具体内涵，即"由监察机关和其他机关分别依职权立案，监察机关承担组织协调职责，协调调查和侦查工作进度、重要调查和侦查措施使用等重要事项"。相应地，"其他机关予以协助"是指公安机关、人民检察院等机关仍依职权对其所管辖的案件立案侦查，依照《刑事诉讼法》等相关规定收集证据、查明案情，同时接受监察机关的组织协调，协助监察机关开展查明其他犯罪事实、发现职务犯罪线索、采取调查措施等调查工作。在极少数例外情形下，如被调查人涉嫌的主要是普通违法犯罪，所涉职务违法犯罪较为次要且轻微，更适宜由公安机关、人民检察院等主导侦查调查的，也可以以公安机关、人民检察院等其他管辖机关为主开展侦查调查。

典型案例

监察机关与检察机关如何在互涉案件中衔接配合——四川刘某甲行贿、非法采矿案[①]

基本案情

被告人刘某甲，男，1968年2月4日出生，汉族，四川省某市市政建设工程有限公司施工班组长。

（一）行贿罪。2010年至2018年，刘某乙历任某市市政建设工程有限公司（以下简称市政公司）副经理、经理、董事长兼总经理。2012年，刘某甲经刘某乙安排，进入市政公司担任施工班组长。2013年至2018年，刘某乙帮助刘某甲承接了某市某新区南外环路一期等多个道路建设重大项目。其间，刘某甲多次直接或者通过他人给予刘某乙（已判决）人民币共计265万元。

（二）非法采矿罪。2017年4月至5月，刘某甲在对某市某新区南外环路一期道路工程施工过程中，在没有采矿许可证的情况下，超越限定范围，在某区某镇前进村康泰路非法采挖连砂石共计25340方。四川省国土资源厅依法认定刘某甲非法采矿造成矿产资源破坏价值共计96.292万元。

2018年4月11日，刘某甲因涉嫌非法采矿罪，被四川省雅安市公安局采取监视居住强制措施。雅安市雨城区人民检察院在提前介入侦查过程中，发现刘某甲涉嫌行贿、刘某乙涉嫌受贿犯罪问题线索，经与雅安市公安局沟通，将问题线索移送雅安市监察委员会。7月16日，雅安市监察委员会以涉嫌行贿罪对刘某甲采取留置措施，10月11日向雅安市人民检察院移送起诉。次日，雅安市人民检察院决定将案件交由雅安市雨城区人民检察院办理。10月17日，雅安市公安局雨城分局以刘某甲涉嫌非法采矿罪向雅安市雨城区人民检察院移送起诉。2019年2月11日，雅安市雨城区人民检察院以刘某甲涉嫌行贿罪、非法采矿罪提起公诉。4月23日，雅安市雨城区人民法院作出一审判决，以行贿罪判处刘某甲有期徒刑4年，并处罚金30万元，以非法采矿罪判处刘某甲有

[①] 《国家监察委员会、最高人民检察院关于印发行贿犯罪典型案例的通知》，载中央纪委国家监委网站，https://www.ccdi.gov.cn/yaowenn/202204/t20220420_187588.html，最后访问时间：2024年12月19日。

期徒刑1年6个月，并处罚金5万元，数罪并罚决定执行有期徒刑5年，并处罚金35万元。一审判决后，被告人刘某甲未上诉，判决已生效。

该案件中，监察机关、检察机关的履职情况如下：

（一）检察机关提前介入侦查，发现行贿问题线索，建议公安机关依法移交监察机关处理。雅安市公安机关在对刘某甲非法采矿犯罪侦查过程中，检察机关应商请提前介入，通过审查证据材料、会同侦查人员赴现场勘查、联席会议讨论等方式，发现刘某甲在没有建设工程资质的情况下，违规担任市政公司施工班组长，借用他人资质承接大量市政公司建设项目。同时刘某甲工程建设账目支出情况不清楚，其中可能存在职务违法犯罪问题，检察机关向公安机关提出及时将问题线索移交监察机关处理的建议，推动公安侦查和监察调查有机衔接。

（二）监察机关充分履行组织协调职责，有效提升互涉案件办理质效。2018年7月6日，雅安市公安局将刘某甲涉嫌行贿、刘某乙涉嫌受贿问题线索移交雅安市监察委员会。雅安市监察委员会立即分别成立行贿、受贿案件专案组并开展初步核实，组织检察、公安等相关单位召开案件会商联席会，梳理互涉案件交织点、取证共通点、办理难点，精准确定调查、侦查方向，统筹推进互涉案件证据收集、调取工作。监察机关在对刘某乙受贿案立案后，于7月16日对正被公安机关监视居住的刘某甲采取留置措施。监察机关在对行贿、受贿一起查办的同时，也积极为公安机关办理的非法采矿犯罪固定有关证据，做到程序衔接流畅、实体配合高效。

（三）监察机关统筹做好互涉案件移送审查起诉工作，检察机关依法并案审查起诉。鉴于刘某甲涉嫌行贿罪、非法采矿罪，由监察机关、公安机关分别查办，检察机关在提前介入过程中，及时了解掌握互涉案件办理情况，沟通协商移送起诉工作进度，确保互涉案件同步移送，程序衔接畅通。监察机关在移送审查起诉前，再次邀请检察机关、公安机关进行诉前会商，强化行贿、受贿犯罪的证据材料梳理，为做好职务犯罪调查管辖和其他关联犯罪属地管辖衔接配合，明确以非法采矿案属地管辖为主确定案件管辖，将职务犯罪商请指定管辖并案处理。2018年10月11日、17日，监察机关、公安机关先后向检察机关移送审查起诉，检察机关在分别受理后，为确保互涉案件统一处理，决定并案审查起诉，依法以行贿罪、非法采矿罪向法院提起公诉。

（四）监察机关、检察机关联动配合，及时查明行为人违法所得及获取的不正当利益情况，依法追赃挽损。检察机关审查发现，刘某甲通过行贿承接了雅安市19个重要交通道路工程，涉及该市重点打造的川西综合交通枢纽，获取了巨额利益，又在工程建设中通过非法采矿获取更大的非法收益，应依法严惩。为依法追赃挽损，监检配合做好以下工作：一是检察机关要求公安机关补充鉴定，查明刘某甲非法开采矿产资源价值共计96.292万元。二是监察机关在受贿行贿一起调查的过程中，查明刘某甲通过虚增连砂石用量等方式，在刘某乙的帮助下，从市政公司处非法获利1256万余元。三是监察机关、检察机关、公安机关加大协作力度，促使刘某甲主动退缴859万元。四是协调公安机关依法处理案件涉及的其他非法所得。在法院判决追缴非法采矿违法所得96.292万元以后，监察机关、检察机关及时与公安机关沟通，对于案件中涉及的其他非法所得，书面建议公安机关依法予以处理。公安机关协调有关部门依法予以收缴。

典型意义

1. 检察机关在办案中发现行贿受贿等职务犯罪问题线索，应当依照规定移送监察机关。检察机关在案件办理和履行法律监督职能过程中，发现行为人可能涉嫌监察机关管辖的职务犯罪的，应当依法严格落实线索移送、职能管辖等规定，向监察机关移送问题线索，或建议有关部门向监察机关移送线索，形成惩治腐败工作合力。对于在提前介入侦查工作中发现行贿犯罪线索的，引导公安机关及时固定证据线索，共同做好线索移送工作。特别是针对在国家重要工作、重点工程、重大项目中的行贿犯罪，应当建议依法严肃查处，精准推进受贿行贿一起查。

2. 监察机关办理互涉案件承担为主调查职责的，要统筹组织协调调查、侦查工作，形成反腐败合力。为主调查的监察机关承担组织协调职责，统筹调查和侦查工作进度、协调调查留置措施和刑事强制措施的衔接适用、协商重要调查和侦查措施使用等重要事项。办理互涉案件的公安机关、检察机关，要主动及时向监察机关通报相关案件的办理情况，以便监察机关能够及时全面掌握互涉案件办理情况。相关办案单位应注重形成合力，全面准确认定犯罪事实和涉嫌罪名，确保互涉案件在办案程序、事实认定和法律适用等各方面做到统一均衡。

3. 检察机关对监察机关、公安机关分别移送起诉的互涉案件，可以依职权并案处理，注意做好补查的衔接工作。检察机关应当加强与监察机关、公安机关沟通，协调互涉案件的移送起诉进度，符合并案条件的，在分别受理审查起诉后及时并案处理。需要退回补充调查、退回补充侦查的，检察机关应同时将案件分别退回监察机关、公安机关，并统筹做好程序衔接。符合自行补查条件的，经与监察机关沟通一致，检察机关可以开展自行补充侦查，完善证据体系。

4. 多措并举，依法处理行贿违法所得及有关不正当利益，不让犯罪分子从中获利。加大追赃挽损力度，对行贿犯罪违法所得以及与行贿犯罪有关的不正当利益，应当通过监察执法、刑事处罚、行政处罚等多种方式依法综合运用予以处理，确保任何人不能从行贿等违法犯罪活动中获取非法利益，最大限度为国家挽回损失。

关 联 规 定

《监察法实施条例》

第五十一条　公职人员既涉嫌贪污贿赂、失职渎职等严重职务违法和职务犯罪，又涉嫌公安机关、人民检察院等机关管辖的犯罪，依法由监察机关为主调查的，应当由监察机关和其他机关分别依职权立案，监察机关承担组织协调职责，协调调查和侦查工作进度、重要调查和侦查措施使用等重要事项。

第五十二条　监察机关必要时可以依法调查司法工作人员利用职权实施的涉嫌非法拘禁、刑讯逼供、非法搜查等侵犯公民权利、损害司法公正的犯罪，并在立案后及时通报同级人民检察院。

监察机关在调查司法工作人员涉嫌贪污贿赂等职务犯罪中，可以对其涉嫌的前款规定的犯罪一并调查，并及时通报同级人民检察院。人民检察院在办理直接受理侦查的案件中，发现犯罪嫌疑人同时涉嫌监察机关管辖的其他职务犯罪，经沟通全案移送监察机关管辖的，监察机关应当依法进行调查。

第一百七十一条　监察机关对于执法机关、司法机关等其他机关移送的问题线索，应当及时审核，并按照下列方式办理：

（一）本单位有管辖权的，及时研究提出处置意见；

（二）本单位没有管辖权但其他监察机关有管辖权的，在五个工作日以内转送有管辖权的监察机关；

（三）本单位对部分问题线索有管辖权的，对有管辖权的部分提出处置意见，并及时将其他问题线索转送有管辖权的机关；

（四）监察机关没有管辖权的，及时退回移送机关。

第二百二十八条　人民检察院在审查起诉过程中发现新的职务违法或者职务犯罪问题线索并移送监察机关的，监察机关应当依法处置。

《监察官法》

第四十四条　对于审判机关、检察机关、执法部门等移送的监察官违纪违法履行职责的问题线索，监察机关应当及时调查处理。

第五章 监察程序

> **第三十八条 【报案、举报的处理】**
> 监察机关对于报案或者举报，应当接受并按照有关规定处理。对于不属于本机关管辖的，应当移送主管机关处理。

重点解读

本条是关于监察机关对报案、举报进行处理的规定。

人民群众的报案和举报是监察机关发现职务违法犯罪问题线索的重要来源之一。本条规定监察机关对报案或举报的接受和移送，是畅通群众监督渠道、推动纪检监察监督与群众监督贯通协同的重要机制。

本条规定包含两方面内容：一是规定监察机关负有接受报案或举报的义务。报案和举报有一定的区别：报案是指有关单位和个人（包括案件当事人）向监察机关报告公职人员涉嫌职务违法犯罪事实或者线索的行为，通常报案人并不知晓职务违法犯罪的具体行为人；举报则是指当事人以外的其他知情人针对具体的公职人员向监察机关检举、揭发其职务违法犯罪事实或者线索的行为。根据报案人或举报人是否使用本人真实姓名或者本单位名称，又可分为实名检举控告和匿名检举控告。无论是实名检举控告还是匿名检举控告，监察机关都应当依法接受，但对于实名检举控告应优先办理和处置。监察机关接收报案或举报后，通常由信访部门对报案、举报材料进行逐件登记、分类摘要后，按照程序及时处理。二是规定报案或举报的移送机制。为确保人民群众检举、揭发、控告等监督权利的有效行使，本条规定并不限制接受报案或举报的监察机关，任何单位或个人发现职务违法犯罪问题线索时,可以向任何层级的监察机关报案或举报。监察机关接受报案或举报后,再依据法律规定确定管辖机关,对于不属于本机关职责范围内的案件线索,及时移送有权管辖的机关处理。如果报案或举报内容属于其他监察机关管辖的,受理的监察机关应当在5个工作日以内予以转送(《监察法实施条例》第169条);如报案或举报内容不属于监察机关管辖的事项,监察机关也应及时移送有管辖权的有关机关(《监察法实施条例》第32条)。

此外,监察机关应对报案、举报相关信息进行严格保密,避免报案人、举报人及其近亲属遭受打击报复。根据本法第74条第3项的规定,监察机关及其工作人员泄露举报事项、举报受理情况以及举报人信息的,对负有责任的领导人员和直接责任人员依法给予处理。

关 联 规 定

《监察法实施条例》

第三十二条　监察机关发现依法由其他机关管辖的违法犯罪线索,应当及时移送有管辖权的机关。

监察机关调查结束后,对于应当给予被调查人或者涉案人员行政处罚等其他处理的,依法移送有关机关。

第一百六十九条　监察机关对于报案或者举报应当依法接受。属于本级监察机关管辖的,依法予以受理;属于其他监察机关管辖的,应当在五个工作日以内予以转送。

监察机关可以向下级监察机关发函交办检举控告,并进行督办,下级监察机关应当按期回复办理结果。

第一百七十五条　检举控告人使用本人真实姓名或者本单位名称,有电话等具体联系方式的,属于实名检举控告。监察机关对实名检举控告应当优先办理、优先处置,依法给予答复。虽有署名但不是检举控告人真实姓名(单位名称)或者无法验证的检举控告,按照匿名检举控告处理。

信访举报部门对属于本机关受理的实名检举控告,应当在收到检举控告之日起十五个工作日以内按规定告知实名检举控告人受理情况，并做好记录。

调查人员应当将实名检举控告的处理结果在办结之日起十五个工作日以内向检举控告人反馈，并记录反馈情况。对检举控告人提出异议的应当如实记录，并向其进行说明；对提供新证据材料的，应当依法核查处理。

《反有组织犯罪法》

第五十一条　监察机关、人民法院、人民检察院、公安机关、司法行政机关应当加强协作配合，建立线索办理沟通机制，发现国家工作人员涉嫌本法第五十条规定的违法犯罪的线索，应当依法处理或者及时移送主管机关处理。

任何单位和个人发现国家工作人员与有组织犯罪有关的违法犯罪行为，有权向监察机关、人民检察院、公安机关等部门报案、控告、举报。有关部门接到报案、控告、举报后，应当及时处理。

第三十九条　【监察工作的程序规制和监督管理】

监察机关应当严格按照程序开展工作，建立问题线索处置、调查、审理各部门相互协调、相互制约的工作机制。

监察机关应当加强对调查、处置工作全过程的监督管理，设立相应的工作部门履行线索管理、监督检查、督促办理、统计分析等管理协调职能。

重点解读

本条是关于监察机关严格依照程序开展工作以及加强自我监督管理的总体规定。程序正当是确保公权力在法治轨道上运行的重要方式。本条规定监察工作严格依程序开展，是在监察领域树立法治思维、强化程序观念的必然要求。在此基础上，本条对监察机关如何构建自身权力运行机制和监督管理体系作出了总体规定，保障监察权首先被置于制度的"笼子"内，防止"灯下黑"。

本条规定分为两款，包含如下三个方面的内容。

第五章　监察程序

一是确立严格依程序开展监察工作的原则。此次《监察法》修订特别在总则第 5 条增加了"遵守法定程序"的基本原则，与本条第 1 款规定中"监察机关应当严格按照程序开展工作"相互呼应，共同确立了程序法定原则在《监察法》领域的指导原则地位。该原则不仅要求监察机关及其工作人员的监察行为不得违反程序义务性规定或禁止性规范，还要求其遵循比例原则对授权性程序规范进行合理解释，确保监察程序的正当性。本法第五章以专章形式规定了监察程序各个环节的具体规则，为监察权的规范运行提供了充分的程序指引和约束。

二是建立监察机关各部门相互协调、相互制约的工作机制。本条第 1 款规定"建立问题线索处置、调查、审理各部门相互协调、相互制约的工作机制"，是完善监察权运行内控机制、强化监察机关自我监督的重要途径之一。通过将监察权力分散交由监察机关的各部门行使，构建各部门间既分工配合又相互制约的工作机制，能够有效防止因权力过于集中出现的私存线索、串通包庇、跑风漏气、以案谋私等问题。建立这一工作机制，通常包含以下五个方面的要求：第一，监察机关各部门各司其职，由监察机关领导班子成员分别分管；第二，信访部门负责统一受理人民群众有关职务违法或犯罪的举报或报案，接收下一级监察机关和派驻机构报送的信访线索及信息，分类摘要后移送案件监督管理部门；第三，案件监督管理部门负责对问题线索进行集中管理，按程序移送案件承办部门，并开展综合协调与监督管理工作；第四，案件承办部门负责对问题线索进行初步核实和立案调查；第五，案件审理部门负责全面审查承办部门移送的案卷材料，对事实清楚、证据确凿的案件提出审理意见，对主要事实不清、证据不足的，退回承办部门重新调查或补证。

三是设立承担管理协调职能的工作部门。本条第 2 款强调监察机关对调查、处置工作的全过程监督管理，并要求设立专门的工作部门履行管理协调职能。实践中，监察机关通常设立案件监督管理部门专门履行线索管理、监督检查、督促办理、统计分析等管理协调职能。除此以外，案件监督管理部门还具有其他职能，如有权对下级监察机关和派驻（出）机构的案件监督管理工作进行业务指导。

关联规定

《监察法实施条例》

第二百五十八条 监察机关应当建立监督检查、调查、案件监督管理、案件审理等部门相互协调制约的工作机制。

监督检查和调查部门实行分工协作、相互制约。监督检查部门主要负责联系地区、部门、单位的日常监督检查和对涉嫌一般违法问题线索处置。调查部门主要负责对涉嫌严重职务违法和职务犯罪问题线索进行初步核实和立案调查。

案件监督管理部门负责对监督检查、调查工作全过程进行监督管理，做好线索管理、组织协调、监督检查、督促办理、统计分析等工作。案件监督管理部门发现监察人员在监督检查、调查中有违规办案行为的，及时督促整改；涉嫌违纪违法的，根据管理权限移交相关部门处理。

《监督执纪工作规则》

第十一条 纪检监察机关应当建立监督检查、审查调查、案件监督管理、案件审理相互协调、相互制约的工作机制。市地级以上纪委监委实行监督检查和审查调查部门分设，监督检查部门主要负责联系地区和部门、单位的日常监督检查和对涉嫌一般违纪问题线索处置，审查调查部门主要负责对涉嫌严重违纪或者职务违法、职务犯罪问题线索进行初步核实和立案审查调查；案件监督管理部门负责对监督检查、审查调查工作全过程进行监督管理，案件审理部门负责对需要给予党纪政务处分的案件审核把关。

纪检监察机关在工作中需要协助的，有关组织和机关、单位、个人应当依规依纪依法予以协助。

第十二条 纪检监察机关案件监督管理部门负责对监督执纪工作全过程进行监督管理，做好线索管理、组织协调、监督检查、督促办理、统计分析等工作。党风政风监督部门应当加强对党风政风建设的综合协调，做好督促检查、通报曝光和综合分析等工作。

> **第四十条　【问题线索处置】**
> 监察机关对监察对象的问题线索，应当按照有关规定提出处置意见，履行审批手续，进行分类办理。线索处置情况应当定期汇总、通报，定期检查、抽查。

重点解读

本条是关于问题线索处置程序的规定。

问题线索是反映公职人员可能涉嫌职务违法和职务犯罪的各类材料。对问题线索的处置是监察工作开展的起点和基础。准确研判问题线索的性质并作出合理的处置，是提升纪检监察工作质效、实现对腐败问题精准施治的关键环节，因此必须对问题线索的处置进行有效的程序规制。

本条规定的问题线索处置程序主要包含如下三方面内容。

一是问题线索处置意见的提出。在监察机关内部，问题线索通常由信访举报部门、案件监督管理部门进行归口受理，随后按照程序移交本机关监督检查部门或相关部门办理。承办部门在收到问题线索后，应当结合问题线索所涉及地区、部门、单位总体情况进行综合分析，提出具体的处置意见。对问题线索的处置不得拖延和积压，处置意见应当在收到问题线索之日起1个月内提出。

二是问题线索的处置方式。承办部门在提出处置意见时，还应当制定处置方案，经审批按照"谈话函询、初步核实、暂存待查、予以了结"四种方式进行分类处置，或者按照内部职责分工移送调查部门处置。谈话函询是针对一般性的问题线索，可以由监察机关工作人员或其委托的监察对象所在单位有关人员按照规定程序与监察对象谈话，对其给予警示、批评、教育，或者由监察机关按规定程序向监察对象发函，由其针对被反映的问题作出书面解释。初步核实是针对具有可查性的职务违法犯罪问题线索，需要追究法律责任的，可以在按照规定报批后进行进一步查证。暂存待查是针对具有一定可查性但暂时不具备继续核查条件的问题线索，进行暂时保存，留待日后条件成熟时继续核查。予以了结主要适用于问题线索明显失实或者没有可能再开展核查工作，以及虽有违法事实但情节显著轻微不需要追究法律责任，已建议有关机关作出恰当处理等情况。

三是问题线索处置情况的定期汇总、通报和检查机制。问题线索承办部门应当定期汇总线索处置情况，及时向案件监督管理部门通报，并定期对本部门的问题线索处置情况进行自查。案件监督管理部门也要定期汇总、核查问题线索及处置情况，围绕线索台账建设、动态监管、及时处置通报等关键环节开展线索处置情况的抽查、检查，并向监察机关主要负责人报告。此外，各部门还应当做好线索处置归档工作，保证归档材料完备、齐全，并载明领导批示和处置过程。

关 联 规 定

《监察法实施条例》

第一百六十八条 监察机关应当对问题线索归口受理、集中管理、分类处置、定期清理。

第一百七十条 对于涉嫌职务违法或者职务犯罪的公职人员主动投案的，应当依法接待和办理。

第一百七十二条 信访举报部门归口受理本机关管辖监察对象涉嫌职务违法和职务犯罪问题的检举控告，统一接收有关监察机关以及其他单位移送的相关检举控告，移交本机关监督检查部门或者相关部门，并将移交情况通报案件监督管理部门。

案件监督管理部门统一接收巡视巡察机构和审计机关、执法机关、司法机关等其他机关移送的职务违法和职务犯罪问题线索，按程序移交本机关监督检查部门或者相关部门办理。

监督检查部门、调查部门在工作中发现的相关问题线索，属于本部门受理范围的，应当报送案件监督管理部门备案；属于本机关其他部门受理范围的，经审批后移交案件监督管理部门分办。

第一百七十三条 案件监督管理部门应当对问题线索实行集中管理、动态更新，定期汇总、核对问题线索及处置情况，向监察机关主要负责人报告，并向相关部门通报。

问题线索承办部门应当指定专人负责管理线索，逐件编号登记、建立管理台账。线索管理处置各环节应当由经手人员签名，全程登记备查，及时与案件监督管理部门核对。

第一百七十四条 监督检查部门应当结合问题线索所涉及地区、部门、单位总体情况进行综合分析，提出处置意见并制定处置方案，经审批按照谈话、函询、初步核实、暂存待查、予以了结等方式进行处置，或者按照职责移送调查部门处置。

函询应当以监察机关办公厅（室）名义发函给被反映人，并抄送其所在单位和派驻监察机构主要负责人。被函询人应当在收到函件后十五个工作日以内写出说明材料，由其所在单位主要负责人签署意见后发函回复。被函询人为所在单位主要负责人的，或者被函询人所作说明涉及所在单位主要负责人的，应当直接发函回复监察机关。

被函询人已经退休的，按照第二款规定程序办理。

监察机关根据工作需要，经审批可以对谈话、函询情况进行核实。

《监督执纪工作规则》

第二十条 纪检监察机关应当加强对问题线索的集中管理、分类处置、定期清理。信访举报部门归口受理同级党委管理的党组织和党员、干部以及监察对象涉嫌违纪或者职务违法、职务犯罪问题的信访举报，统一接收有关纪检监察机关、派驻或者派出机构以及其他单位移交的相关信访举报，移送本机关有关部门，深入分析信访形势，及时反映损害群众最关心、最直接、最现实的利益问题。

巡视巡察工作机构和审计机关、行政执法机关、司法机关等单位发现涉嫌违纪或者职务违法、职务犯罪问题线索，应当及时移交纪检监察机关案件监督管理部门统一办理。

监督检查部门、审查调查部门、干部监督部门发现的相关问题线索，属于本部门受理范围的，应当送案件监督管理部门备案；不属于本部门受理范围的，经审批后移送案件监督管理部门，由其按程序转交相关监督执纪部门办理。

第二十一条 纪检监察机关应当结合问题线索所涉及地区、部门、单位总体情况，综合分析，按照谈话函询、初步核实、暂存待查、予以了结4类方式进行处置。

线索处置不得拖延和积压，处置意见应当在收到问题线索之日起1个月内提出，并制定处置方案，履行审批手续。

第二十二条 纪检监察机关对反映同级党委委员、候补委员，纪委常委、监委委员，以及所辖地区、部门、单位主要负责人的问题线索和线索处置情况，应当及时向上级纪检监察机关报告。

第二十三条 案件监督管理部门对问题线索实行集中管理、动态更新、定期汇总核对，提出分办意见，报纪检监察机关主要负责人批准，按程序移送承办部门。承办部门应当指定专人负责管理问题线索，逐件编号登记、建立管理台账。线索管理处置各环节应当由经手人员签名，全程登记备查。

第二十四条 纪检监察机关应当根据工作需要，定期召开专题会议，听取问题线索综合情况汇报，进行分析研判，对重要检举事项和反映问题集中的领域深入研究，提出处置要求，做到件件有着落。

第二十五条 承办部门应当做好线索处置归档工作，归档材料齐全完整，载明领导批示和处置过程。案件监督管理部门定期汇总、核对问题线索及处置情况，向纪检监察机关主要负责人报告，并向相关部门通报。

第二十六条 各级党委（党组）和纪检监察机关应当推动加强和规范党内政治生活，经常拿起批评和自我批评的武器，及时开展谈话提醒、约谈函询，促使党员、干部以及监察对象增强党的观念和纪律意识。

第二十七条 纪检监察机关采取谈话函询方式处置问题线索，应当起草谈话函询报批请示，拟订谈话方案和相关工作预案，按程序报批。需要谈话函询下一级党委（党组）主要负责人的，应当报纪检监察机关主要负责人批准，必要时向同级党委主要负责人报告。

第二十八条 谈话应当由纪检监察机关相关负责人或者承办部门负责人进行，可以由被谈话人所在党委（党组）、纪委监委（纪检监察组、纪检监察工委）有关负责人陪同；经批准也可以委托被谈话人所在党委（党组）主要负责人进行。

谈话应当在具备安全保障条件的场所进行。由纪检监察机关谈话的，应当制作谈话笔录，谈话后可以视情况由被谈话人写出书面说明。

第二十九条 纪检监察机关进行函询应当以办公厅（室）名义发函给被反映人，并抄送其所在党委（党组）和派驻纪检监察组主要负责人。被函询人应当在收到函件后 15 个工作日内写出说明材料，由其所在党委（党组）主要负责人签署意见后发函回复。

被函询人为党委（党组）主要负责人的，或者被函询人所作说明涉及党委（党组）主要负责人的，应当直接发函回复纪检监察机关。

第三十条 承办部门应当在谈话结束或者收到函询回复后 1 个月内写出情况报告和处置意见，按程序报批。根据不同情形作出相应处理：

（一）反映不实，或者没有证据证明存在问题的，予以采信了结，并向被函询人发函反馈。

（二）问题轻微，不需要追究纪律责任的，采取谈话提醒、批评教育、责令检查、诫勉谈话等方式处理。

（三）反映问题比较具体，但被反映人予以否认且否认理由不充分具体的，或者说明存在明显问题的，一般应当再次谈话或者函询；发现被反映人涉嫌违纪或者职务违法、职务犯罪问题需要追究纪律和法律责任的，应当提出初步核实的建议。

（四）对诬告陷害者，依规依纪依法予以查处。

必要时可以对被反映人谈话函询的说明情况进行抽查核实。

谈话函询材料应当存入廉政档案。

第三十一条 被谈话函询的党员干部应当在民主生活会、组织生活会上就本年度或者上年度谈话函询问题进行说明，讲清组织予以采信了结的情况；存在违纪问题的，应当进行自我批评，作出检讨。

> **第四十一条 【初步核实】**
>
> 需要采取初步核实方式处置问题线索的，监察机关应当依法履行审批程序，成立核查组。初步核实工作结束后，核查组应当撰写初步核实情况报告，提出处理建议。承办部门应当提出分类处理意见。初步核实情况报告和分类处理意见报监察机关主要负责人审批。

重点解读

本条是关于初步核实程序的规定。

初步核实是问题线索处置的重要方式之一，旨在进一步了解问题线索的真实性。在初步核实阶段，监察机关的主要任务是了解问题线索反映的监察对象涉嫌职务违法犯罪的基本事实是否存在，收集与反映问题相关的证据材料，决定是否需要进行立案调查。本条规定明确了初步核实的具体程序要求，有利于确保初步核实工作规范、有序开展。

根据本条款及相关规定，初步核实程序主要包括以下四个方面的内容。

一是初步核实的适用范围。本条规定中"需要采取初步核实方式处置问题线索的"，是指问题线索同时满足以下两个要件的情形：第一，问题线索具有可查性。监察机关需要对线索反映的问题进行分析研判，结合线索内容的明确性、线索的具体来源、提供线索人员与被反映人之间是否存在利害关系等因素，确定线索反映的问题是否有进一步核查的必要性和可行性。第二，属于本监察机关管辖范围内的职务违法或职务犯罪问题线索。监察机关对接收到的问题线索，应当根据法律规定甄别其是否属于自己有权管辖的职务违法或职务犯罪案件。如果不属于，应及时将问题线索依法移送至有权机关。

二是初步核实的审批程序。监察机关决定采取初步核实方式处置问题线索时，应当由承办部门依法履行审批程序，通常是将初步核实的处置意见呈报监察机关相关负责人批准。经过审批后，承办部门应确定初步核实对象，制定初步核实工作方案，明确需要核实的问题和采取的措施，成立核查组（《监察法实施条例》第177条）。初步核实工作方案通常应当包含初步核实的依据、核查组的人员组成、需要核实的问题，初步核实的方法、步骤、时间安排以及相关注意事项等内容，工作方案确定后应报监察机关相关负责人审批。获得批准后，由核查组具体实施工作方案。核查组成员应当不少于两人，根据核查问题的范围和案情复杂程度，还可以适当增配人员。

三是初步核实的实施。核查组开展初步核实工作时，可以经批准采取必要措施收集相关证据。结合《监督执纪工作规则》第34条的规定，核查组可以采取的措施包括与相关人员谈话了解情况，要求相关组织作出说明，调取个人有关事项报告，查阅复制文件、账目、档案等资料，查核资产情况和有关信息，进行鉴定勘验，暂扣被核查人及相关人员主动上交的财物，以及在严格履行审批手续的前提下采取技术调查或者限制出境等措施并交由有关机关执行。需要注意的是，初核阶段不可使用讯问、留置、扣押、通缉等强制性措施。

四是初步核实结果的处理。初步核实工作结束后，核查组应当根据收集的证据材料撰写核实情况报告，提出书面处理建议。初步核实情况报告应列明被核查人基本情况、反映的主要问题、办理依据、初步核实结果、存在疑点、处理建议，由核查组全体人员签名。承办部门在综合分析、研究初步核实情况的基础上，按照拟立案调查、谈话提醒、暂存待查、予以了结，或者移送有权机关处理等方式提出分类处理意见。对于确有职务违法或职务犯罪事实存在、需要追究法律责任的案件，可以提出拟立案调查的处置意见；对于公职人员确有职务违法行为，但情节较轻、不需要追究法律责任的情形，可以提出谈话提醒的处置意见；对于线索所反映问题可能存在但暂时不具备继续开展工作的情形，可提出暂存待查的处置意见；对于问题不属实或者没有证据证明存在问题的情形，可提出予以了结的处置意见；对于被核查人存在一定职务违法问题但不需要给予政务处分的，可视情况建议移送有关部门、机关给予相应处理。

典型案例

初步核实是否为立案的必经程序——某市纪委监委及时处理网络曝光性举报[1]

基本案情

某日，网络媒体上出现曝光性举报，社会女青年 B 某自称曾系某市某局局长 A 某情妇，多次在某宾馆某房间内与 A 某发生不正当性关系，A 某为讨她欢心多次出钱为其购买名表、名包、高档服装、翡翠吊坠、玉镯及金银饰品，并出资购买 1 套房产供 B 某居住，该房落在 A 某名下但房产证曾放在 B 某手中，A 某还曾交给 B 某数张银行卡和数十万元现金保管。

后 A 某将 B 某抛弃，二人闹僵后 A 某多次威胁 B 某，B 某遂将其知道的 A 某严重违纪违法问题直接在网上进行曝光，不仅写了一些具体情节，而且附了二人不雅照片和视频及相关房产证、银行卡、名贵物品、大量现金等照片予以佐证。

该信息在网上曝光后，在有关部门及时核对信息、采取相关措施的同时，该市纪委监委立即按程序报请批准后对 A 某进行立案调查，并向社会发布了调查信息。此后，市纪委监委依纪依法对 A 某的严重问题进行了调查、处理，并将其涉嫌犯罪问题移送司法机关依法处理。

典型意义

（一）初步核实的结果是立案调查的重要依据。初核是开展调查、获取证据的重要手段，初核的目的是核清事实、核清责任，是尽可能在外围获取足够多的证据、为下一步工作打下基础，是不断朝着事实清楚、责任清晰的方向在努力，这与立案调查的内容和方向是一致的。但是初核的结果不仅仅只有立案一种。初核后案件属于哪种走向，主要取决于核清的事实和责任划分，如果被调查人确实存在严重问题而且需要追究相应责任的，应当立案调查；如果被调查人不存在问题或不需要追究相应责任的，应当实事求是予以了结，或追究其

---

[1] 《【案例解读监察法】初核不是立案的必经程序》，载中央纪委国家监委网站：https://www.ccdi.gov.cn/yaowen/201811/t20181123_183910.html，最后访问时间：2024 年 12 月 19 日。

他应负责任人员的责任。

（二）虽然立案往往是经过初核程序后才立案的，但初核并不是立案的必经程序。本案例中被网络曝光的恶性事件，因为曝光内容中已有证据直接证明当事人确实涉嫌严重违纪违法和职务犯罪，应当追究其法律责任，已经达到了可以立案的条件，这时如果还不及时立案调查、查清事实、回应社会关切，还要按部就班地去开展初核，就会贻误取证时机、陷于舆论被动，社会效果反而不好。所以立案的条件只有两个：一个是被调查人涉嫌职务违法犯罪；另一个是需要追究被调查人的法律责任。满足这两个条件，即可以立案调查。

（三）实践中除了本案例中所举的网络曝光情形，还有一些情形也可以不经过初核、直接立案调查。例如，某些重大安全事故的调查工作，事故发生后造成了恶劣后果而且其中明显存在重大违规违法行为的，不需要开展初核就可以直接立案调查，查清事实并明确相关责任人员的责任后，依纪依法处理。再比如，一些虽然涉嫌职务违法犯罪但问题比较简单、证据链条比较清晰、纪委监委已经掌握足够证据的，也可以不经过初核即直接立案调查，这样可以大大节省办案资源、提高办案效率。总之，初核与否、立案与否，都不能简单机械地照抄照搬相关法规条文，而是要在法规条文规定的框架下，实事求是进行分析判断，结合时机、内容、效果等多方面因素进行综合考量，依纪依法作出积极稳妥的工作决策。

关联规定

《监察法实施条例》

第一百七十六条 监察机关对具有可查性的职务违法和职务犯罪问题线索，应当按规定报批后，依法开展初步核实工作。

第一百七十七条 采取初步核实方式处置问题线索，应当确定初步核实对象，制定工作方案，明确需要核实的问题和采取的措施，成立核查组。

在初步核实中应当注重收集客观性证据，确保真实性和准确性。

第一百七十八条 在初步核实中发现或者受理被核查人新的具有可查性的问题线索的，应当经审批纳入原初核方案开展核查。

第一百七十九条 核查组在初步核实工作结束后应当撰写初步核实情况报告，列明被核查人基本情况、反映的主要问题、办理依据、初步核实结果、存在疑点、处理建议，由全体人员签名。

承办部门应当综合分析初步核实情况，按照拟立案调查、予以了结、谈话提醒、暂存待查，或者移送有关部门、机关处理等方式提出处置建议，按照批准初步核实的程序报批。

《监督执纪工作规则》

第三十二条 党委（党组）、纪委监委（纪检监察组）应当对具有可查性的涉嫌违纪或者职务违法、职务犯罪问题线索，扎实开展初步核实工作，收集客观性证据，确保真实性和准确性。

第三十三条 纪检监察机关采取初步核实方式处置问题线索，应当制定工作方案，成立核查组，履行审批程序。被核查人为下一级党委（党组）主要负责人的，纪检监察机关应当报同级党委主要负责人批准。

第三十四条 核查组经批准可以采取必要措施收集证据，与相关人员谈话了解情况，要求相关组织作出说明，调取个人有关事项报告，查阅复制文件、账目、档案等资料，查核资产情况和有关信息，进行鉴定勘验。对被核查人及相关人员主动上交的财物，核查组应当予以暂扣。

需要采取技术调查或者限制出境等措施的，纪检监察机关应当严格履行审批手续，交有关机关执行。

第三十五条 初步核实工作结束后，核查组应当撰写初步核实情况报告，列明被核查人基本情况、反映的主要问题、办理依据以及初步核实结果、存在疑点、处理建议，由核查组全体人员签名备查。

承办部门应当综合分析初步核实情况，按照拟立案审查调查、予以了结、谈话提醒、暂存待查，或者移送有关党组织处理等方式提出处置建议。

初步核实情况报告应当报纪检监察机关主要负责人审批，必要时向同级党委主要负责人报告。

> **第四十二条　【立案】**
>
> 　　经过初步核实，对监察对象涉嫌职务违法犯罪，需要追究法律责任的，监察机关应当按照规定的权限和程序办理立案手续。
>
> 　　监察机关主要负责人依法批准立案后，应当主持召开专题会议，研究确定调查方案，决定需要采取的调查措施。
>
> 　　立案调查决定应当向被调查人宣布，并通报相关组织。涉嫌严重职务违法或者职务犯罪的，应当通知被调查人家属，并向社会公开发布。

重点解读

本条是关于监察立案条件和程序的规定。

立案是监察调查的启动节点，是监察机关查办职务违法犯罪案件的必经程序。在我国的法律语境下，"立案最为突出的意义，是为强制侦查（调查）提供合法依据"。[1]在监察程序中，立案即宣告案件成立，由此确立被调查人的身份，并允许对其采取讯问、留置、扣押、通缉等强制性调查措施。因此，立案必须满足一定的前提要件，才能有效发挥门槛作用，避免强制性调查措施的滥用。本条规定旨在规范监察机关作出立案调查决定的行为，明确监察立案的条件、程序以及立案后的处理。

本条规定共分三款。第1款规定了立案的条件和程序要求。立案的条件包括如下两方面：一是存在职务违法犯罪的事实。这要求监察机关已掌握一定的事实和证据，证明有职务违法或职务犯罪事实发生。由于立案只是案件查办的初始阶段，此处对职务违法犯罪事实的证明并不要求达到全部清楚、确信的程度，监察机关只要能初步确认存在部分职务违法犯罪的事实，即符合这一要件。二是需要追究法律责任。存在职务违法犯罪的事实并不一定都需要立案查处，对于一些法律规定不需要再追究法律责任的情形（例如《刑事诉讼法》第16

---

[1] 龙宗智：《监察与司法协调衔接的法规范分析》，载《政治与法律》2018年第1期。

条），监察机关无需再进行立案。此处的"法律责任"既包括因职务犯罪导致的刑事法律责任，也包括因职务违法导致的行政法律责任。对于符合上述两项条件的案件，监察机关应"按照规定的权限和程序办理立案手续"。参照《监督执纪工作规则》第38条的规定，立案时，应由案件承办部门起草立案审查调查呈批报告，经纪检监察机关主要负责人审批，报同级党委主要负责人批准。

第2款规定了立案后对调查工作的准备。经审批立案后，监察机关主要负责人应当根据监察对象的情况、案件性质和复杂程度，通过召开专题会议的形式集体研究制定调查方案。调查方案的内容应当包括调查目标（即需要查明的事项和问题）、调查对象、需要采取的调查措施、调查方法及步骤、调查的时间安排、调查人员的组成和具体分工以及应当注意的事项等。调查人员应当严格按照调查方案开展调查工作，如遇重大突发情况需要更改调查方案的，应当报批准该方案的监察机关主要负责人批准。

第3款规定了监察机关立案后的通知义务。监察机关立案后，应当由二名以上调查人员出示证件，向被调查人宣布立案调查决定，还应及时向被调查人所在单位等相关组织送达《立案通知书》，并向被调查人所在单位主要负责人通报。此外，如果被调查人涉嫌严重职务违法或者职务犯罪，监察机关决定立案调查并同时采取留置措施的，还应当按本法第50条规定及时通知被调查人家属，并向社会公开发布。这一通知义务的确立是对被调查人及相关人员知情权的保障，也是其有效行使救济权利的前提。

典型案例

如何理解立案标准——某县纪委监委对A某初核后立案调查[①]

基本案情

某县纪委监委前期按程序报批后对辖区内党员领导干部A某涉嫌严重违纪违法的问题线索进行了初步核实，由审查调查部门成立的核查组具体承担初核工作。

[①] 《【案例解读监察法】初核后达到立案标准的应当立案》，载中央纪委国家监委网站：https：//www.ccdi.gov.cn/yaowen/201811/t20181121_183780.html，最后访问时间：2024年12月19日。

核查组初步查明A某存在以下问题：涉嫌违反政治纪律和政治规矩，丧失理想信念，大搞封建迷信，甚至在办公室内烧香拜佛；涉嫌违反中央八项规定精神，利用出差机会公款旅游，并以开具虚假发票的形式用公款购买礼品带给家人；违反组织纪律，违规提拔下属到乡镇任职，将不符合任职条件的侄子安排到工商部门任职；违反廉洁纪律，逢年过节收受他人大量土特产等，还收受多人巨额财物并应对方请托帮助办事谋利；违反生活纪律，与女下属发生不正当性关系，搞权色交易，帮助对方提职或调动工作；等等。经过一段时期初步核实工作，审查调查部门已对目前能在外围开展的取证工作进行了充分取证，但出于办案安全和保密工作需要，尚未对A某及其直接关系人进行谈话取证。因此相关问题的证据状况仍然主要是外围证据，无主要对象口供，亦未开展涉案财物扣押，尚未形成完整的证据链条。

至此，核查组认为初核工作已结束，外围能做的工作都已做完，如要继续获取直接证据，则需要对A某立案并对其采取留置措施，进一步开展相应取证工作。这种情况下，核查组希望分管领导能够"拍板"决定按程序办理立案手续并对有关人员采取留置措施，待立案后即可与A某等人直接谈话取证并开展初核阶段不宜开展的其他取证工作，由此获得完整的证据链条；而分管领导希望核查组初核阶段能够继续获取更多的"直接证据"，最好是很多问题有"双证"或"多证"，有可能的话最好能够达到"零口供"认定的程度，这样办案工作才"更加稳妥"。此案遂搁置了一段时间。

后经县纪委监委领导班子集体研究决定，认为现有证据已足以证明A某涉嫌严重违纪特别是涉嫌职务违法犯罪，需要追究其法律责任，决定按程序办理立案手续，并对A某等人采取留置措施，继续开展相应调查。后经立案调查，调查组依法查清了A某严重违纪违法犯罪的事实，顺利获取了确实、充分的证据，县纪委监委按程序对A某进行了党纪政务处分并将其涉嫌犯罪问题移送司法机关处理。

典型意义

1. 立案所需的职务违法或者职务犯罪的事实，仅指初步确认的部分职务违法或者职务犯罪的事实，而不是全部职务违法或者职务犯罪的事实。全部事实要到调查阶段结束之后才能查清，而且还要经过审理之后才能认定。

2. 在立案前的初核阶段获取的职务违法犯罪事实绝大部分只能是相对清晰的事实，不可能是证据确实充分、可以达到认定条件的事实。实际工作中，初核阶段因为要确保安全、保密，有些措施不能使用。例如，有些直接利害关系人不宜接触、取证，有些能够直接证明犯罪问题的书证、物证或者犯罪所得不可能直接获取。特别是纪委监委调查的案件主要是职务违法和职务犯罪案件，这些案件有它的特点，绝大多数都没有案发现场，很多关键问题中的关键环节只有当事人才能讲明白、讲清楚，而这些需要被调查人本人供述的关键问题、关键环节，往往不可能在初核阶段就直接谈话取得。因此，在初核阶段，不仅需要积极取证，而且更需要深入分析、综合判断、作出决策。

3. 初核后是否应当立案的判断，是检验一名纪检监察干部能力水平和工作担当的"试金石"。纪检监察干部在履职尽责过程中要敢于担当，更要善于担当，善于担当体现的就是能力水平。本案例中，核查工作组经过初核已经初步查明了被调查人A某的相关问题，已经足以证明A某存在严重违纪违法问题，只不过囿于初核阶段不能"放开手脚"去查，导致相关问题还不能形成完整的证据链、达到直接认定的程度。在这种情况下，初核工作其实已经达到了具备立案的条件，所以县纪委监委领导应当在充分研判的基础上敢于担当、当机立断地研究决定立案，并通过立案后的调查进一步获取A某严重违纪违法的证据，确保相关事实得到认定、相关人员得到惩处。

关 联 规 定

《监察法实施条例》

第一百八十条 监察机关经过初步核实，对于已经掌握监察对象涉嫌职务违法或者职务犯罪的部分事实和证据，认为需要追究其法律责任的，应当按规定报批后，依法立案调查。

第一百八十一条 监察机关立案调查职务违法或者职务犯罪案件，需要对涉嫌行贿犯罪、介绍贿赂犯罪或者共同职务犯罪的涉案人员立案调查的，应当一并办理立案手续。需要交由下级监察机关立案的，经审批交由下级监察机关办理立案手续。

对单位涉嫌受贿、行贿等职务犯罪，需要追究法律责任的，依法对该单位办理立案调查手续。对事故（事件）中存在职务违法或者职务犯罪问题，需要追究法律责任，但相关责任人员尚不明确的，可以以事立案。对单位立案或者以事立案后，经调查确定相关责任人员的，按照管理权限报批确定被调查人。

监察机关根据人民法院生效刑事判决、裁定和人民检察院不起诉决定认定的事实，需要对监察对象给予政务处分的，可以由相关监督检查部门依据司法机关的生效判决、裁定、决定及其认定的事实、性质和情节，提出给予政务处分的意见，按程序移送审理。对依法被追究行政法律责任的监察对象，需要给予政务处分的，应当依法办理立案手续。

第一百八十二条 对案情简单、经过初步核实已查清主要职务违法事实，应当追究监察对象法律责任，不再需要开展调查的，立案和移送审理可以一并报批，履行立案程序后再移送审理。

第一百八十三条 上级监察机关需要指定下级监察机关立案调查的，应当按规定报批，向被指定管辖的监察机关出具《指定管辖决定书》，由其办理立案手续。

第一百八十四条 批准立案后，应当由二名以上调查人员出示证件，向被调查人宣布立案决定。宣布立案决定后，应当及时向被调查人所在单位等相关组织送达《立案通知书》，并向被调查人所在单位主要负责人通报。

对涉嫌严重职务违法或者职务犯罪的公职人员立案调查并采取留置措施的，应当按规定通知被调查人家属，并向社会公开发布。

第一百八十五条 监察机关对已经立案的职务违法或者职务犯罪案件应当依法进行调查，收集证据查明违法犯罪事实。

调查职务违法或者职务犯罪案件，对被调查人没有采取留置措施的，应当在立案后一年以内作出处理决定；对被调查人解除留置措施的，应当在解除留置措施后一年以内作出处理决定。案情重大复杂的案件，经上一级监察机关批准，可以适当延长，但延长期限不得超过六个月。

被调查人在监察机关立案调查以后逃匿的，调查期限自被调查人到案之日起重新计算。

第一百八十六条 案件立案后，监察机关主要负责人应当依照法定程序批准确定调查方案。

监察机关应当组成调查组依法开展调查。调查工作应当严格按照批准的方案执行，不得随意扩大调查范围、变更调查对象和事项，对重要事项应当及时请示报告。调查人员在调查工作期间，未经批准不得单独接触任何涉案人员及其特定关系人，不得擅自采取调查措施。

《监督执纪工作规则》

第三十七条　纪检监察机关经过初步核实，对党员、干部以及监察对象涉嫌违纪或者职务违法、职务犯罪，需要追究纪律或者法律责任的，应当立案审查调查。

凡报请批准立案的，应当已经掌握部分违纪或者职务违法、职务犯罪事实和证据，具备进行审查调查的条件。

第三十八条　对符合立案条件的，承办部门应当起草立案审查调查呈批报告，经纪检监察机关主要负责人审批，报同级党委主要负责人批准，予以立案审查调查。

立案审查调查决定应当向被审查调查人宣布，并向被审查调查人所在党委（党组）主要负责人通报。

第三十九条　对涉嫌严重违纪或者职务违法、职务犯罪人员立案审查调查，纪检监察机关主要负责人应当主持召开由纪检监察机关相关负责人参加的专题会议，研究批准审查调查方案。

纪检监察机关相关负责人批准成立审查调查组，确定审查调查谈话方案、外查方案，审批重要信息查询、涉案财物查扣等事项。

监督检查、审查调查部门主要负责人组织研究提出审查调查谈话方案、外查方案和处置意见建议，审批一般信息查询，对调查取证审核把关。

审查调查组组长应当严格执行审查调查方案，不得擅自更改；以书面形式报告审查调查进展情况，遇有重要事项及时请示。

第五章 监察程序

> **第四十三条 【调查取证的基本要求】**
>
> 监察机关对职务违法和职务犯罪案件,应当进行调查,收集被调查人有无违法犯罪以及情节轻重的证据,查明违法犯罪事实,形成相互印证、完整稳定的证据链。
>
> 调查人员应当依法文明规范开展调查工作。严禁以暴力、威胁、引诱、欺骗及其他非法方式收集证据,严禁侮辱、打骂、虐待、体罚或者变相体罚被调查人和涉案人员。
>
> 监察机关及其工作人员在履行职责过程中应当依法保护企业产权和自主经营权,严禁利用职权非法干扰企业生产经营。需要企业经营者协助调查的,应当保障其人身权利、财产权利和其他合法权益,避免或者尽量减少对企业正常生产经营活动的影响。

重点解读

本条是关于监察机关调查取证基本要求的规定。

相较于原规定,本条内容主要有如下三个变化:一是在第2款增加了"调查人员应当依法文明规范开展调查工作"的总体要求;二是补充规定了"暴力"这一非法收集证据的方式;三是增加了第3款有关监察机关办案应保护企业合法权益的规定。这些变化体现了立法者对于推动监察调查工作规范化、法治化的重视,也与党中央作出的依法保护企业产权和企业家合法权益的一系列政策部署相契合。

本条现分为三款,分别规定了监察机关调查取证的三项基本要求。

第一款规定全面收集证据的要求。监察机关调查职务违法和职务犯罪案件时,应当客观、全面地收集证据,既要收集能够证实被调查人有违法犯罪或情节严重的证据,也要收集证实其无违法犯罪或情节较轻的证据。监察机关完成取证后,还应对收集到的证据进行真伪鉴别、分析和推理,针对待证的案件事实形成相互印证、完整稳定的证据链。

第二款规定调查取证的合法性要求。第二款从正反两方面对监察机关调查取证的合法性提出要求。正面来看，调查人员应当采取合法、文明、规范的方式收集证据。这就要求调查人员严格依照法定的权限和程序采取调查措施，并且以文明、规范的方式实施，如搜查住宅应尽量避免在夜间实施。反面来看，调查人员不得以暴力、威胁、引诱、欺骗及其他非法方式收集证据，并且严禁使用侮辱、打骂、虐待、体罚或者变相体罚等造成人的身体痛苦或精神痛苦的方法，逼取被调查人和涉案人员的言词证据。违反本条禁止性规定的法律后果就是本法第 36 条第 3 款规定的非法证据排除。此次《监察法》修正新增"暴力"非法取证方式，是为了将类似刑事诉讼中刑讯逼供的非法取证行为纳入规制，更好地实现与《刑事诉讼法》中非法证据排除规则的衔接。非法证据排除是现代法治国家公认的维护正当程序的重要制度，也是人权保障理念在监察程序中的集中体现。此次《监察法》修正在总则第 5 条中特别增加了"尊重和保障人权"基本原则，也与本条规定形成体系上的相互呼应，共同为监察程序中的非法证据排除提供规范支撑。

第三款规定保护企业及其经营者合法权益的要求。实践中，许多企业及其经营者也可能被卷入职务违法犯罪案件中，或作为调查对象，或被要求协助调查，其正常经营往往会因此受到影响。例如，在企业的主要负责人被留置、资金账户被查封冻结等情况下，企业可能会因决策受阻、资金流动受阻难以正常经营。如果调查措施实施的期限过长，企业甚至会因此破产。以严重牺牲企业合法权益为代价查办案件，既不符合经济发展的需求，也不利于实现案件政治效果、纪法效果和社会效果的有机统一。因此，监察机关在调查过程中必须注意依法保护企业产权和自主经营权，保障企业经营者的合法权益，尤其是在采取人身强制措施以及对物的强制措施时，必须遵循比例原则，将调查范围限制在为实现调查目的必要的限度内，并且尽可能降低对企业正常经营的影响。这一要求实际上在《监察法实施条例》第 271 条第 1 款中早已规定，此次《监察法》修正将该要求上升到正式法律的层面，提升了这一规范要求的效力位阶。

关联规定

《刑事诉讼法》

第五十二条 审判人员、检察人员、侦查人员必须依照法定程序，收集能够证实犯罪嫌疑人、被告人有罪或者无罪、犯罪情节轻重的各种证据。严禁刑讯逼供和以威胁、引诱、欺骗以及其他非法方法收集证据，不得强迫任何人证实自己有罪。必须保证一切与案件有关或者了解案情的公民，有客观地充分地提供证据的条件，除特殊情况外，可以吸收他们协助调查。

第五十六条 采用刑讯逼供等非法方法收集的犯罪嫌疑人、被告人供述和采用暴力、威胁等非法方法收集的证人证言、被害人陈述，应当予以排除。收集物证、书证不符合法定程序，可能严重影响司法公正的，应当予以补正或者作出合理解释；不能补正或者作出合理解释的，对该证据应当予以排除。

在侦查、审查起诉、审判时发现有应当排除的证据的，应当依法予以排除，不得作为起诉意见、起诉决定和判决的依据。

《监察法实施条例》

第六十条 监察机关认定案件事实应当以证据为根据，全面、客观地收集、固定被调查人有无违法犯罪以及情节轻重的各种证据，形成相互印证、完整稳定的证据链。

只有被调查人陈述或者供述，没有其他证据的，不能认定案件事实；没有被调查人陈述或者供述，证据符合法定标准的，可以认定案件事实。

第六十四条 严禁以暴力、威胁、引诱、欺骗以及非法限制人身自由等非法方法收集证据，严禁侮辱、打骂、虐待、体罚或者变相体罚被调查人、涉案人员和证人。

第二百七十一条 监察机关在履行职责过程中应当依法保护企业产权和自主经营权，严禁利用职权非法干扰企业生产经营。需要企业经营者协助调查的，应当依法保障其合法的人身、财产等权益，避免或者减少对涉案企业正常生产、经营活动的影响。

查封企业厂房、机器设备等生产资料，企业继续使用对该财产价值无重大影响的，可以允许其使用。对于正在运营或者正在用于科技创新、产品研发的设备和技术资料等，一般不予查封、扣押，确需调取违法犯罪证据的，可以采取拍照、复制等方式。

《监督执纪工作规则》

第四十六条　纪检监察机关应当严格依规依纪依法收集、鉴别证据，做到全面、客观，形成相互印证、完整稳定的证据链。

调查取证应当收集原物原件，逐件清点编号，现场登记，由在场人员签字盖章，原物不便搬运、保存或者取得原件确有困难的，可以将原物封存并拍照录像或者调取原件副本、复印件；谈话应当现场制作谈话笔录并由被谈话人阅看后签字。已调取证据必须及时交审查调查组统一保管。

严禁以威胁、引诱、欺骗以及其他违规违纪违法方式收集证据；严禁隐匿、损毁、篡改、伪造证据。

《民营经济促进法》

第六十条　国家机关及其工作人员依法开展调查或者要求协助调查，应当避免或者尽量减少对正常生产经营活动产生影响。实施限制人身自由的强制措施，应当严格依照法定权限、条件和程序进行。

第四十四条　【一般调查程序】

调查人员采取讯问、询问、强制到案、责令候查、管护、留置、搜查、调取、查封、扣押、勘验检查等调查措施，均应当依照规定出示证件，出具书面通知，由二人以上进行，形成笔录、报告等书面材料，并由相关人员签名、盖章。

调查人员进行讯问以及搜查、查封、扣押等重要取证工作，应当对全过程进行录音录像，留存备查。

重点解读

本条是关于监察机关采取调查措施的一般程序要求的规定。

相比于原规定，本条仅在列举的调查措施中增加了"强制到案、责令候查、管护"三项内容，以便与本次《监察法》修正新增此三项调查措施的规定相协调。本条旨在明确所有调查措施均需遵守的共性程序要求，以规范监察机关的调查行为。

本条共分为两款。第1款规定了所有调查措施应遵循的一般程序规则，主要包括如下四个方面：一是依照规定出示证件。这是为了向调查对象表明身份，以便使其配合调查。二是出具书面通知。这是为了保障被调查人对调查决定及有关事项的知情权，也能够向相关单位和个人证明其调查行为的合法性。采取不同的调查措施，书面通知的形式和程序要求有所不同，应根据本法及其他法律法规中的具体规定另行确定。例如，搜查时应向被搜查人或者其家属、见证人出示《搜查证》并要求其签名（《监察法实施条例》第113条第2款）；又如，采取留置措施时，应向被留置人员宣布《留置决定书》，告知被留置人员权利义务，要求其在《留置决定书》上签名、捺指印（《监察法实施条例》第97条）。三是由二人以上进行。这是为了保证调查取证的真实性和客观性。由两名以上的调查人员共同收集证据，既有利于彼此间相互配合，高质效完成调查取证工作，又能够使调查人员相互监督，防止出现徇私舞弊、逼供、诱供等非法调查行为，还能够避免因缺乏"第三人"在场而使调查成为"孤证"或被调查人诬告调查人员的现象发生。四是形成笔录、报告等书面材料，并由相关人员签名、盖章。调查过程中由调查人员制作的笔录、报告等是重要的证据材料。《监察法实施条例》第59条也明确将"勘验检查、辨认、调查实验等笔录"列为一类重要的证据形式。调查人员制作笔录、报告等书面材料时，应当如实记录，确保内容的客观、全面、准确。要求相关人员签名、盖章是通过赋予相关人员阅看和核对书面材料的机会，进一步保障书面材料的真实性和准确性。

第2款规定了重要取证工作中的全程录音、录像制度。进行讯问、搜查、查封、扣押以及重要的谈话、询问等重要取证工作时，调查人员应当全程录音录像。这样既能够保障取证过程的合法性、规范性，保护被调查人的合法权益，也能够在取证合法性受到质疑时作为证据，在客观上实现对调查人员的保护。为保障录音录像的证明力，录制时应当注意如下三点要求：一是应当进行全过程不间断录音录像，不得选择性录制，也不得剪接或删改；二是录音录像的内容、画面应当完整；三是在录音录像结束后，相关人员应当签字确认，并由监察机关保存录制内容。录音录像资料应当妥善保管、及时归档，留存备查，但无需随案移送检察机关。检察院和法院需调取同步录音录像时，监察机关应当予以配合，经审批后可以提供。

关 联 规 定

《监察法实施条例》

　　第五十六条 开展讯问、搜查、查封、扣押以及重要的谈话、询问等调查取证工作，应当全程同步录音录像，并保持录音录像资料的完整性。录音录像资料应当妥善保管、及时归档，留存备查。

　　人民检察院、人民法院需要调取同步录音录像的，监察机关应当予以配合，经审批依法予以提供。

《监督执纪工作规则》

　　第四十八条 对涉嫌严重违纪或者职务违法、职务犯罪问题的审查调查谈话、搜查、查封、扣押（暂扣、封存）涉案财物等重要取证工作应当全过程进行录音录像，并妥善保管，及时归档，案件监督管理部门定期核查。

　　第四十九条 对涉嫌严重违纪或者职务违法、职务犯罪问题的审查调查，监督执纪人员未经批准并办理相关手续，不得将被审查调查人或者其他重要的谈话、询问对象带离规定的谈话场所，不得在未配置监控设备的场所进行审查调查谈话或者其他重要的谈话、询问，不得在谈话期间关闭录音录像设备。

　　第五十条 监督检查、审查调查部门主要负责人、分管领导应当定期检查审查调查期间的录音录像、谈话笔录、涉案财物登记资料，发现问题及时纠正并报告。

　　纪检监察机关相关负责人应当通过调取录音录像等方式，加强对审查调查全过程的监督。

第五章 监察程序

第四十五条 【调查方案的执行与请示报告制度】

调查人员应当严格执行调查方案，不得随意扩大调查范围、变更调查对象和事项。

对调查过程中的重要事项，应当集体研究后按程序请示报告。

重点解读

本条是关于执行调查方案和对调查事项请示报告的规定。

本条规定旨在约束调查人员严格依照调查方案开展工作，并严格执行请示报告制度，杜绝个人专断，防范违规办案现象发生。

本条共分两款。第1款规定了调查人员应严格执行调查方案的要求。本法第42条第2款已规定立案后调查方案的制定。监察机关依法确定的调查方案就是调查工作的行动指南，调查人员必须严格执行，不得随意扩大调查范围、变更调查对象和事项。但实践中职务违法犯罪案件的调查工作可能会遇到诸多调查方案无法预见的复杂情况或突发状况，经调查人员请示，监察机关也可以对调查方案进行适当调整；如遇到紧急情况，不及时处理将会造成严重后果，调查人员还可以经集体研究后临机作出处置，事后再依照程序向监察机关领导人员请示报告。

第2款规定了对重要调查事项的请示报告制度。《监察法实施条例》第6条与《监督执纪工作规则》第10条均明确规定纪检监察机关应坚持民主集中制原则，并严格执行请示报告制度。本条规定即为民主集中制原则在调查环节的集中体现。调查人员必须有组织观念、程序观念，在调查过程中遇到重大问题、重要事项时（如采取留置、管护等强制措施），应当在集体研究后按照程序请示报告，不能独断专行。调查人员请示报告时，既要报告结果，也要报告过程；如遇案件调查有重要进展的情况，可先及时向领导人员口头汇报，后续再正式行文请示。

关联规定

《监察法实施条例》

第六条 监察机关坚持民主集中制，对于线索处置、立案调查、案件审理、处置执行、复审复核中的重要事项应当集体研究，严格按照权限履行请示报告程序。

第一百八十六条 案件立案后，监察机关主要负责人应当依照法定程序批准确定调查方案。

监察机关应当组成调查组依法开展调查。调查工作应当严格按照批准的方案执行，不得随意扩大调查范围、变更调查对象和事项，对重要事项应当及时请示报告。调查人员在调查工作期间，未经批准不得单独接触任何涉案人员及其特定关系人，不得擅自采取调查措施。

《监督执纪工作规则》

第十条 纪检监察机关应当严格执行请示报告制度。中央纪委定期向党中央报告工作，研究涉及全局的重大事项、遇有重要问题以及作出立案审查调查决定、给予党纪政务处分等事项应当及时向党中央请示报告，既要报告结果也要报告过程。执行党中央重要决定的情况应当专题报告。

地方各级纪检监察机关对作出立案审查调查决定、给予党纪政务处分等重要事项，应当向同级党委请示汇报并向上级纪委监委报告，形成明确意见后再正式行文请示。遇有重要事项应当及时报告。

纪检监察机关应当坚持民主集中制，对于线索处置、谈话函询、初步核实、立案审查调查、案件审理、处置执行中的重要问题，经集体研究后，报纪检监察机关相关负责人、主要负责人审批。

第三十九条 对涉嫌严重违纪或者职务违法、职务犯罪人员立案审查调查，纪检监察机关主要负责人应当主持召开由纪检监察机关相关负责人参加的专题会议，研究批准审查调查方案。

纪检监察机关相关负责人批准成立审查调查组，确定审查调查谈话方案、外查方案，审批重要信息查询、涉案财物查扣等事项。

监督检查、审查调查部门主要负责人组织研究提出审查调查谈话方案、外查方案和处置意见建议,审批一般信息查询,对调查取证审核把关。

审查调查组组长应当严格执行审查调查方案,不得擅自更改;以书面形式报告审查调查进展情况,遇有重要事项及时请示。

第四十五条 外查工作必须严格按照外查方案执行,不得随意扩大审查调查范围、变更审查调查对象和事项,重要事项应当及时请示报告。

外查工作期间,未经批准,监督执纪人员不得单独接触任何涉案人员及其特定关系人,不得擅自采取审查调查措施,不得从事与外查事项无关的活动。

> **第四十六条** 【强制到案、责令候查、管护的程序和期限】
>
> 采取强制到案、责令候查或者管护措施,应当按照规定的权限和程序,经监察机关主要负责人批准。
>
> 强制到案持续的时间不得超过十二小时;需要采取管护或者留置措施的,强制到案持续的时间不得超过二十四小时。不得以连续强制到案的方式变相拘禁被调查人。
>
> 责令候查最长不得超过十二个月。
>
> 监察机关采取管护措施的,应当在七日以内依法作出留置或者解除管护的决定,特殊情况下可以延长一日至三日。

重点解读

本条是关于强制到案、责令候查和管护措施适用程序和期限的规定。

本条规定为此次《监察法》修正新增内容,旨在为新增的强制到案、责令候查和管护三项强制措施设置期限限制,避免滥用强制措施过度侵害被调查人及涉案人员的人身自由。

本条共分为四款,依次规定了强制到案、责令候查和管护措施的期限。

第1款规定采取强制到案、责令候查和管护措施的批准程序。强制到案、责令候查和管护措施也属于限制人身自由的强制措施,必须依照法定权限和程序经监察机关主要负责人批准，方可采取。相比于本法第47条规定的留置措施批准程序，强制到案、责令候查和管护措施的审批权限并未上提一级，审批程序相对简单。这是由于此三类强制措施对人身自由的干预强度均小于留置措施，根据比例原则的精神可以适用相对宽松的程序规制，并且适度减低审批难度才能弥补留置审批时间过长带来的强制措施适用空白，使这三类措施有效发挥替代留置措施的作用。

第2款规定强制到案的期限。一般情形下，强制到案持续时间不得超过12小时，但如果监察机关认为后续需要对被调查人采取管护或留置措施，强制到案的期限可放宽至24小时。同时，监察机关不得以连续强制到案的方式变相拘禁被调查人。强制到案措施与刑事诉讼中的拘传措施在形态和功能上类似，均是对被调查人的短暂人身强制，目的是使其配合接受调查（侦查）。本条对强制到案期限的规定也与《刑事诉讼法》第119条关于拘传期限的规定类似。对于"不得以连续强制到案的方式变相拘禁被调查人"，是否也可以类比刑事诉讼法相关司法解释的规定，解释为"两次强制到案间隔的时间一般不得少于十二小时"，还有待监察法规的进一步明确。

第3款规定责令候查的期限，最长不得超过12个月。责令候查是限制被调查人一定活动自由的强制措施，旨在对不符合留置条件或者不宜被留置的人员进行控制，防止其逃跑或妨碍调查。相比于其他强制措施，责令候查并不是完全剥夺被调查人的活动自由，要求其待在特定场所不能离开，只是要求被调查人遵循一定的限制性义务，并且在监察机关需要对其开展调查时随传随到。因此，责令候查的适用期限相对较长。

第4款规定管护期限。一般情形下，管护措施的持续时间为7日以内，特殊情形下可以延长1日至3日。期限届满前，监察机关如认为被管护对象符合留置条件，就应当依法作出留置决定，否则就应当作出解除管护的决定。根据本法第25条的规定，管护的执行场所也是留置场所。可见，管护措施的主要功能是作为留置的替代性措施，在采取留置措施之前对一些存在重大安全风险的人员进行短期的拘禁，纾解实践中因留置审批时间过长产生的人员安全风险防范困境。在功能上，管护与刑事诉讼中的拘留措施有类似之处，但在期限规定上，管护的法定最长期限要远远短于拘留。

第五章　监察程序

关 联 规 定

《刑事诉讼法》

第七十九条　人民法院、人民检察院和公安机关对犯罪嫌疑人、被告人取保候审最长不得超过十二个月,监视居住最长不得超过六个月。

在取保候审、监视居住期间,不得中断对案件的侦查、起诉和审理。对于发现不应当追究刑事责任或者取保候审、监视居住期限届满的,应当及时解除取保候审、监视居住。解除取保候审、监视居住,应当及时通知被取保候审、监视居住人和有关单位。

第九十一条　公安机关对被拘留的人,认为需要逮捕的,应当在拘留后的三日以内,提请人民检察院审查批准。在特殊情况下,提请审查批准的时间可以延长一日至四日。

对于流窜作案、多次作案、结伙作案的重大嫌疑分子,提请审查批准的时间可以延长至三十日。

人民检察院应当自接到公安机关提请批准逮捕书后的七日以内,作出批准逮捕或者不批准逮捕的决定。人民检察院不批准逮捕的,公安机关应当在接到通知后立即释放,并且将执行情况及时通知人民检察院。对于需要继续侦查,并且符合取保候审、监视居住条件的,依法取保候审或者监视居住。

第一百一十九条　对不需要逮捕、拘留的犯罪嫌疑人,可以传唤到犯罪嫌疑人所在市、县内的指定地点或者到他的住处进行讯问,但是应当出示人民检察院或者公安机关的证明文件。对在现场发现的犯罪嫌疑人,经出示工作证件,可以口头传唤,但应当在讯问笔录中注明。

传唤、拘传持续的时间不得超过十二小时;案情特别重大、复杂,需要采取拘留、逮捕措施的,传唤、拘传持续的时间不得超过二十四小时。

不得以连续传唤、拘传的形式变相拘禁犯罪嫌疑人。传唤、拘传犯罪嫌疑人,应当保证犯罪嫌疑人的饮食和必要的休息时间。

《人民检察院刑事诉讼规则》

第八十三条　拘传的时间从犯罪嫌疑人到案时开始计算。犯罪嫌疑人到案后,应当责令其在拘传证上填写到案时间,签名或者盖章,并捺指印,然后立即讯问。拘传结束后，应当责令犯罪嫌疑人在拘传证上填写拘传结束时间。犯罪嫌疑人拒绝填写的，应当在拘传证上注明。

一次拘传持续的时间不得超过十二小时；案情特别重大、复杂，需要采取拘留、逮捕措施的，拘传持续的时间不得超过二十四小时。两次拘传间隔的时间一般不得少于十二小时，不得以连续拘传的方式变相拘禁犯罪嫌疑人。

拘传犯罪嫌疑人，应当保证犯罪嫌疑人的饮食和必要的休息时间。

> **第四十七条 【留置的批准程序】**
> 监察机关采取留置措施，应当由监察机关领导人员集体研究决定。设区的市级以下监察机关采取留置措施，应当报上一级监察机关批准。省级监察机关采取留置措施，应当报国家监察委员会备案。

重点解读

本条是关于监察机关采取留置措施的批准程序的规定。

此次《监察法》修正仅仅是将留置的批准程序从原规定中分离出来，成为独立的条款，在内容上并无改动。本条规定旨在明确留置措施使用的程序规则，防止留置措施滥用。

根据本条规定，监察机关采取留置措施应当遵循如下两项程序要求：一是由本监察机关领导人员集体研究决定。留置措施作为一项长时间剥夺调查对象人身自由的强制措施，属于监察调查过程中的重要事项，必须由监察机关领导人员集体研究决定，调查人员不得以个人意志代替集体决策。二是报上级机关批准或备案。市级、县级监察机关经集体研究决定采取留置措施后，还应当报上一级监察机关批准；省级监察机关决定采取留置措施时，应当报国家监察委员会备案。批准是针对留置措施的事前监督，将市、县两级监察机关采取留置措施的审批权限上提一级，有利于加强留置措施的外部制约，减少下级机关适用留置措施的随意性；备案是对留置措施合法性的事后把关，对省级监察机关采用这一制度主要是基于省级机关专业性和保证监察效率的考虑，但国家监察委员会可以对报送存档的留置案件进行审查，进而对存在瑕疵、错误的案件加以纠正或补救。

关 联 规 定

《监察法实施条例》

第六条　监察机关坚持民主集中制，对于线索处置、立案调查、案件审理、处置执行、复审复核中的重要事项应当集体研究，严格按照权限履行请示报告程序。

《监督执纪工作规则》

第十条　纪检监察机关应当严格执行请示报告制度。中央纪委定期向党中央报告工作，研究涉及全局的重大事项、遇有重要问题以及作出立案审查调查决定、给予党纪政务处分等事项应当及时向党中央请示报告，既要报告结果也要报告过程。执行党中央重要决定的情况应当专题报告。

地方各级纪检监察机关对作出立案审查调查决定、给予党纪政务处分等重要事项，应当向同级党委请示汇报并向上级纪委监委报告，形成明确意见后再正式行文请示。遇有重要事项应当及时报告。

纪检监察机关应当坚持民主集中制，对于线索处置、谈话函询、初步核实、立案审查调查、案件审理、处置执行中的重要问题，经集体研究后，报纪检监察机关相关负责人、主要负责人审批。

第四十八条　【留置的期限及其延长、解除和变更】

留置时间不得超过三个月。在特殊情况下，可以延长一次，延长时间不得超过三个月。省级以下监察机关采取留置措施的，延长留置时间应当报上一级监察机关批准。监察机关发现采取留置措施不当或者不需要继续采取留置措施的，应当及时解除或者变更为责令候查措施。

> 对涉嫌职务犯罪的被调查人可能判处十年有期徒刑以上刑罚，监察机关依照前款规定延长期限届满，仍不能调查终结的，经国家监察委员会批准或者决定，可以再延长二个月。
>
> 省级以上监察机关在调查期间，发现涉嫌职务犯罪的被调查人另有与留置时的罪行不同种的重大职务犯罪或者同种的影响罪名认定、量刑档次的重大职务犯罪，经国家监察委员会批准或者决定，自发现之日起依照本条第一款的规定重新计算留置时间。留置时间重新计算以一次为限。

重点解读

本条是关于留置的适用期限以及留置的延长、解除和变更的规定。

本条规定是此次《监察法》修正的重点条文之一。相比原规定，本条规定首先在第1款增加了留置措施变更为责令候查的规定，并补充了留置解除和变更的前提情形；其次增加了第2款关于职务犯罪案件在特定情形下可再次延长留置期限的规定；最后增加了第3款关于职务犯罪案件留置期限重新计算的规则。上述修改旨在延长职务犯罪案件的留置期限，缓解实践中重大复杂职务犯罪案件办案时间紧张的问题。

本条共分三款，主要规定如下四个方面的内容。

第一，严重职务违法案件中的留置期限。根据本条第1款的规定，一般情形下留置时间不得超过三个月，在特殊情况下可以延长一次，延长时间不得超过三个月。此处的"特殊情况"是指：（1）案情重大，严重危害国家利益或者公共利益的；（2）案情复杂，涉案人员多、金额巨大，涉及范围广的；（3）重要证据尚未收集完成，或者重要涉案人员尚未到案，导致违法犯罪的主要事实仍须继续调查的；（4）其他需要延长留置时间的情形。该规定同时适用于严重职务违法案件和职务犯罪案件。结合本法第24条的规定可知，因被调查人涉嫌贪污贿赂、失职渎职等严重职务违法而对其采取留置措施的，起始的留置期限不得超过三个月，因特殊情况可延长不超过三个月，因此总期限不会超过六个月。

第二，职务犯罪案件中的留置期限。此次修法后，职务犯罪的留置期限相比以往有较大变化。首先，按照本条第 1 款的规定，所有职务犯罪案件的起始留置期限不超过三个月，特殊情况下延长不超过三个月。其次，对于被调查人可能判处十年有期徒刑以上刑罚的职务犯罪案件，留置期限可依本条第 2 款在前述基础上再延长一次，时间不超过二个月。最后，本条第 3 款还允许省级以上监察机关在法定情形下按照第 1 款重新计算留置时间。留置时间重新计算的前提条件是省级以上监察机关在调查期间，发现涉嫌职务犯罪的被调查人另有与留置时的罪行不同种的重大职务犯罪或者同种的影响罪名认定、量刑档次的重大职务犯罪；重新计算的起算时间点是监察机关发现上述新的重大职务犯罪之日；重新计算的次数限制为 1 次。

第三，留置期限延长和重新计算的程序。根据本条第 1 款首次延长留置期限时，采取留置措施的省级以下监察机关应当报上一级纪检监察机关批准，国家监察委员会作为最高层级的监察机关，可直接决定延长本机关采取的留置措施期限；根据本条第 2 款在法定的职务犯罪案件中再次延长留置期限的，均需经国家监察委员会批准或决定；根据本条第 3 款重新计算留置期限的，也必须经国家监察委员会批准或者决定。此外，根据《监察法实施条例》第 101 条的规定，在延长留置时间时，应当在留置期满前向被留置人员宣布延长留置时间的决定，要求其在《延长留置时间决定书》上签名、捺指印，同时应当通知被留置人员家属。

第四，留置措施的变更和解除。本条第 1 款还规定了留置的变更和解除规则，即监察机关发现采取留置措施不当或者不需要继续采取留置措施的，应当及时解除或者变更为责令候查措施。这其中隐含了监察机关进行留置必要性审查的机制。监察机关应当及时按照本法第 24 条规定的留置条件审查留置的必要性，主动发现采取留置措施不当或者不需要继续采取留置措施的情形，并及时作出变更或解除的决定，才能有效避免对调查对象的权利造成不必要的损害。对于不必要留置的人员是直接解除留置措施还是变更为责令候查，应当由监察机关根据调查工作的实际需要，结合本法第 23 条有关责令候查条件的规定，作出准确的判断。

关联规定

《监察法实施条例》

第一百零一条 留置时间不得超过三个月，自向被留置人员宣布之日起算。具有下列情形之一的，经审批可以延长一次，延长时间不得超过三个月：

（一）案情重大，严重危害国家利益或者公共利益的；

（二）案情复杂，涉案人员多、金额巨大，涉及范围广的；

（三）重要证据尚未收集完成，或者重要涉案人员尚未到案，导致违法犯罪的主要事实仍须继续调查的；

（四）其他需要延长留置时间的情形。

省级以下监察机关采取留置措施的，延长留置时间应当报上一级监察机关批准。

延长留置时间的，应当在留置期满前向被留置人员宣布延长留置时间的决定，要求其在《延长留置时间决定书》上签名、捺指印。被留置人员拒绝签名、捺指印的，调查人员应当在文书上记明。

延长留置时间的，应当通知被留置人员家属。

第一百零二条 对被留置人员不需要继续采取留置措施的，应当按规定报批，及时解除留置。

调查人员应当向被留置人员宣布解除留置措施的决定，由其在《解除留置决定书》上签名、捺指印。被留置人员拒绝签名、捺指印的，调查人员应当在文书上记明。

解除留置措施的，应当及时通知被留置人员所在单位或者家属。调查人员应当与交接人办理交接手续，并由其在《解除留置通知书》上签名。无法通知或者有关人员拒绝签名的，调查人员应当在文书上记明。

案件依法移送人民检察院审查起诉的，留置措施自犯罪嫌疑人被执行拘留时自动解除，不再办理解除法律手续。

《刑事诉讼法》

第九十五条 犯罪嫌疑人、被告人被逮捕后，人民检察院仍应当对羁押的必要性进行审查。对不需要继续羁押的，应当建议予以释放或者变更强制措施。

有关机关应当在十日以内将处理情况通知人民检察院。

第九十六条　人民法院、人民检察院和公安机关如果发现对犯罪嫌疑人、被告人采取强制措施不当的，应当及时撤销或者变更。公安机关释放被逮捕的人或者变更逮捕措施的，应当通知原批准的人民检察院。

第九十七条　犯罪嫌疑人、被告人及其法定代理人、近亲属或者辩护人有权申请变更强制措施。人民法院、人民检察院和公安机关收到申请后，应当在三日以内作出决定；不同意变更强制措施的，应当告知申请人，并说明不同意的理由。

> **第四十九条　【公安机关的协助义务】**
> 监察机关采取强制到案、责令候查、管护、留置措施，可以根据工作需要提请公安机关配合。公安机关应当依法予以协助。
> 省级以下监察机关留置场所的看护勤务由公安机关负责，国家监察委员会留置场所的看护勤务由国家另行规定。留置看护队伍的管理依照国家有关规定执行。

重点解读

本条是关于公安机关在监察机关采取部分监察措施时协助义务的规定。对比原规定，本条的修改之处主要包括两个方面。

其一是在公安机关的协助义务范围上增加了"强制到案、责令候查、管护"三项措施，如此修改的原因主要在于新《监察法》增加的这三项监察措施与留置措施类似，都需要公安机关协助配合以弥补监察机关在强制性措施执行方面的权限缺失，以保障监察机关能够有效行使职权、三项新增监察措施能够有效实施。从合法性角度分析，强制性监察措施的执行权限由公安机关协助行使是由我国国家机关反腐败任务的共同性所决定的，公安机关作为我国武装性质的治安行政和刑事执法机关，本就承担打击职务犯罪、推动国家反腐工作的任务，有利于构建科学有效的警监协助机制，形成反腐合力。从现实办案的效率角度，监察机关与公安机关相比在调查和执行的专业性上存在一定不足，公安机关在抓捕和看护等方面具有丰富经验。因此，由公安机关协助监察机关采取强制性监察措施有利于降低执行成本，提高办案效率。

其二是增加了关于留置场所看护勤务的责任分配和留置看护队伍组建的规定。自2018年监察体制改革以来，留置措施作为监察机关办案的唯一强制措施在实践当中的适用率较高，而旧《监察法》在留置看护方面并没有涉及，导致实践当中监察留置看护的规范缺失和实施乱象。因此，基于实践当中留置看护对于法律规范指导的需求，新《监察法》在本条当中对留置看护的事项进行了规定。在责任分配上，本条将留置场所的看护勤务主体限定在唯一的公安机关，并没有使用"等""其他执法部门"的表述，是对实践当中留置看护主体不一问题的回应。在级别上，《监察法》保留了国家监委留置场所的看护权限，并没有将其交由中央公安部行使，如此规定的原因主要是对国家监委办案保密性的考量。除此之外，在留置看护的队伍建设方面，考虑到各级监察机关实践情况的复杂性，《监察法》采用了原则性规定。

典型案例

监察留置看护人员的监督管理问题——扎鲁特旗人民检察院诉警务辅助人员兰某帮助犯罪分子逃避处罚罪案件[①]

基本案情

公诉机关扎鲁特旗人民检察院。

被告人兰某，男，1983年3月10日出生，高中文化，扎鲁特旗公安局警务辅助人员，群众，户籍所在地内蒙古自治区通辽市，现住址扎鲁特旗鲁北镇（鲁安消防）。2021年8月26日，因涉嫌帮助犯罪分子逃避处罚罪被取保候审。

扎鲁特旗人民检察院指控，2019年11月22日，扎鲁特旗监察委员会对涉嫌职务犯罪的通辽市公安局交管支队原副支队长孙某采取留置措施。2020年1月25日，被告人兰某在扎鲁特旗廉政教育管理中心执行看护任务时，孙某请求兰某帮

[①] 中国裁判文书网：内蒙古自治区扎鲁特旗人民法院［（2021）内0526刑初308号］刑事判决书。

忙传递消息给家属。2020年1月26日，兰某执行看护任务时将看护人员专用的记录本放在孙某桌子上，孙某撕下一页纸后书写了主要内容为"萱，家里怎么样，你怎么样，孩子怎么样，我肯定是判刑了，你看能不能找人帮帮忙，给持条人拿点钱"的纸条交给兰某，并口头告知兰某其朋友王某的手机号码。兰某联系王某后，当晚驾车到科尔沁区桃李小区王某家中与孙某妻子赵某见面，并将纸条转交给赵某。赵某看完后将纸条交还给兰某，并给予兰某2万元人民币。

2020年1月28日，赵某电话联系兰某并与其约定在鲁北镇长峰国际酒店休闲洗浴会馆外见面，赵某向兰某咨询能否为孙某安排律师见面、能否找人帮忙等信息后，给予兰某两瓶五粮液白酒和两条冬虫夏草香烟。

2020年2月14日至3月6日期间，兰某以打电话方式帮助孙某给赵某传递消息4次，主要内容分别为：2020年2月17日，传递内容"歌厅南墙暖气片柜子中的档案盒内有5万元钱"；2020年2月20日，传递内容"给家中几台汽车充电，问赵某找人情况"；2020年2月23日，传递内容"给孙某手机号码充话费"；2020年2月26日，传递内容"将孙某放在老丈人家车库里的茶叶和酒拿回家"。

上述事实，被告人兰某在开庭审理过程中均无异议，且有扎鲁特旗公安局移送案件函、案发经过及到案经过、立案决定书、扣押文书、户籍信息、入职文件、交代材料、情况说明、兰某等七人通话记录、看护人员交接班登记簿、通辽市公安局留置看护监管中心管理制度、公安看护五不准十五项、随案移送清单、兰某涉案资金结算票据、工商银行业务委托书回执、五粮液白酒两瓶、冬虫夏草香烟两条，证人孙某、赵某、王某等人证言，被告人兰某供述与辩解等证据证实，足以认定。

裁判结果

内蒙古自治区扎鲁特旗人民法院于2021年10月12日以（2021）内0526刑初308号刑事判决，判决兰某犯帮助犯罪分子逃避处罚罪，判处有期徒刑一年，缓刑一年六个月。对兰某上缴的涉案款人民币2万元、两瓶五粮液白酒和两条冬虫夏草香烟予以没收，上缴国库，由收缴机关负责处理。

判决理由

法院生效裁判认为：被告人兰某在扎鲁特旗廉政教育管理中心执行看护任

务期间，向犯罪分子通风报信、提供便利，帮助犯罪分子逃避处罚，其行为已构成帮助犯罪分子逃避处罚罪。公诉机关指控被告人兰某犯帮助犯罪分子逃避处罚罪的事实及罪名成立。被告人兰某到案后如实供述其犯罪事实，系坦白，可对其从轻处罚。被告人自愿认罪认罚，可以从宽处理。综合案发起因、被告人犯罪性质、情节、社会危害程度、悔罪表现、自愿认罪认罚、初犯及有坦白情节等，从教育挽救及贯彻宽严相济的刑事政策出发，依据罪责刑相适应的原则，决定对被告人从轻处罚。对被告人适用缓刑确实不致再危害社会，可对其宣告缓刑。对被告人兰某依照《刑法》第四百一十七条、第六十七条第三款、第六十四条、第七十二条第一款、第七十三条第二款及第三款之规定，依法作出了上述判决。

关联规定

《刑法》

第四百一十七条　有查禁犯罪活动职责的国家机关工作人员，向犯罪分子通风报信、提供便利，帮助犯罪分子逃避处罚的，处三年以下有期徒刑或者拘役；情节严重的，处三年以上十年以下有期徒刑。

第五十条　【管护、留置的程序与相关人员合法权益保障】

采取管护或者留置措施后，应当在二十四小时以内，通知被管护人员、被留置人员所在单位和家属，但有可能伪造、隐匿、毁灭证据，干扰证人作证或者串供等有碍调查情形的除外。有碍调查的情形消失后，应当立即通知被管护人员、被留置人员所在单位和家属。解除管护或者留置的，应当及时通知被管护人员、被留置人员所在单位和家属。

被管护人员、被留置人员及其近亲属有权申请变更管护、留置措施。监察机关收到申请后，应当在三日以内作出决定；不同意变更措施的，应当告知申请人，并说明不同意的理由。

> 监察机关应当保障被强制到案人员、被管护人员以及被留置人员的饮食、休息和安全，提供医疗服务。对其谈话、讯问的，应当合理安排时间和时长，谈话笔录、讯问笔录由被谈话人、被讯问人阅看后签名。
>
> 被管护人员、被留置人员涉嫌犯罪移送司法机关后，被依法判处管制、拘役或者有期徒刑的，管护、留置一日折抵管制二日，折抵拘役、有期徒刑一日。

重点解读

本条是关于管护、留置期间监察机关的工作程序，以及被管护人员、被留置人员的合法权益保障的规定。对比原《监察法》第44条规定，本条的修改变动较大。为了更好地厘清立法者对此条款的改动逻辑，按照具体的修改内容为划分依据，本条的变动主要包括以下五个方面。

第一，本条在原《监察法》第44条的基础之上，将管护措施纳入了本条的适用范围，使得本条成为关于管护、留置期间监察机关工作要求的规定。主要体现在本条第1款关于采取措施之后通知被管护人员、被留置人员所在单位和家属的规定，第3款关于保障被管护人员、被留置人员的饮食、休息等权益和第4款刑期折抵三个方面。这几处修改都是在原规定的基础之上进行了措辞调整，使得原规定在整体内容上同样适用于管护措施。如此修改的原因在于此次修改新增的管护措施与留置措施在适用效果上类似，都会导致被管护人员、被留置人员人身自由的剥夺。因此，监察机关在管护期间同样需要遵循留置期间的程序性规定，保障被管护人员的合法权益，促进管护措施的规范化、法治化。此外需要注意的是，本条第3款在饮食、休息等合法权益保障方面，还增加了"被强制到案人员"。如此规定的原因主要在于虽然强制到案措施只是对被调查人人身自由的短期限制，但是存在监察机关连续适用强制到案措施以变相剥夺被调查人人身自由、达到管护和留置措施效果的风险。因此，有必要将被强制到案人员纳入此条款的适用范围，充分保障被调查人的合法权益，这与《刑事诉讼法》第119条第3款规定中，避免传唤、拘传措施的连续适用以达到变相羁押效果的立法精神相似。

第二，本条第1款在采取管护、留置措施之后通知被管护人员、被留置人员所在单位和家属的例外情形上，将"毁灭、伪造证据"修改为"伪造、隐匿、毁灭证据"，即本条款在对有碍调查情形进行列举时增加了"隐匿证据"的情形。从《监察法》的立法原意分析，规定此条款的目的在于保障被管护人员、被留置人员的合法权益及其近亲属和所在单位的知情权，避免被管护人员、被留置人员的近亲属和所在单位误以为其出现意外，引起不必要的猜测和恐慌。同时，《监察法》考虑到监察办案的需求，规定了存在有碍调查情形时可以暂时不予通知，以实现保护被调查人合法权益和办案效率的平衡，与《刑事诉讼法》第85条第2款中通知被拘留人家属的规定所蕴含的立法精神一致。但是，此次《监察法》修改新增"隐匿证据"这一有碍调查证据情形，在相关法律法规当中却鲜有涉及。比如，《最高人民法院关于适用〈刑事诉讼法〉的解释》第164条、《公安机关办理刑事案件程序规定》第52条、《刑法》第307条中，相关表述均为"毁灭、伪造证据"而并没有"隐匿"这一表述。我们认为，《监察法》此处增加"隐匿"这一表述，一方面是对监察调查实践需求的回应，另一方面是从立法上细化"有碍调查"情形，避免实践当中过分解读"等有碍调查情形"的内涵，以规范此条款在实践当中的运用。

第三，本条第1款新增了解除管护、留置措施时通知被管护人员、被留置人员所在单位和家属的规定。由于监察机关采取管护、留置措施期间封闭性较强，监察机关出于办案需要通常对案情进行保密，因此被管护人员、被留置人员所在单位和家属往往很难在管护、留置期间了解其有关情况。《监察法》新增这一项内容，规定管护、留置措施解除时和采取时都应通知被管护人员、被留置人员所在单位和家属，使得其能够了解监察机关办案的开始和结束，以便被管护人员、被留置人员在恢复人身自由之后的合法权益及时得到保障。而相比之下，《刑事诉讼法》在逮捕、拘留等措施的规定当中只涉及采取措施时的通知程序，并未规定措施解除之后的通知事宜，体现了此次《监察法》修正在监察对象及相关人员合法权益保障方面的完善。

第四，本条新增第2款，规定了被管护人员、被留置人员及其近亲属申请变更管护、留置措施的权利。从条款内容来看，本条款主要参照了《刑事诉讼法》第97条关于犯罪嫌疑人、被告人及其法定代理人、近亲属或者辩护人申请变更强制措施权利的规定。从立法精神来看，《监察法》新增此条款的目的也与《刑事诉讼法》第97条大致相同，即为被管护人员、被留置人员及其近亲属提供救济方式，避免实践当中被管护人员、被留置人员合法权益受到侵害时无法救济的情况。结合目前监察机关办案阶段辩护律师无法介入的现状，此条款是贯彻《监察法》保护监察对象及相关人员合法权益基本原则的重要表现，有利于保障监察机关办理案件的程序正义。

第五，本条第3款将谈话措施纳入了管护、留置期间程序规定的范围内，规定谈话同样需要合理安排时间和时长，谈话笔录同样需要由被谈话人阅看后签名。针对此处"谈话"的内涵，由于《监察法》和《监察法实施条例》当中存在多处"谈话"，包括问题线索处置阶段、初步核实阶段、立案调查阶段和监察处置阶段的谈话，而此条款当中谈话的对象为被管护人员和被留置人员。因此，此处的"谈话"专指在监察调查阶段调查人员对被管护人员和被留置人员采取的谈话措施。此外，《监察法实施条例》第74条至第79条详细规定了监察调查阶段与被调查人进行谈话应当遵守的程序规定，在具体内容上此次《监察法》修改吸收了第77条和第78条的内容，以实现《监察法》与《监察法实施条例》的统一，为监察调查阶段谈话措施的法定化、规范化提供法律依据。

从以上关于本条修订情况的梳理可以得知，《监察法》此次修改在新增几项监察措施的同时，针对在采取管护、留置等剥夺人身自由类监察措施期间的监察对象权益保护，《监察法》同样进行了较为详细的完善，从立法角度督促监察机关依法采取监察措施，保障监察对象及相关主体的合法权益。更进一步来讲，如此的修正安排表明管护、留置等监察措施的设置，其目的不仅在于实现对被调查人的人身控制、保障监察调查工作的进行，还在于通过在管护、留置期间对其合法权利的保障从而感化、教育被管护人员、被留置人员，使其能够真心认错、悔错，如实供述所涉案件的真实情况，配合监察机关的调查工作，实现对违纪违法监察对象的个体改造，体现监察机关"惩前毖后、治病救人"的工作方针。

典型案例

监察留置措施教育感化功能——郑州市儿童医院设备科副科长崔某受贿案[①]

2019年3月,长期在河南省郑州市儿童医院负责医疗耗材采购工作的崔某因涉嫌严重违纪违法接受河南省郑州市金水区纪委监委审查调查并被采取留置措施。崔某因担心违纪违法行为暴露,曾与妻子离婚、向单位申请辞职,并试探性退缴了部分赃款。但在到案初期,由于对党规党纪法律、违纪违法事实的错误认识,崔某面对办案人员只是低头沉默、一言不发,并表现出怀疑、对立和不信任的态度。面对这样的办案困境,金水区纪委监委审查调查组在严格执纪执法的同时坚持换位思考,以诚相待,注重依靠感情来尊重、影响、教育和感化崔某。崔某在采访中表示,他在到案初期仍抱有侥幸和逃避心理,对违纪违法事实有所隐瞒以逃避法律责任,但通过留置期间的多次谈话,他的心态发生了转变,愿意主动和监察办案人员进行沟通,并将其视为自己的人生导师。因此,金水区纪委监委审查调查组通过三个月留置期间的点滴关怀和潜移默化的谈话教育,改变了崔某拒不供述的态度,促使其如实供述违纪违法犯罪事实,推动监察办案进程。

关联规定

《监察法实施条例》

第七十七条 与被调查人进行谈话,应当合理安排时间、控制时长,保证其饮食和必要的休息时间。

第七十八条 谈话笔录应当在谈话现场制作。笔录应当详细具体,如实反映谈话情况。笔录制作完成后,应当交给被调查人核对。被调查人没有阅读能力的,应当向其宣读。

笔录记载有遗漏或者差错的,应当补充或者更正,由被调查人在补充或者

[①] 《留置期间从沉默抗拒到幡然醒悟,什么改变了他?》,载中央纪委国家监委网站,https://v.ccdi.gov.cn/2020/09/02/VIDExQSZGgMrE6CfHhRDJiy0200902.shtml,最后访问时间:2024年12月19日。

更正处捺指印。被调查人核对无误后,应当在笔录中逐页签名、捺指印。被调查人拒绝签名、捺指印的,调查人员应当在笔录中记明。调查人员也应当在笔录中签名。

《刑事诉讼法》

　　第八十五条　公安机关拘留人的时候,必须出示拘留证。

　　拘留后,应当立即将被拘留人送看守所羁押,至迟不得超过二十四小时。除无法通知或者涉嫌危害国家安全犯罪、恐怖活动犯罪通知可能有碍侦查的情形以外,应当在拘留后二十四小时以内,通知被拘留人的家属。有碍侦查的情形消失以后,应当立即通知被拘留人的家属。

　　第九十七条　犯罪嫌疑人、被告人及其法定代理人、近亲属或者辩护人有权申请变更强制措施。人民法院、人民检察院和公安机关收到申请后,应当在三日以内作出决定;不同意变更强制措施的,应当告知申请人,并说明不同意的理由。

　　第一百一十九条　对不需要逮捕、拘留的犯罪嫌疑人,可以传唤到犯罪嫌疑人所在市、县内的指定地点或者到他的住处进行讯问,但是应当出示人民检察院或者公安机关的证明文件。对在现场发现的犯罪嫌疑人,经出示工作证件,可以口头传唤,但应当在讯问笔录中注明。

　　传唤、拘传持续的时间不得超过十二小时;案情特别重大、复杂,需要采取拘留、逮捕措施的,传唤、拘传持续的时间不得超过二十四小时。

　　不得以连续传唤、拘传的形式变相拘禁犯罪嫌疑人。传唤、拘传犯罪嫌疑人,应当保证犯罪嫌疑人的饮食和必要的休息时间。

《公安机关办理刑事案件程序规定》

　　第五十二条　对危害国家安全犯罪案件、恐怖活动犯罪案件,办案部门应当在将犯罪嫌疑人送看守所羁押时书面通知看守所;犯罪嫌疑人被监视居住的,应当在送交执行时书面通知执行机关。

　　辩护律师在侦查期间要求会见前款规定案件的在押或者被监视居住的犯罪嫌疑人,应当向办案部门提出申请。

　　对辩护律师提出的会见申请,办案部门应当在收到申请后三日以内,报经县级以上公安机关负责人批准,作出许可或者不许可的决定,书面通知辩护律师，并及时通知看守所或者执行监视居住的部门。除有碍侦查或者可能泄露国家秘密的情形外，应当作出许可的决定。

公安机关不许可会见的，应当说明理由。有碍侦查或者可能泄露国家秘密的情形消失后，公安机关应当许可会见。

有下列情形之一的，属于本条规定的"有碍侦查"：

（一）可能毁灭、伪造证据，干扰证人作证或者串供的；

（二）可能引起犯罪嫌疑人自残、自杀或者逃跑的；

（三）可能引起同案犯逃避、妨碍侦查的；

（四）犯罪嫌疑人的家属与犯罪有牵连的。

《刑法》

第三百零七条 以暴力、威胁、贿买等方法阻止证人作证或者指使他人作伪证的，处三年以下有期徒刑或者拘役；情节严重的，处三年以上七年以下有期徒刑。

帮助当事人毁灭、伪造证据，情节严重的，处三年以下有期徒刑或者拘役。

司法工作人员犯前两款罪的，从重处罚。

第五十一条　【调查终结的程序】

监察机关在调查工作结束后，应当依法对案件事实和证据、性质认定、程序手续、涉案财物等进行全面审理，形成审理报告，提请集体审议。

重点解读

本条是关于监察机关调查终结程序的规定。

作为此次修改中的新增条款，本条规定了监察机关在调查工作结束之后应当遵循的程序，使监察调查和监察处置在程序上得以良好衔接，弥补了《监察法》当中监察调查到监察处置的程序空白，有利于《监察法》的程序公正。在具体内容上，第一，本条规定监察机关在调查工作结束后依法全面审理的范围包括"案件事实和证据、性质认定、程序手续、涉案财物等"方面，这与《监察法实施条例》第192条中的表述一致，体现了《监察法》与《监察法实施条例》的衔接、监察调查组与案件审理部门在审查内容上的一致性。第二，本条规定监察机关形成审理报告之后应当提请集体审议，这是对《监察法》第2条"构建集中统一、权威高效的中国特色国家监察体制"的体现，表明监察机关坚持民主集中制的原则，在重大事项上应当集体研究，严格按照权限履行请示报告程序。同样的立法精神在《监察法》第34条、第35条、第45条、第47条以及《监察法实施条例》的多个条文中有所体现，这些条文构建起监察机关重大事项集体讨论制度的框架，有利于提升监察机关在重大事项上决策的严谨性，维护监察机关办案的实体公正和程序公正。

关 联 规 定

《监察法实施条例》

第六条 监察机关坚持民主集中制，对于线索处置、立案调查、案件审理、处置执行、复审复核中的重要事项应当集体研究，严格按照权限履行请示报告程序。

第三十四条 监察机关在追究违法的公职人员直接责任的同时，依法对履行职责不力、失职失责，造成严重后果或者恶劣影响的领导人员予以问责。

监察机关应当组成调查组依法开展问责调查。调查结束后经集体讨论形成调查报告，需要进行问责的按照管理权限作出问责决定，或者向有权作出问责决定的机关、单位书面提出问责建议。

第一百八十八条 调查组在调查工作结束后应当集体讨论，形成调查报告。调查报告应当列明被调查人基本情况、问题线索来源及调查依据、调查过程，涉嫌的主要职务违法或者职务犯罪事实，被调查人的态度和认识，处置建议及法律依据，并由调查组组长以及有关人员签名。

对调查过程中发现的重要问题和形成的意见建议，应当形成专题报告。

第一百九十三条 审理工作应当坚持民主集中制原则，经集体审议形成审理意见。

第一百九十七条 审理工作结束后应当形成审理报告，载明被调查人基本情况、调查简况、涉嫌违法或者犯罪事实、被调查人态度和认识、涉案财物处置、承办部门意见、审理意见等内容，提请监察机关集体审议。

对被调查人涉嫌职务犯罪需要追究刑事责任的，应当形成《起诉意见书》，作为审理报告附件。《起诉意见书》应当忠实于事实真象，载明被调查人基本情况，调查简况，采取留置措施的时间，依法查明的犯罪事实和证据，从重、从轻、减轻或者免除处罚等情节，涉案财物情况，涉嫌罪名和法律依据，采取强制措施的建议，以及其他需要说明的情况。

案件审理部门经审理认为现有证据不足以证明被调查人存在违法犯罪行为，且通过退回补充调查仍无法达到证明标准的，应当提出撤销案件的建议。

第一百九十九条 被指定管辖的监察机关在调查结束后应当将案件移送审理，提请监察机关集体审议。

上级监察机关将其所管辖的案件指定管辖的，被指定管辖的下级监察机关应当按照前款规定办理后，将案件报上级监察机关依法作出政务处分决定。上级监察机关在作出决定前，应当进行审理。

上级监察机关将下级监察机关管辖的案件指定其他下级监察机关管辖的，被指定管辖的监察机关应当按照第一款规定办理后，将案件送交有管理权限的监察机关依法作出政务处分决定。有管理权限的监察机关应当进行审理，审理意见与被指定管辖的监察机关意见不一致的，双方应当进行沟通；经沟通不能取得一致意见的，报请有权决定的上级监察机关决定。经协商，有管理权限的监察机关在被指定管辖的监察机关审理阶段可以提前阅卷，沟通了解情况。

对于前款规定的重大、复杂案件，被指定管辖的监察机关经集体审议后将处理意见报有权决定的上级监察机关审核同意的，有管理权限的监察机关可以经集体审议后依法处置。

第二百一十一条 复审、复核机关承办部门应当成立工作组，调阅原案卷宗，必要时可以进行调查取证。承办部门应当集体研究，提出办理意见，经审批作出复审、复核决定。决定应当送达申请人，抄送相关单位，并在一定范围内宣布。

复审、复核期间，不停止原处理决定的执行。复审、复核机关经审查认定处理决定有错误或者不当的，应当依法撤销、变更原处理决定，或者责令原处理机关及时予以纠正。复审、复核机关经审查认定处理决定事实清楚、适用法律正确的，应当予以维持。

坚持复审复核与调查审理分离，原案调查、审理人员不得参与复审复核。

第二百一十三条 涉嫌职务犯罪的被调查人和涉案人员符合监察法第三十一条、第三十二条规定情形的，结合其案发前的一贯表现、违法犯罪行为的情节、后果和影响等因素，监察机关经综合研判和集体审议，报上一级监察机关批准，可以在移送人民检察院时依法提出从轻、减轻或者免除处罚等从宽处罚建议。报请批准时，应当一并提供主要证据材料、忏悔反思材料。

上级监察机关相关监督检查部门负责审查工作，重点审核拟认定的从宽处罚情形、提出的从宽处罚建议，经审批在十五个工作日以内作出批复。

第二百三十二条 对于贪污贿赂、失职渎职等职务犯罪案件，被调查人逃匿，在通缉一年后不能到案，或者被调查人死亡，依法应当追缴其违法所得及其他涉案财产的，承办部门在调查终结后应当依法移送审理。

监察机关应当经集体审议，出具《没收违法所得意见书》，连同案卷材料、证据等，一并移送人民检察院依法提出没收违法所得的申请。

监察机关将《没收违法所得意见书》移送人民检察院后，在逃的被调查人自动投案或者被抓获的，监察机关应当及时通知人民检察院。

第二百三十三条 监察机关立案调查拟适用缺席审判程序的贪污贿赂犯罪案件，应当逐级报送国家监察委员会同意。

监察机关承办部门认为在境外的被调查人犯罪事实已经查清，证据确实、充分，依法应当追究刑事责任的，应当依法移送审理。

监察机关应当经集体审议，出具《起诉意见书》，连同案卷材料、证据等，一并移送人民检察院审查起诉。

在审查起诉或者缺席审判过程中，犯罪嫌疑人、被告人向监察机关自动投案或者被抓获的，监察机关应当立即通知人民检察院、人民法院。

第五十二条 【监察处置的方式】

监察机关根据监督、调查结果,依法作出如下处置:

(一)对有职务违法行为但情节较轻的公职人员,按照管理权限,直接或者委托有关机关、人员,进行谈话提醒、批评教育、责令检查,或者予以诫勉;

(二)对违法的公职人员依照法定程序作出警告、记过、记大过、降级、撤职、开除等政务处分决定;

(三)对不履行或者不正确履行职责负有责任的领导人员,按照管理权限对其直接作出问责决定,或者向有权作出问责决定的机关提出问责建议;

(四)对涉嫌职务犯罪的,监察机关经调查认为犯罪事实清楚,证据确实、充分的,制作起诉意见书,连同案卷材料、证据一并移送人民检察院依法审查、提起公诉;

(五)对监察对象所在单位廉政建设和履行职责存在的问题等提出监察建议。

监察机关经调查,对没有证据证明被调查人存在违法犯罪行为的,应当撤销案件,并通知被调查人所在单位。

重点解读

本条是关于监察机关根据监督、调查结果依法履行处置职责的方式的规定。虽然此次《监察法》修改并没有对本条进行变动,但是自 2018 年旧《监察法》颁布以来,与本条相关的法律法规进行了颁布和修订,且实践当中本条对于监察机关处置案件具有核心指导意义,因而有必要结合法律法规变动情况和实践情况对本条文的内涵进行再解读。

本条分为两款,第 1 款列举了监察机关根据监督、调查结果,依法由轻到重可以采取的五项处置方式;第 2 款规定了撤销案件的情形,即"没有证据证明被调查人存在违法犯罪行为"。从立法目的角度分析，第52条一方面通过细化监察机关可以采取的五项监察处置方式，保障监察机关依法履行处置职责；另一方面为监察机关的处置权设定权力边界，规范监察机关依法行使处置权，防止监察机关滥用处置权限。

本条第1款第1项规定了"红红脸、出出汗"，最早在《党内监督条例》第7条中规定，是监督执纪"四种形态"中的第一种形态，具体包括"谈话提醒、批评教育、责令检查、诫勉"四种方式。2017年10月，监督执纪"四种形态"被写入《党章》。随着全面从严治党重大理论、实践和制度创新，运用监督执纪"四种形态"的要求也在不断改变。二十届中央纪委二次全会指出，要精准运用"四种形态"，"四种形态"适应新时代全面从严治党要求，坚持惩前毖后、治病救人方针，充分体现对干部的严管厚爱。二十届中央纪委三次全会要求，要以规范运用"四种形态"为导向严格纪律执行。加强对运用"四种形态"情况的动态分析与监督检查，及时发布典型案例，推动精准定性量纪执法。此外，2023年《纪律处分条例》进行修订，其中第5条的修改就参照了《监察法》的规定，细化了"红红脸、出出汗"的四种方式，体现"红红脸、出出汗"的重要理论和实践意义。

本条第1款第2项规定了政务处分，具体包括"警告、记过、记大过、降级、撤职、开除"六种方式。2018年旧《监察法》颁布之时，我国尚没有统一的公职人员政务处分法，对不同的公职人员，监察机关参照《公务员法》《行政机关公务员处分条例》《事业单位工作人员处分暂行规定》等进行政务处分。2020年6月，第十三届全国人大常务委员会第十九次会议通过了《政务处分法》，改变了我国公职人员政务处分规定较为分散的情况，也为监察机关给予政务处分提供了统一的法律依据。对此，《监察法》与《政务处分法》也应当做好法法衔接，如《政务处分法》第7条规定了政务处分的六种类型，与本条款保持一致。除此之外，在实践当中监察人员也应当注重《监察法》和《政务处分法》在适用上的衔接，准确把握两部法律之间的关系，正确行使监察处置权限。

本条第1款第3项规定了问责，包括直接作出问责决定和提出问责建议两种方式，是监察机关在开展廉政建设过程中落实监督责任的重要方式。2019年9月，《中国共产党问责条例》进行了修订。虽然监察委员会与纪律检查委员会性质不同、工作法规依据不同，但基于反腐败任务的共同性和监督对象的高度重合性，我国纪委和监委合署办公，实行一套工作机构、两个机关名称，以整合反腐败工作力量，推进执纪执法贯通。因此，《中国共产党问责条例》的修订对于监察委员会把握问责要求、实现对领导干部和公职人员的精准问责具有一定的借鉴意义。

本条第1款第4项规定了监察机关将职务犯罪案件移送审查起诉的处置方式，是监察机关办理职务犯罪案件与检察机关进行衔接的重要环节，也是《监察法》与《刑事诉讼法》实现法法衔接的重点内容，其中最为核心的就是对于监察机关移送审查起诉证明标准的把握。尽管监察机关在定位上与公安机关、检察机关不同，是国家监察职能的专责机关，但在职务犯罪案件的查处上，监察机关的调查工作与公安机关、人民检察院的侦查工作目的相同，都是查清犯罪事实，准确打击职务犯罪行为，维护社会公平正义。因此监察机关在移送审查起诉时同样要坚持"犯罪事实清楚，证据确实、充分"的证明标准，以事实为依据，以法律为准绳，实现监察调查与刑事诉讼的有效衔接。

本条第1款第5项规定了监察建议，其内容是针对监察对象所在单位廉政建设和履行职责等存在的问题。作为监察机关的处置方式之一，与《监察法》第34条、第35条、第41条中规定的建议不同，本条款规定的监察建议具有一定的法律效力，有关单位如果拒不执行或者无正当理由拒不采纳监察建议的，就要承担相应的法律责任，这也在《监察法》第71条中有所体现。在监察处置方式的体系之中，前四种处置方式注重发挥对公职人员腐败现象的个案惩治功能，减少腐败存量。而监察建议则是针对监察调查工作当中发现的廉政建设制度性和机制性问题，督促监察对象所在单位进行整改的处置方式，注重发挥标本兼治的功能，遏制腐败增量。因此，监察建议与前四项处置方式共同构建起了层次分明的监察处置体系，充分体现了"惩前毖后、治病救人"的工作方针，实现对腐败现象的综合治理。

第五章　监察程序

典 型 案 例

监察机关综合运用监督执纪"四种形态"——原中国银行业监督管理委员会处置非法集资办公室巡视员宋某英被开除党籍①

基本案情

中央纪委国家监委驻国家金融监督管理总局纪检监察组和河北省邯郸市监委对原中国银行业监督管理委员会处置非法集资办公室巡视员宋某英涉嫌严重违纪违法问题进行了纪律审查和监察调查。

经查，宋某英身为党员领导干部，丧失理想信念，背弃初心使命，违反组织原则，隐瞒不报个人有关事项，违规帮助他人入职金融机构；廉洁底线失守，违规收受、持有非上市公司股份，违规经商办企业；违反生活纪律；违规持有涉密资料；利用职务便利为他人在银行贷款、入职金融机构等方面谋利，并非法收受巨额财物。

宋某英严重违反党的组织纪律、廉洁纪律和生活纪律，构成严重职务违法并涉嫌受贿、利用影响力受贿犯罪，且在党的十八大、党的十九大后不收敛、不收手，性质严重，影响恶劣，应予严肃处理。依据《纪律处分条例》《监察法》《公职人员政务处分法》等有关规定，经国家金融监督管理总局党委会议研究决定，给予宋某英开除党籍处分，按规定取消其享受的待遇；收缴其违纪违法所得。经河北省邯郸市监委研究决定，将宋某英涉嫌犯罪问题移送检察机关依法审查起诉，所涉财物随案移送。

关 联 规 定

《党章》

第四十条　党的纪律主要包括政治纪律、组织纪律、廉洁纪律、群众纪律、工作纪律、生活纪律。

坚持惩前毖后、治病救人，执纪必严、违纪必究，抓早抓小、防微杜渐，

---

① 《原中国银行业监督管理委员会处置非法集资办公室巡视员宋某英被开除党籍》，载中央纪委国家监委网站：https：//www.ccdi.gov.cn/yaowenn/202312/t20231206_312566.html，最后访问时间：2024年12月19日。

· 207 ·

按照错误性质和情节轻重，给以批评教育、责令检查、诫勉直至纪律处分。运用监督执纪"四种形态"，让"红红脸、出出汗"成为常态，党纪处分、组织调整成为管党治党的重要手段，严重违纪、严重触犯刑律的党员必须开除党籍。

党内严格禁止用违反党章和国家法律的手段对待党员，严格禁止打击报复和诬告陷害。违反这些规定的组织或个人必须受到党的纪律和国家法律的追究。

《党内监督条例》

第七条 党内监督必须把纪律挺在前面，运用监督执纪"四种形态"，经常开展批评和自我批评、约谈函询，让"红红脸、出出汗"成为常态；党纪轻处分、组织调整成为违纪处理的大多数；党纪重处分、重大职务调整的成为少数；严重违纪涉嫌违法立案审查的成为极少数。

《纪律处分条例》

第五条 深化运用监督执纪"四种形态"，经常开展批评和自我批评，及时进行谈话提醒、批评教育、责令检查、诫勉，让"红红脸、出出汗"成为常态；党纪轻处分、组织调整成为违纪处理的大多数；党纪重处分、重大职务调整的成为少数；严重违纪涉嫌犯罪追究刑事责任的成为极少数。

《刑事诉讼法》

第一百六十二条 公安机关侦查终结的案件，应当做到犯罪事实清楚，证据确实、充分，并且写出起诉意见书，连同案卷材料、证据一并移送同级人民检察院审查决定；同时将案件移送情况告知犯罪嫌疑人及其辩护律师。

犯罪嫌疑人自愿认罪的，应当记录在案，随案移送，并在起诉意见书中写明有关情况。

《政务处分法》

第七条 政务处分的种类为：

（一）警告；

（二）记过；

（三）记大过；

（四）降级；

（五）撤职；

（六）开除。

第五十三条 【涉案财物的处置】

监察机关经调查，对违法取得的财物，依法予以没收、追缴或者责令退赔；对涉嫌犯罪取得的财物，应当随案移送人民检察院。

重点解读

本条是关于监察机关在调查过程中对于违法和涉嫌犯罪取得的财物如何处置的规定，是规范监察机关办案过程中对于涉案财物处置的重要规定。

涉案财物是指纪检监察机关依规依纪依法采取查封、扣押（暂扣、封存）、冻结、调取等措施提取或者固定，以及从其他单位和个人处接收的与案件有关的物品、文件和款项，包括违纪违法所得及其孳息、用于违纪违法的财物、非法持有的违禁品，以及其他与案件有关的财物及其孳息。涉案财物的处理是办理违纪、职务违法和职务犯罪案件的重要环节，规范涉案财物处理工作，是纪检监察机关提升工作水平、保障被审查调查人合法权益的重要举措。不仅如此，涉案财物的处理对于刑事案件的办理也至关重要，对于保障刑事诉讼的顺利进行、保护当事人和利害关系人的合法权益、确保司法公正具有重要意义。因此，虽然此次修改并没有对本条进行变动，但仍然有必要对本条进行重点解读，具体可以从以下两个方面进行理解。

第一，本条所指的涉案财物范围仅包括违法取得的财物和涉嫌犯罪取得的财物。根据上述涉案财物的概念，涉案财物的范围还应当包括用以实施违纪违法犯罪行为的本人财物、非法持有的违禁品等其他与案件有关的财物。因此本条所指的涉案财物范围并不完善，实践当中对于其他种类的涉案财物同样需要规范处置方式。

第二，涉案财物的处置方式包括予以没收、追缴、责令退赔和移送人民检察院。对于涉嫌职务犯罪的财物而言，根据《监察法实施条例》第 208 条的规定，涉嫌职务犯罪违法所得财物及孳息在随案移送人民检察院时，应当制作

《移送司法机关涉案财物清单》。而对于违法所得财物而言，除了本条规定的处置方式之外，对经认定不属于违法所得的财物及孳息，应当及时予以返还，并办理签收手续。此外，《监督执纪工作规则》第58条还规定了"登记上交"的处置方式，对于被审查调查人交代了违纪违法问题，但因证据缺失，纪检监察机关案件承办部门未能查明相关问题、无法认定存在违纪违法事实，或经查存在相关问题但无法明确涉及的财物或财产性利益的金额、价值等情况，可以按照规定予以登记上交。

典型案例

涉案财物的管理方式典例——江苏省阜宁县纪委监委的涉案财物管理[①]

"这是我室查办的县人大常委会办公室原主任科员孙某某案中两件涉案物品。一件是金如意，经鉴定价值人民币33687元；一件是南通刺绣一幅，经鉴定价值人民币6000元。这是物品和鉴定书，已经和孙某某当面核对无误后签字确认，现请保管室予以接收登记。"

根据孙某某案件进展，江苏省阜宁县纪委监委第一纪检监察室的陈某华、曹某两位同志依法与保管室负责人进行涉案物品交接，认真填写涉案物品移交单和涉案物资铭牌，并对交接过程同步录音录像。

在该县纪委监委涉案财物保管室内整齐有序的储物架上，贴着统一制作的铭牌，物品名称、编号、规格以及案件名称、入库日期、经手人员等信息一目了然。为保证物品储存的质量，温湿度测量仪器实时显示室内温湿度。室内防火防盗等设施配备齐全，联网的远程监控还可以让保管员随时查询保管室内情况。

为进一步规范涉案财物管理工作，阜宁县纪委监委强化程序意识和自我监督，制定严格的涉案财物管理制度，给涉案财物移交、保管和处置拧紧"安全阀"，打造涉案财物"明白账"，案件立案后，主办科室需到委机关财务科室对涉案违纪款履行暂扣程序，在暂扣款物审批表上，填写暂扣款物的名称、型号、规格、数量、质量、成色、纯度、颜色、新旧程度、来源等特征。会同涉案财

[①] 《江苏阜宁：规范管理 列出涉案财物明白账》，载中央纪委国家监委网站，https://www.ccdi.gov.cn/gzdtn/jcfc/202111/t20211108_150624.html，最后访问时间：2024年12月19日。

物持有人和见证人当场查点，让当事人当面核对无误后签字，再由承办室主任、分管常委、副书记签字同意后，将物品交由财务科暂扣。财务科室开具一式四份暂扣收据，一份放入卷宗外，其他交由财务科室、承办室、当事人各一份。

严把涉案财物处置进出"关口"，办案人员因调查、鉴定、质证等事由，确需调取涉案财物的，应当严格履行收付手续，保管人员对调取和送还情况详细登记并签字。发现有毁损、短少、灭失、调换等情况的，及时上报。移送检察机关审查起诉的，依照有关规定将涉案财物随案移送；依法返还涉案财物时，制作相关文书，报经委领导批准后，一式两份，由办案人、领取人分别签字。

该县纪委监委坚持涉案财物保管与办案相分离原则，涉案财物统一由案件监督管理室进行归口管理。同时，加强与相关部门、司法机关沟通协调，把相关要求贯穿审查调查、起诉、审判、执行等各个环节，确保每一笔涉案财物来源清楚、去向清晰。

关 联 规 定

《监察法实施条例》

第二百零八条 对查封、扣押、冻结的涉嫌职务犯罪所得财物及孳息应当妥善保管，并制作《移送司法机关涉案财物清单》随案移送人民检察院。对作为证据使用的实物应当随案移送；对不宜移送的，应当将清单、照片和其他证明文件随案移送。

对于移送人民检察院的涉案财物，价值不明的，应当在移送起诉前委托进行价格认定。在价格认定过程中，需要对涉案财物先行作出真伪鉴定或者出具技术、质量检测报告的，应当委托有关鉴定机构或者检测机构进行真伪鉴定或者技术、质量检测。

对不属于犯罪所得但属于违法取得的财物及孳息，应当依法予以没收、追缴或者责令退赔，并出具有关法律文书。

对经认定不属于违法所得的财物及孳息，应当及时予以返还，并办理签收手续。

《监督执纪工作规则》

第五十八条 对被审查调查人违规违纪违法所得财物，应当依规依纪依法予以收缴、责令退赔或者登记上交。

对涉嫌职务犯罪所得财物，应当随案移送司法机关。

对经认定不属于违规违纪违法所得的，应当在案件审结后依规依纪依法予以返还，并办理签收手续。

第五十四条　【检察机关对监察机关移送案件的处理】

对监察机关移送的案件，人民检察院依照《中华人民共和国刑事诉讼法》对被调查人采取强制措施。

人民检察院经审查，认为犯罪事实已经查清，证据确实、充分，依法应当追究刑事责任的，应当作出起诉决定。

人民检察院经审查，认为需要补充核实的，应当退回监察机关补充调查，必要时可以自行补充侦查。对于补充调查的案件，应当在一个月内补充调查完毕。补充调查以二次为限。

人民检察院对于有《中华人民共和国刑事诉讼法》规定的不起诉的情形的，经上一级人民检察院批准，依法作出不起诉的决定。监察机关认为不起诉的决定有错误的，可以向上一级人民检察院提请复议。

重点解读

本条是关于检察机关对监察机关移送的案件如何处理的规定。虽然我国监察体制改革之后职务犯罪案件主要由监察机关统一进行调查，但监察机关调查完毕后仍应当移送人民检察院审查起诉，案件即进入刑事诉讼程序。因此，本条对于移送起诉与审查起诉的衔接、监察调查与检察审查起诉的衔接、《监察法》与《刑事诉讼法》的衔接具有重要意义，具体可以从以下几个方面进行理解。

第一，强制措施上的衔接。根据《刑事诉讼法》第 170 条的规定，对于监察机关移送起诉的已采取留置措施的案件，人民检察院应当对犯罪嫌疑人先行拘留。如此规定的目的就在于避免监察机关在移送案件时被留置人的强制措施空白，保障刑事诉讼程序的顺利进行。但是，其还规定，对于决定采取先行拘留的时间并不计入检察机关审查起诉的期限，如此规定的结果便是，与公安机关侦查并移送的刑事案件相比，监察机关移送案件中的被调查人将会至多多出 14 天的先行拘留时间。对此学者进行了大量探讨，对于先行拘留的时间应当计入何种期限提出了不同的改革方案。

第二，作出起诉和不起诉决定。在理解本条第 2 款时应当注意，人民检察院作为我国唯一的公诉机关，在对公安机关、监察机关移送的案件进行审查时的标准应当是一致的，即"犯罪事实已经查清，证据确实、充分"。而本条第 4 款所指的"不起诉的情形"，则主要是《刑事诉讼法》第 16 条规定的"法定不起诉情形"和第 177 条规定的"人民检察院可以酌量不起诉的情形"。

第三，退回补充调查。首先，本条规定的人民检察院退回补充调查的方式为"应当退回监察机关补充调查，必要时可以自行补充侦查"，这与《刑事诉讼法》第 175 条规定的人民检察院对于公安机关移送的案件需要补充侦查的，"可以退回公安机关补充侦查，也可以自行侦查"存在差异，体现了职务犯罪案件的办理以及对监察机关职能特殊性的考量。其次，退回补充调查的原因主要包括认定犯罪事实的证据不够充分、犯罪事实发生重大变化或者案件办理过程中出现了新的同案犯等情形，对此《监察法实施条例》第 226 条和第 227 条进行了详细规定。

关联规定

《监察法实施条例》

第二百二十六条 监察机关对于人民检察院依法退回补充调查的案件，应当向主要负责人报告，并积极开展补充调查工作。

第二百二十七条 对人民检察院退回补充调查的案件，经审批分别作出下列处理：

（一）认定犯罪事实的证据不够充分的，应当在补充证据后，制作补充调查报告书，连同相关材料一并移送人民检察院审查，对无法补充完善的证据，应当作出书面情况说明，并加盖监察机关或者承办部门公章；

（二）在补充调查中发现新的同案犯或者增加、变更犯罪事实，需要追究刑事责任的，应当重新提出处理意见，移送人民检察院审查；

（三）犯罪事实的认定出现重大变化，认为不应当追究被调查人刑事责任的，应当重新提出处理意见，将处理结果书面通知人民检察院并说明理由；

（四）认为移送起诉的犯罪事实清楚，证据确实、充分的，应当说明理由，移送人民检察院依法审查。

《刑事诉讼法》

第十六条 有下列情形之一的，不追究刑事责任，已经追究的，应当撤销案件，或者不起诉，或者终止审理，或者宣告无罪：

（一）情节显著轻微、危害不大，不认为是犯罪的；

（二）犯罪已过追诉时效期限的；

（三）经特赦令免除刑罚的；

（四）依照刑法告诉才处理的犯罪，没有告诉或者撤回告诉的；

（五）犯罪嫌疑人、被告人死亡的；

（六）其他法律规定免予追究刑事责任的。

第一百七十条 人民检察院对于监察机关移送起诉的案件，依照本法和监察法的有关规定进行审查。人民检察院经审查，认为需要补充核实的，应当退回监察机关补充调查，必要时可以自行补充侦查。

对于监察机关移送起诉的已采取留置措施的案件，人民检察院应当对犯罪嫌疑人先行拘留，留置措施自动解除。人民检察院应当在拘留后的十日以内作出是否逮捕、取保候审或者监视居住的决定。在特殊情况下，决定的时间可以延长一日至四日。人民检察院决定采取强制措施的期间不计入审查起诉期限。

第一百七十七条 犯罪嫌疑人没有犯罪事实，或者有本法第十六条规定的情形之一的，人民检察院应当作出不起诉决定。

对于犯罪情节轻微，依照刑法规定不需要判处刑罚或者免除刑罚的，人民检察院可以作出不起诉决定。

人民检察院决定不起诉的案件，应当同时对侦查中查封、扣押、冻结的财物解除查封、扣押、冻结。对被不起诉人需要给予行政处罚、处分或者需要没收其违法所得的，人民检察院应当提出检察意见，移送有关主管机关处理。有关主管机关应当将处理结果及时通知人民检察院。

> **第五十五条　【被调查人逃匿、死亡案件的违法所得没收程序】**
> 监察机关在调查贪污贿赂、失职渎职等职务犯罪案件过程中，被调查人逃匿或者死亡，有必要继续调查的，应当继续调查并作出结论。被调查人逃匿，在通缉一年后不能到案，或者死亡的，由监察机关提请人民检察院依照法定程序，向人民法院提出没收违法所得的申请。

重点解读

本条是关于被调查人逃匿、死亡案件违法所得没收程序的规定。通过对比可以发现，此次修改删去了原条文当中"经省级以上监察机关批准"的条件，意味着监察机关提请人民检察院启动违法所得没收程序不再需要进行外部审批，只需要在满足实体条件的同时通过监察机关内部集体审议即可。事实上在2021年出台的《监察法实施条例》第232条当中，就已经没有了"经省级以上监察机关批准"这样的表述，因此自《监察法实施条例》颁布以来，实务当中监察机关就面临着"按照《监察法》需要批准、按照《监察法实施条例》不需要批准"的两难境地。此次《监察法》修改可谓是终结了这个局面，实现了立法表述上的统一。

那么，为什么旧《监察法》在制定之时规定了"经省级以上监察机关批准"这样的条件呢？在2018年《监察法》颁布之前，《公安机关办理刑事案件程序规定》第328条规定，公安机关对于犯罪嫌疑人逃匿、死亡应当追缴其违法所得及其他涉案财物的案件，只需满足"经县级以上公安机关负责人批准"的条件，即可移送同级人民检察院、启动违法所得没收程序。即使在2020年修正之后，此条款也并没有变动。由此可以得知，2018年《监察法》是在原有制度之上，在监察机关启动违法所得没收程序的条件中增加了"经省级以上监察机关批准"这一规定，以适应监察机关办案严谨性的要求，加强上级监察机关对下级监察机关的监督和领导。但是这样的规定在实践当中必然会降低监察机关的办案效率，影响对贪污贿赂、失职渎职等案件中违法所得的追缴，造成对国家财产、集体财产和公民个人合法财产的损失。因此，《监察法实施条例》的制定和此次《监察法》修改都删去了监察机关启动违法所得没收程序的外部审批条件，以及时、有效地追回涉案财物，避免不必要的损失。

典型案例

犯罪嫌疑人逃匿、死亡案件违法所得的没收——张某欣贪污违法所得没收案[①]

基本案情

2021年12月28日，青岛市中级人民法院对犯罪嫌疑人张某欣贪污违法所得没收案进行公开宣判，裁定没收高度可能属于张某欣贪污违法所得的5家公司100%股权及其转移至妻女在澳大利亚名下相关银行存款、房产、地块及其孳息。本案系我国第一个向境外申请诉前保全的违法所得没收案件。

经审理查明，犯罪嫌疑人张某欣涉嫌于2001年至2014年间，利用担任青岛华东葡萄酿酒有限公司总经理的职务便利，单独或伙同他人侵吞该公司资金。张某欣用部分侵吞款购买青岛华东葡萄酿酒有限公司和青岛葡萄酿酒有限公司部分股权，再通过分红等方式继续侵吞上述两家公司资金并购买该两家公司股权，涉嫌贪污共计折合人民币3.6245亿余元，并最终取得该两家公司100%股权。其间，张某欣用部分赃款注册成立3家公司用于转移违法所得，并将部分赃款转移至妻女在澳大利亚的银行账户用于购买房产、地块等。2014年11月4

[①] 《外逃死亡的犯罪嫌疑人张某欣贪污违法所得没收案一审公开宣判》，载最高人民检察院网：https://www.spp.gov.cn/zdgz/202112/t20211229_540198.shtml，最后访问时间：2024年12月19日。

日,张某欣逃匿境外,2016年5月17日在澳大利亚死亡。

裁判结果

青岛市中级人民法院认为,本案有证据证明犯罪嫌疑人张某欣实施了贪污犯罪行为,逃匿境外后死亡,检察机关申请没收的上述张某欣实际持有、控制100%股权的5家公司及其转移至妻女在澳大利亚名下共计1327万余澳元的银行存款、房产、地块及孳息高度可能属于张某欣实施贪污犯罪的违法所得及其他涉案财产,依法应当适用违法所得没收程序裁定予以没收。法庭遂作出上述裁定。

青岛市中级人民法院依法受理本案后,在开庭前6个月发出公告,并于2021年12月23日公开开庭审理本案。犯罪嫌疑人张某欣的弟弟张某爱、青岛饮料集团等利害关系人及诉讼代表人申请并到庭参加庭审和宣判等诉讼活动,其他利害关系人未申请或明确表示放弃参加诉讼。

人大代表、政协委员及各界群众近20人旁听了庭审和宣判。

此案由山东省青岛市人民检察院立案侦查,监察体制改革后,由青岛市监察委员会继续办理。2021年6月9日,青岛市人民检察院向青岛市中级人民法院提出没收犯罪嫌疑人张某欣贪污违法所得申请。2021年12月23日,青岛市中级人民法院公开开庭审理张某欣贪污违法所得没收一案,青岛市人民检察院指派检察员出庭支持申请。此次青岛市中级人民法院作出的裁定,对检察机关提出的没收申请全部支持。

关联规定

《监察法实施条例》

第二百三十二条 对于贪污贿赂、失职渎职等职务犯罪案件,被调查人逃匿,在通缉一年后不能到案,或者被调查人死亡,依法应当追缴其违法所得及其他涉案财产的,承办部门在调查终结后应当依法移送审理。

监察机关应当经集体审议,出具《没收违法所得意见书》,连同案卷材料、证据等,一并移送人民检察院依法提出没收违法所得的申请。

监察机关将《没收违法所得意见书》移送人民检察院后,在逃的被调查人自动投案或者被抓获的,监察机关应当及时通知人民检察院。

《公安机关办理刑事案件程序规定》

第三百三十九条 有下列情形之一，依照刑法规定应当追缴其违法所得及其他涉案财产的，经县级以上公安机关负责人批准，公安机关应当写出没收违法所得意见书，连同相关证据材料一并移送同级人民检察院：

（一）恐怖活动犯罪等重大犯罪案件，犯罪嫌疑人逃匿，在通缉一年后不能到案的；

（二）犯罪嫌疑人死亡的。

犯罪嫌疑人死亡，现有证据证明其存在违法所得及其他涉案财产应当予以没收的，公安机关可以进行调查。公安机关进行调查，可以依法进行查封、扣押、查询、冻结。

第五十六条 【复审、复核】

监察对象对监察机关作出的涉及本人的处理决定不服的，可以在收到处理决定之日起一个月内，向作出决定的监察机关申请复审，复审机关应当在一个月内作出复审决定；监察对象对复审决定仍不服的，可以在收到复审决定之日起一个月内，向上一级监察机关申请复核，复核机关应当在二个月内作出复核决定。复审、复核期间，不停止原处理决定的执行。复核机关经审查，认定处理决定有错误的，原处理机关应当及时予以纠正。

重点解读

本条是关于复审、复核制度的规定。根据《监察法》第 5 条的规定，监察机关应当依法保障监察对象及相关人员的合法权益，而复审复核申请权就是监察对象对涉及本人处理决定不服时的救济权利，是其保障自身合法权益的重要权利。本条从复审复核的程序、期限以及复审复核期间原处理决定的效力三个方面，初步规定了本法当中复审复核制度的基本内容。

除此之外,《监察法实施条例》第 210 条、第 211 条对监察机关办理复审复核案件提出了新的要求。第一,第 210 条第 2 款明确了复审复核决定的最终效力,即上一级监察机关的复核决定和国家监察委员会的复审、复核决定为最终决定,监察对象对此不能再提起复审或复核。第二,监察机关办理复审、复核案件时应当严格按照规定成立工作组,对申请主体资格和申请理由进行全面审查,必要时进行调查取证,经过集体研究作出复审、复核决定。第三,原处理决定的处理方式主要包括三种。对于原处理决定有错误或者不当的,应当依法撤销。原处理决定在适用依据、情节认定等方面存在错误的,应当依法变更。原处理决定认定事实清楚、适用法律正确的,应当予以维持。

关 联 规 定

《监察法实施条例》

第二百一十条 监察对象对监察机关作出的涉及本人的处理决定不服的,可以在收到处理决定之日起一个月以内,向作出决定的监察机关申请复审。复审机关应当依法受理,并在受理后一个月以内作出复审决定。监察对象对复审决定仍不服的,可以在收到复审决定之日起一个月以内,向上一级监察机关申请复核。复核机关应当依法受理,并在受理后二个月以内作出复核决定。

上一级监察机关的复核决定和国家监察委员会的复审、复核决定为最终决定。

第二百一十一条 复审、复核机关承办部门应当成立工作组,调阅原案卷宗,必要时可以进行调查取证。承办部门应当集体研究,提出办理意见,经审批作出复审、复核决定。决定应当送达申请人,抄送相关单位,并在一定范围内宣布。

复审、复核期间,不停止原处理决定的执行。复审、复核机关经审查认定处理决定有错误或者不当的,应当依法撤销、变更原处理决定,或者责令原处理机关及时予以纠正。复审、复核机关经审查认定处理决定事实清楚、适用法律正确的,应当予以维持。

坚持复审复核与调查审理分离,原案调查、审理人员不得参与复审复核。

第六章　反腐败国际合作

第五十七条　**【国家监察委员会的统筹协调职责】**
国家监察委员会统筹协调与其他国家、地区、国际组织开展的反腐败国际交流、合作，组织反腐败国际条约实施工作。

重点解读

本条是关于国家监察委员会统筹协调反腐败国际合作的规定。

在全面从严治党的战略部署中，高度重视反腐败国际合作。从党的十九大强调"不管腐败分子逃到哪里，都要缉拿归案、绳之以法"，到党的二十大要求"深化反腐败国际合作，一体构建追逃防逃追赃机制"，党中央围绕反腐败国际合作提出了一系列重要论述，深刻阐明了反腐败国际合作的重大意义、目标要求和实现路径。在反腐败国际合作中，国家监察委员会作为我国最高监察机关，无疑承担着最核心的统筹协调职能。

本条从反腐败国际交流合作和反腐败国际条约的组织实施两个方面，对国家监察委员会统筹协调职责的内容进行了原则性规定。《监察法实施条例》则对其进行了细化，在第234条当中对国家监察委员会在反腐败国际合作方面的职责进行了详细描述。

关联规定

《监察法实施条例》

第二百三十四条　国家监察委员会统筹协调与其他国家、地区、国际组织开展反腐败国际交流、合作。

国家监察委员会组织《联合国反腐败公约》等反腐败国际条约的实施以及履约审议等工作，承担《联合国反腐败公约》司法协助中央机关有关工作。

国家监察委员会组织协调有关单位建立集中统一、高效顺畅的反腐败国际追逃追赃和防逃协调机制，统筹协调、督促指导各级监察机关反腐败国际追逃追赃等涉外案件办理工作，具体履行下列职责：

（一）制定反腐败国际追逃追赃和防逃工作计划，研究工作中的重要问题；

（二）组织协调反腐败国际追逃追赃等重大涉外案件办理工作；

（三）办理由国家监察委员会管辖的涉外案件；

（四）指导地方各级监察机关依法开展涉外案件办理工作；

（五）汇总和通报全国职务犯罪外逃案件信息和追逃追赃工作信息；

（六）建立健全反腐败国际追逃追赃和防逃合作网络；

（七）承担监察机关开展国际刑事司法协助的主管机关职责；

（八）承担其他与反腐败国际追逃追赃等涉外案件办理工作相关的职责。

> **第五十八条　【反腐败国际合作的主体和领域】**
> 国家监察委员会会同有关单位加强与有关国家、地区、国际组织在反腐败方面开展引渡、移管被判刑人、遣返、联合调查、调查取证、资产追缴和信息交流等执法司法合作和司法协助。

重点解读

本条是关于反腐败国际合作的有关主体和合作领域的规定。对比原规定，本条文存在多处用词上的增删，具体而言包括以下四个方面。

第一，在反腐败合作主体上，本条将"组织协调有关方面"修改为"会同有关单位"。首先，本条文将"组织协调"改为"会同"，强调国家监察委员会在反腐败国际合作中并不仅仅是组织协调者，而是与其他有关单位共同商讨、协同开展反腐败国际合作工作。相同的表述还体现在《监察法实施条例》第235条第2款和第238条第2款当中。其次，本条删去了"有关方面"这一模糊的表述，改为了"有关单位"，此处的"有关单位"应指在国内与国家监察委员会共同承担涉外案件办理工作职责的单位。具体而言，根据《监察法实施条例》第六章的规定，"有关单位"应当包括地方各级监察机关、国家监察委员会派驻或者派出的监察机构、监察专员、公安机关、人民检察院、人民法院、审计机关、行政执法部门以及组织人事、外事、移民管理等单位。

第二，本条在反腐败合作的具体内容上，增加了"遣返、联合调查、调查取证"，是对我国反腐败国际合作内容和方式的重要补充。首先，遣返是指将在本国境内的外国人遣送出境的行为。《出境入境管理法》第62条规定了可以将外国人遣送出境的情形，《监察法实施条例》第249条也规定了国家监察委员会可以商有关国家（地区）遣返外逃人员。其次，联合调查、调查取证是我国在反腐败国际追逃追赃等涉外案件办理工作中的重要手段，有利于及时收集与外逃人员和犯罪事实有关的证据、实现追逃追赃工作，《监察法实施条例》第242条也规定了"监察机关应当依法全面收集外逃人员涉嫌职务违法和职务犯罪证据"。此外，《国际刑事司法协助法》第四章也专门阐述了在办理涉外刑事案件时我国向外国请求调查取证以及外国向我国请求调查取证的相关内容，表明调查取证对于涉外刑事案件办理的重要性。

第三，本条将"资产追回"修改为了"资产追缴"。追回和追缴在法律上有着明确的区别。追回通常指的是追回被非法占有的财物，以恢复其原状或者返还给合法所有人；而追缴则是指将违法所得或者非法财物予以没收，上缴国库或者依法处理。根据《监察法实施条例》第207条、第208条、第209条和第250条的规定，监察机关对于违法取得的财物及孳息应当先予以没收、追缴或者责令退赔。如果经认定该财物及孳息不属于违法所得，才应当及时予以返还。因此，违法取得的财物及孳息在监察办案当中应当先由监察机关予以保管而非直接归还，相应地，在反腐败国际合作当中，对于在境外的违法所得财物及孳息，也应当先予以追缴，而非追回。

第四，本条还将反腐败国际合作的主要领域概括为了"执法司法合作和司法协助"，删去了"领域的"概括式表述。其中"司法协助"是指国际间根据某一国当局的请求而履行的司法方面的国家协助行为。根据《刑事诉讼法》第292条的规定，我国人民法院可以采取的司法协助方式应当在国际条约当中有所规定或者通过外交途径提出，因此对于国家监察委员会而言也理应如此。如此修改的原因在于，一方面为避免本条有关合作领域的泛化解释，反腐败国际合作的领域明确为"执法司法合作和司法协助"；另一方面为本条未列举的司法执法合作和司法协助措施留出弹性解释空间，以适应实践中反腐败国际合作形式的多样性及动态发展。

典型案例

外逃犯罪嫌疑人追捕工作的国际合作——中国某集团原党委副书记周某波被缉捕并遣返[①]

周某波，男，1965年2月生，中国某工程集团有限公司原党委副书记，涉嫌受贿罪，2019年5月外逃。经国家监委指定管辖，该案由河南省监委办理。

2021年8月31日，在中央反腐败协调小组国际追逃追赃工作办公室统筹协调下，经公安部、河南省监委与有关国家执法机关密切合作，外逃职务犯罪嫌疑人周某波在境外落网并被遣返回中国。

中央追逃办负责人表示，周某波作为国企领导人员，涉嫌职务犯罪并外逃，影响极为恶劣。此次通过国际执法合作将其缉拿归案，是"天网2021"行动和国企领域反腐败的重要成果。我们将坚持有逃必追、一追到底，持续深入开展反腐败国际司法执法合作，不管腐败分子逃到哪里、逃匿多久，都要将其绳之以法，绝不让其逍遥法外。

[①] 《中国中铁原党委副书记周某波被缉捕并遣返》，载新华网，https://www.news.cn/legal/2021-09/01/c_1127818011.htm，最后访问时间：2024年12月24日。

关联规定

《出境入境管理法》

第六十二条 外国人有下列情形之一的，可以遣送出境：

（一）被处限期出境，未在规定期限内离境的；

（二）有不准入境情形的；

（三）非法居留、非法就业的；

（四）违反本法或者其他法律、行政法规需要遣送出境的。

其他境外人员有前款所列情形之一的，可以依法遣送出境。

被遣送出境的人员，自被遣送出境之日起一至五年内不准入境。

《监察法实施条例》

第二百零七条 对于涉嫌行贿等犯罪的非监察对象，案件调查终结后依法移送起诉。综合考虑行为性质、手段、后果、时间节点、认罪悔罪态度等具体情况，对于情节较轻，经审批不予移送起诉的，应当采取批评教育、责令具结悔过等方式处置；应当给予行政处罚的，依法移送有关行政执法部门。

对于有行贿行为的涉案单位和人员，按规定记入相关信息记录，可以作为信用评价的依据。

对于涉案单位和人员通过行贿等非法手段取得的财物及孳息，应当依法予以没收、追缴或者责令退赔。对于违法取得的其他不正当利益，依照法律法规及有关规定予以纠正处理。

第二百零八条 对查封、扣押、冻结的涉嫌职务犯罪所得财物及孳息应当妥善保管，并制作《移送司法机关涉案财物清单》随案移送人民检察院。对作为证据使用的实物应当随案移送；对不宜移送的，应当将清单、照片和其他证明文件随案移送。

对于移送人民检察院的涉案财物，价值不明的，应当在移送起诉前委托进行价格认定。在价格认定过程中，需要对涉案财物先行作出真伪鉴定或者出具技术、质量检测报告的，应当委托有关鉴定机构或者检测机构进行真伪鉴定或者技术、质量检测。

对不属于犯罪所得但属于违法取得的财物及孳息，应当依法予以没收、追缴或者责令退赔，并出具有关法律文书。

对经认定不属于违法所得的财物及孳息，应当及时予以返还，并办理签收手续。

第二百零九条 监察机关经调查，对违法取得的财物及孳息决定追缴或者责令退赔的，可以依法要求公安、自然资源、住房城乡建设、市场监管、金融监管等部门以及银行等机构、单位予以协助。

追缴涉案财物以追缴原物为原则，原物已经转化为其他财物的，应当追缴转化后的财物；有证据证明依法应当追缴、没收的涉案财物无法找到、被他人善意取得、价值灭失减损或者与其他合法财产混合且不可分割的，可以依法追缴、没收其他等值财产。

追缴或者责令退赔应当自处置决定作出之日起一个月以内执行完毕。因被调查人的原因逾期执行的除外。

人民检察院、人民法院依法将不认定为犯罪所得的相关涉案财物退回监察机关的，监察机关应当依法处理。

第二百三十五条 地方各级监察机关在国家监察委员会领导下，统筹协调、督促指导本地区反腐败国际追逃追赃等涉外案件办理工作，具体履行下列职责：

（一）落实上级监察机关关于反腐败国际追逃追赃和防逃工作部署，制定工作计划；

（二）按照管辖权限或者上级监察机关指定管辖，办理涉外案件；

（三）按照上级监察机关要求，协助配合其他监察机关开展涉外案件办理工作；

（四）汇总和通报本地区职务犯罪外逃案件信息和追逃追赃工作信息；

（五）承担本地区其他与反腐败国际追逃追赃等涉外案件办理工作相关的职责。

省级监察委员会应当会同有关单位，建立健全本地区反腐败国际追逃追赃和防逃协调机制。

国家监察委员会派驻或者派出的监察机构、监察专员统筹协调、督促指导本部门反腐败国际追逃追赃等涉外案件办理工作，参照第一款规定执行。

第二百三十八条 监察机关应当将防逃工作纳入日常监督内容，督促相关机关、单位建立健全防逃责任机制。

监察机关在监督、调查工作中，应当根据情况制定对监察对象、重要涉案人员的防逃方案，防范人员外逃和资金外流风险。监察机关应当会同同级组织人事、外事、公安、移民管理等单位健全防逃预警机制，对存在外逃风险的监察对象早发现、早报告、早处置。

第二百四十二条 监察机关应当依法全面收集外逃人员涉嫌职务违法和职务犯罪证据。

第二百四十九条 地方各级监察机关通过境外追诉方式办理相关涉外案件的，应当提供外逃人员相关违法线索和证据，逐级报送国家监察委员会审核。由国家监察委员会依法直接或者协调有关单位向有关国家（地区）相关机构提交，请其依法对外逃人员调查、起诉和审判，并商有关国家（地区）遣返外逃人员。

第二百五十条 监察机关对依法应当追缴的境外违法所得及其他涉案财产，应当责令涉案人员以合法方式退赔。涉案人员拒不退赔的，可以依法通过下列方式追缴：

（一）在开展引渡等追逃合作时，随附请求有关国家（地区）移交相关违法所得及其他涉案财产；

（二）依法启动违法所得没收程序，由人民法院对相关违法所得及其他涉案财产作出冻结、没收裁定，请有关国家（地区）承认和执行，并予以返还；

（三）请有关国家（地区）依法追缴相关违法所得及其他涉案财产，并予以返还；

（四）通过其他合法方式追缴。

《刑事诉讼法》

第二百九十二条 人民法院应当通过有关国际条约规定的或者外交途径提出的司法协助方式，或者被告人所在地法律允许的其他方式，将传票和人民检察院的起诉书副本送达被告人。传票和起诉书副本送达后，被告人未按要求到案的，人民法院应当开庭审理，依法作出判决，并对违法所得及其他涉案财产作出处理。

> **第五十九条　【追逃追赃和防逃工作】**
> 国家监察委员会加强对反腐败国际追逃追赃和防逃工作的组织协调，督促有关单位做好相关工作：
> （一）对于重大贪污贿赂、失职渎职等职务犯罪案件，被调查人逃匿到国（境）外，掌握证据比较确凿的，通过开展境外追逃合作，追捕归案；
> （二）向赃款赃物所在国请求查询、冻结、扣押、没收、追缴、返还涉案资产；
> （三）查询、监控涉嫌职务犯罪的公职人员及其相关人员进出国（境）和跨境资金流动情况，在调查案件过程中设置防逃程序。

重点解读

本条是关于反腐败国际追逃追赃和防逃工作的规定。国际追逃追赃工作始终是我国反腐败工作的重心所在。在党中央集中统一领导下，中央反腐败协调小组建立国际追逃追赃和跨境腐败治理工作协调机制，坚持追逃防逃追赃一体推进，其工作的重要法律依据就是《监察法》第59条。

在《监察法》第59条的基础之上，《监察法实施条例》第234条、第236条和第237条对追逃追赃和防逃工作机制进行了进一步的完善。第一，国家监察委员会应当组织协调有关单位建立集中统一、高效顺畅的反腐败国际追逃追赃和防逃协调机制，承担统筹协调和督促指导职责，制订反腐败国际追逃追赃和防逃工作计划，建立健全反腐败国际追逃追赃和防逃合作网络。第二，反腐败国际追逃追赃等涉外案件的办理需明确专责部门，国家层面由国家监察委员会国际合作局归口管理。第三，监察机关应当建立追逃追赃和防逃工作内部联络机制。

典型案例

配合引渡、主动退赃获轻判——姚某旗受贿外逃案[①]

基本案情

姚某旗，男，1956年生，浙江省新昌县原常务副县长，涉嫌利用职务之便多次收受他人巨额财物。2005年12月，姚某旗利用虚假身份证件仓皇出逃，在13年间，辗转菲律宾、越南、马来西亚、古巴、哥伦比亚、保加利亚等多国。

在《监察法》施行、各级监委成立后，纪检监察机关成为追逃追赃案件的主办机关。2018年6月，在浙江省追逃办的统筹协调和省、市两级公安机关的配合下，绍兴市追逃办查明姚某旗的外逃身份、隐藏地点。浙江省追逃办紧急协调检察、公安等部门，通过公安部提请国际刑警组织发布红色通缉令，同时深入查清其犯罪事实，完善固定有关证据。

2018年10月17日，保加利亚警方根据红色通缉令在该国首都索非亚市抓获姚某旗，并于同月19日根据我国国家监委提出的请求将其临时羁押。为加快引渡程序，国家监委、浙江省监委迅速协调外交部、公安部等部门开展各方面工作，组织专人研究两国引渡相关法律，还三次派工作组赴保与有关部门会谈，请求保方取消姚某旗在保长期居留证和入籍申请，说服姚某旗取得其投案自首意愿书并克服思想反复等多种困难，成功开展简易引渡合作。与此同时，中央追逃办把浙江省追逃办等专案组人员召集到北京集中办公，在最短时间内做完了符合引渡要求的关键性证据收集以及引渡请求书起草和英文、保文翻译等工作。

2018年11月30日，在中央追逃办统筹协调下，姚某旗被成功引渡回国。归案后，姚某旗除如实供述已被掌握的142.5万元受贿犯罪事实外，还坦白了其余受贿犯罪事实。

[①]《红通人员姚某旗获轻判背后：配合引渡、主动退赃》，载人民日报客户端，https：//www.peopleapp.com/column/30037311235-500002355599，最后访问时间：2024年12月24日。

裁判结果

绍兴市中级人民法院于 2019 年 7 月 5 日、2020 年 4 月 3 日两次公开开庭审理了姚某旗受贿案，根据犯罪事实、性质、情节，依照刑法、刑事诉讼法、中保引渡条约及相关国际公约规定，及时、公开、公平、公正审判，充分保障了姚某旗依法享有的知情权、辩护权等各项诉讼权利和人道待遇。在庭审及宣判中，人大代表、政协委员、媒体记者及各界群众共计 100 余人参加了旁听。

经审理查明，1991 年至 2005 年，姚某旗分别利用担任浙江省新昌县长诏水库管理局党委书记、局长，新昌县委常委、副县长等职务便利，为相关单位和个人在企业转制、资金周转、项目开发等事项上谋取利益，直接或通过他人非法收受相关人员所送财物，共计人民币 5221.054 万元。

绍兴市中级人民法院认为，姚某旗身为国家工作人员，利用职务上的便利，为他人谋取利益，直接或通过他人非法收受财物，数额特别巨大，其行为已构成受贿罪。

鉴于姚某旗在国家监委、最高人民法院等五部委联合发布的《关于敦促职务犯罪案件境外在逃人员投案自首的公告》期间自愿回国接受调查，积极配合完成引渡，如实交代全案受贿事实，可视为自首；检举揭发他人犯罪经查证属实，具有立功表现；受贿赃款赃物及其孳息已被全部追缴或由亲属代为退缴，故依法对其减轻处罚。

典型意义

姚某旗在引渡过程中主动表达回国投案意愿，积极配合引渡程序，仅用一个多月就引渡成功，且主动退缴全部赃款及其孳息，从而得以依法在法定刑幅度以下大幅度减轻处罚。而少数外逃人员坚决对抗引渡，使国家耗费巨大人力、物力、财力，受到法律的严惩。反腐败国际追逃追赃的重点案件多涉及外交、反腐败、警务、检务、司法、金融、反洗钱等多个领域，单靠任何一个部门都无法独立完成。以姚某旗为例，从其被抓获到被引渡回国历时仅 44 天，这是单一部门"各自为战"时无法想象的。姚某旗被成功引渡并接受法律制裁，是国家监察体制改革把反腐败各方力量最大限度整合起来，把制度优势转化为治理效能的一个生动缩影。

关联规定

《监察法实施条例》

第二百三十六条 国家监察委员会国际合作局归口管理监察机关反腐败国际追逃追赃等涉外案件办理工作。地方各级监察委员会应当明确专责部门，归口管理本地区涉外案件办理工作。

国家监察委员会派驻或者派出的监察机构、监察专员和地方各级监察机关办理涉外案件中有关执法司法国际合作事项，应当逐级报送国家监察委员会审批。由国家监察委员会依法直接或者协调有关单位与有关国家（地区）相关机构沟通，以双方认可的方式实施。

第二百三十七条 监察机关应当建立追逃追赃和防逃工作内部联络机制。承办部门在调查过程中，发现被调查人或者重要涉案人员外逃、违法所得及其他涉案财产被转移到境外的，可以请追逃追赃部门提供工作协助。监察机关将案件移送人民检察院审查起诉后，仍有重要涉案人员外逃或者未追缴的违法所得及其他涉案财产的，应当由追逃追赃部门继续办理，或者由追逃追赃部门指定协调有关单位办理。

第七章　对监察机关和监察人员的监督

> **第六十条　【人大监督】**
>
> 各级监察委员会应当接受本级人民代表大会及其常务委员会的监督。
>
> 各级人民代表大会常务委员会听取和审议本级监察委员会的专项工作报告，组织执法检查。
>
> 县级以上各级人民代表大会及其常务委员会举行会议时，人民代表大会代表或者常务委员会组成人员可以依照法律规定的程序，就监察工作中的有关问题提出询问或者质询。

重点解读

本条是关于人大及其常委会监督本级监察委员会的规定。

本条用3款内容规定了各级人大及其常委会对本级监察委员会开展监督工作。规定本条的主要目的是明确各级人大及其常委会对监察委员会进行监督的职责和具体形式，强化人大监督的实效性，提高监察委员会和监察人员主动接受人大监督的法律意识，促进监察权力在法治化轨道上运行。党的十九大报告指出，"支持和保证人大依法行使立法权、监督权、决定权、任免权"；党的十九届四中全会强调，"健全人大对'一府一委两院'监督制度"；党的二十大报告进一步强调，"健全人大对行政机关、监察机关、审判机关、检察机关监督制度，维护国家法治统一、尊严、权威"。加强各级人大及其常委会对本级监察委员会的监督，是健全和完善党和国家监督体系的重要内容。

《宪法》第 3 条第 3 款规定："国家行政机关、监察机关、审判机关、检察机关都由人民代表大会产生，对它负责，受它监督"。《宪法》第 67 条规定了全国人大常委会行使的职权如何监督监察委员会、促进国家监察权力规范运行，是监察委员会成立之日起社会各界广泛关注的问题。

本条第 1 款规定了各级监察委员会应当接受本级人大及其常委会的监督。我国的政体是人民代表大会制度，所有国家机关均由人民代表大会产生。"一府一委两院"在人民代表大会统一行使国家权力的前提下，进行分工协作。人大机关与行政机关、监察机关、审判机关、检察机关都是党领导下的国家机关，虽然职责分工不同，但工作的出发点和目标是一致的，都是为了维护国家和人民的根本利益。监察委员会与党的纪律检查委员会合署办公，监察机关既是政治机关，也是法治机关，除了接受来自党的第一位的监督，还要接受人大及其常委会的监督，这也是新时代全过程人民民主理念制度化、具体化的深刻体现。

本条第 2 款内容规定了人大常委会监督本级监察委员会的两种具体方式，即听取和审议专项工作报告、组织执法检查。

其一，听取和审议监察委员会的专项工作报告。2024 年修正的《监督法》用专章的形式规定了各级人民代表大会常务委员会听取和审议"一府一委两院"的专项工作报告的实施程序。各级人民代表大会常务委员会每年选择若干关系改革发展稳定大局和群众切身利益、社会普遍关注的重大问题，有计划地安排听取和审议本级监察委员会的专项工作报告，监察委员会也可以向本级人大常委会主动报告专项工作。专项工作由监察委员会负责人报告。人大常委会组成人员对专项工作报告的审议意见交由本级监察委员会研究处理。监察委员会应当将研究处理情况由其办事机构送交本级人大有关专门委员会或者常委会有关工作机构征求意见后，向本级人大常委会提出书面报告。本级人大常委会认为必要时，可以对专项工作报告作出决议；监察委员会应当在决议规定的期限内，将执行决议的情况向本级人大常委会报告。2020 年 8 月，国家监察委员会首次向全国人大常委会作了关于反腐败国际追逃追赃工作情况的专项工作报告，许多省、市、县级也作了反腐败国际追逃追赃工作情况的报告，凸显了我国反腐败机关在国际追逃追赃工作中的重要成绩，彰显了人大常委会对监察机关的监督效能。

其二，组织执法检查。2024年修正的《监督法》第四章"法律法规实施情况的检查"专门规定了各级人大常委会对监察委员会开展执法检查的内容。按照法律规定，各级人大常委会根据工作需要，可以选择若干关系改革发展稳定大局和群众切身利益、社会普遍关注的重大问题，有计划地对涉及监察工作的有关法律、法规实施情况组织执法检查。执法检查结束后，执法检查组应当及时提出执法检查报告，提请人大常委会审议。执法检查报告包括下列内容：（1）对所检查的法律、法规实施情况进行评价，提出执法中存在的问题和改进执法工作的建议；（2）对有关法律、法规提出修改完善的建议。人大常委会组成人员对执法检查报告的审议意见连同执法检查报告，一并交由本级监察委员会研究处理。监察委员会应当将研究处理情况由其办事机构送交本级人大有关专门委员会或者常委会有关工作机构征求意见后，向本级人大常委会提出报告。《监察法》实施以来，一些地方的人大常委会对本级监察委员会组织了执法检查（见表1），对监察委员会落实宪法法律要求、规范职权运行发挥了重要作用。

表1 部分地方人大常委会对监察委员会组织开展执法检查的情况

地方 （人大常委会）	时间	执法检查过程 运用的方式手段	执法检查 主要内容
云南省祥云县	2019年8月	实地检查、听取汇报、座谈交流	贯彻实施《监察法》的工作情况
江苏省建湖县	2020年11月	实地检查、听取汇报、座谈交流	贯彻实施《监察法》的工作情况
黑龙江省抚远市	2023年9月	听取汇报、查阅资料、座谈交流	监察官依法履行职责、正确行使监察权及队伍建设等情况
黑龙江省北安市	2023年10月	实地检查、听取汇报、座谈交流	贯彻实施《监察法》的工作情况

注：资料来源于各地人大机关及纪检监察机关官方网站

本条第3款规定了人大代表或者人大常委会组成人员对监察委员会提出询问和质询的两种监督方式。一是询问，是指各级人大常委会会议审议议案和有关报告时，本级监察委员会应当派有关负责人员到会，听取意见，回答询问。二是质询，是指一定数量的县级以上人大常委会组成人员联名，可以向本级人大常委会书面提出对本级监察委员会的质询案，由委员长会议或者主任会议决定交由受质询的监察委员会答复。质询案应当写明质询的问题和内容。委员长会议或者主任会议可以决定由受质询的监察委员会在本级人大常委会会议上或者有关专门委员会会议上口头答复，或者由受质询的监察委员会书面答复。质询案以口头答复的，由受质询的监察委员会负责人到会答复；质询案以书面答复的，由受质询的监察委员会负责人签署。此外，2022年修正的《地方组织法》第50条还规定了县级以上的人大常委会可以对监察委员会开展专题询问的监督方式。询问与质询的开展方式有所区别，监督的力度也存在差异。质询这一监督方式更具监督"刚性"。梳理当前人大监督实践，尽管已有一些地方人大常委会组成人员在监察委员会报告专项工作过程中行使了询问权，但尚未产生对监察委员会提出质询案的事例。

典型案例

案例一

2020年8月10日，十三届全国人大常委会第二十一次会议听取了国家监察委员会关于开展反腐败国际追逃追赃工作情况的报告。这是全国人大常委会首次听取国家监委专项工作报告。

加强反腐败国际追逃追赃工作，是以习近平同志为核心的党中央立足新时代全面从严治党、党风廉政建设和反腐败斗争新形势新任务作出的重大决策部署。十三届全国人大一次会议通过宪法修正案和监察法，产生国家监察委员会，依法赋予反腐败国际合作、加强对反腐败国际追逃追赃和防逃工作的组织协调等重要职责。同时，全国人大及其常委会制定完善相关法律，组织开展调研，实施有力监督，为反腐败国际追逃追赃提供重要法治和工作保障。根据宪法和监察法规定，国家监察委员会对全国人民代表大会及其常务委员会负责，并接受其监督。

时任国家监察委员会主任杨晓渡代表国家监委向全国人大常委会作了关于

开展反腐败国际追逃追赃工作情况的报告。报告显示，2014年至2020年6月，共从120多个国家和地区追回外逃人员7831人，包括党员和国家工作人员2075人、"红通人员"348人、"百名红通人员"60人，追回赃款196.54亿元，有效削减了外逃人员存量；其中，自国家监委成立以来，共追回外逃人员3848人，包括党员和国家工作人员1306人、"红通人员"116人、"百名红通人员"8人，追回赃款99.11亿元，追回人数、追赃金额同比均大幅增长，改革形成的制度优势进一步转化为追逃追赃领域治理效能；新增外逃党员和国家工作人员明显减少，从2014年的101人降至2015年31人、2016年19人、2017年4人、2018年9人、2019年4人，有力遏制住外逃蔓延势头。

报告介绍，我国积极参与联合国、二十国集团、亚太经合组织、金砖国家等多边框架下的反腐败合作，与28个国家新缔结引渡条约、司法协助条约、资产返还与分享协定等43项，国家监委与10个国家反腐败执法机构和国际组织签订合作协议11项，初步构建起覆盖各大洲和重点国家的反腐败执法合作网络。

国家监察委员会向全国人大常委会作专项工作报告体现宪法要求、符合监察法规定，一方面体现出人民对权力的监督，另一方面也有利于进一步推动国家监察体制改革深化发展。①

案例二

2024年12月22日，国家监察委员会向全国人大常委会作关于整治群众身边不正之风和腐败问题工作情况的报告，这是国家监察委员会成立以来第二次向全国人大常委会报告专项工作。报告指出，"蝇贪蚁腐"损害群众切身利益，危害党的执政根基。习近平总书记高度重视基层正风反腐，强调要推动反腐败斗争向基层延伸、向群众身边延伸，不断增强人民群众的获得感、幸福感、安全感。党的二十大以来，国家监委和各级监察机关坚持以习近平新时代中国特色社会主义思想为指导，深入贯彻落实党中央决策部署和习近平总书记重要指示批示精神，在全国人大及其常委会有力监督支持下，忠实履行宪法和法律赋

---

① 《首次！全国人大常委会听取国家监委专项工作报告》，载中国人大网：http://www.npc.gov.cn/npc/c2/c30834/202008/t20200810_307144.html，最后访问时间：2024年12月30日。

予的职责，持续用力做好群众身边不正之风和腐败问题整治工作，以实际行动坚定拥护"两个确立"、坚决做到"两个维护"。全国监察机关共查处群众身边不正之风和腐败问题 76.8 万件、处分 62.8 万人，移送检察机关 2 万人，让群众真切感到正风反腐加力度、清风正气在身边。特别是 2024 年，国家监委在全国部署开展集中整治，以超常规举措依法推动解决群众急难愁盼问题，直接查办督办重点案件 2633 件，直抓中小学"校园餐"、农村集体"三资"管理突出问题 2 个全国性专项整治，协同有关部门抓好整治骗取套取社保基金等 15 件具体实事，派出 8 个督导组推动系统上下全面发力，重点领域突出问题得到有效纠治。整治群众身边不正之风和腐败问题既是攻坚战又是持久战，必须持续发力、久久为功。①

关联规定

《宪法》

第三条 中华人民共和国的国家机构实行民主集中制的原则。

全国人民代表大会和地方各级人民代表大会都由民主选举产生，对人民负责，受人民监督。

国家行政机关、监察机关、审判机关、检察机关都由人民代表大会产生，对它负责，受它监督。

中央和地方的国家机构职权的划分，遵循在中央的统一领导下，充分发挥地方的主动性、积极性的原则。

第六十七条 全国人民代表大会常务委员会行使下列职权：

（一）解释宪法，监督宪法的实施；

（二）制定和修改除应当由全国人民代表大会制定的法律以外的其他法律；

（三）在全国人民代表大会闭会期间，对全国人民代表大会制定的法律进行部分补充和修改，但是不得同该法律的基本原则相抵触；

（四）解释法律；

---

① 《国家监察委员会关于整治群众身边不正之风和腐败问题工作情况的报告》，载中央纪委国家监委网站：https://www.ccdi.gov.cn/toutiaon/202412/t20241225_396429.html，最后访问时间：2024 年 12 月 30 日。

（五）在全国人民代表大会闭会期间，审查和批准国民经济和社会发展计划、国家预算在执行过程中所必须作的部分调整方案；

（六）监督国务院、中央军事委员会、国家监察委员会、最高人民法院和最高人民检察院的工作；

（七）撤销国务院制定的同宪法、法律相抵触的行政法规、决定和命令；

（八）撤销省、自治区、直辖市国家权力机关制定的同宪法、法律和行政法规相抵触的地方性法规和决议；

（九）在全国人民代表大会闭会期间，根据国务院总理的提名，决定部长、委员会主任、审计长、秘书长的人选；

（十）在全国人民代表大会闭会期间，根据中央军事委员会主席的提名，决定中央军事委员会其他组成人员的人选；

（十一）根据国家监察委员会主任的提请，任免国家监察委员会副主任、委员；

（十二）根据最高人民法院院长的提请，任免最高人民法院副院长、审判员、审判委员会委员和军事法院院长；

（十三）根据最高人民检察院检察长的提请，任免最高人民检察院副检察长、检察员、检察委员会委员和军事检察院检察长，并且批准省、自治区、直辖市的人民检察院检察长的任免；

（十四）决定驻外全权代表的任免；

（十五）决定同外国缔结的条约和重要协定的批准和废除；

（十六）规定军人和外交人员的衔级制度和其他专门衔级制度；

（十七）规定和决定授予国家的勋章和荣誉称号；

（十八）决定特赦；

（十九）在全国人民代表大会闭会期间，如果遇到国家遭受武装侵犯或者必须履行国际间共同防止侵略的条约的情况，决定战争状态的宣布；

（二十）决定全国总动员或者局部动员；

（二十一）决定全国或者个别省、自治区、直辖市进入紧急状态；

（二十二）全国人民代表大会授予的其他职权。

《全国人大常委会议事规则》

第三十三条 常务委员会根据年度工作计划和需要听取国务院、国家监察委员会、最高人民法院、最高人民检察院的专项工作报告。

常务委员会召开全体会议，定期听取下列报告：

（一）关于国民经济和社会发展计划、预算执行情况的报告，关于国民经济和社会发展五年规划纲要实施情况的中期评估报告；

（二）决算报告、审计工作报告、审计查出问题整改情况的报告；

（三）国务院关于年度环境状况和环境保护目标完成情况的报告；

（四）国务院关于国有资产管理情况的报告；

（五）国务院关于金融工作有关情况的报告；

（六）常务委员会执法检查组提出的执法检查报告；

（七）专门委员会关于全国人民代表大会会议主席团交付审议的代表提出的议案审议结果的报告；

（八）常务委员会办公厅和有关部门关于全国人民代表大会会议代表建议、批评和意见办理情况的报告；

（九）常务委员会法制工作委员会关于备案审查工作情况的报告；

（十）其他报告。

第三十六条 常务委员会分组会议对议案或者有关的报告进行审议的时候，应当通知有关部门派人到会，听取意见，回答询问。

常务委员会联组会议对议案或者有关的报告进行审议的时候，应当通知有关负责人到会，听取意见，回答询问。

第三十七条 常务委员会围绕关系改革发展稳定大局和人民切身利益、社会普遍关注的重大问题，可以召开联组会议、分组会议，进行专题询问。

根据专题询问的议题，国务院及国务院有关部门和国家监察委员会、最高人民法院、最高人民检察院的负责人应当到会，听取意见，回答询问。

专题询问中提出的意见交由有关机关研究处理，有关机关应当及时向常务委员会提交研究处理情况报告。必要时，可以由委员长会议将研究处理情况报告提请常务委员会审议，由常务委员会作出决议。

第三十八条 根据常务委员会工作安排或者受委员长会议委托，专门委员会可以就有关问题开展调研询问，并提出开展调研询问情况的报告。

第三十九条 在常务委员会会议期间，常务委员会组成人员十人以上联名，可以向常务委员会书面提出对国务院及国务院各部门和国家监察委员会、最高人民法院、最高人民检察院的质询案。

第四十条 质询案必须写明质询对象、质询的问题和内容。

第四十一条 质询案由委员长会议决定交由有关的专门委员会审议或者提请常务委员会会议审议。

第四十二条 质询案由委员长会议决定,由受质询机关的负责人在常务委员会会议上或者有关的专门委员会会议上口头答复,或者由受质询机关书面答复。在专门委员会会议上答复的,专门委员会应当向常务委员会或者委员长会议提出报告。

质询案以书面答复的,应当由被质询机关负责人签署,并印发常务委员会组成人员和有关的专门委员会。

专门委员会审议质询案的时候,提质询案的常务委员会组成人员可以出席会议,发表意见。

《地方组织法》

第二十四条 地方各级人民代表大会举行会议的时候,代表十人以上联名可以书面提出对本级人民政府和它所属各工作部门以及监察委员会、人民法院、人民检察院的质询案。质询案必须写明质询对象、质询的问题和内容。

质询案由主席团决定交由受质询机关在主席团会议、大会全体会议或者有关的专门委员会会议上口头答复,或者由受质询机关书面答复。在主席团会议或者专门委员会会议上答复的,提质询案的代表有权列席会议,发表意见;主席团认为必要的时候,可以将答复质询案的情况报告印发会议。

质询案以口头答复的,应当由受质询机关的负责人到会答复;质询案以书面答复的,应当由受质询机关的负责人签署,由主席团印发会议或者印发提质询案的代表。

第三十五条 各专门委员会在本级人民代表大会及其常务委员会领导下,开展下列工作:

(一)审议本级人民代表大会主席团或者常务委员会交付的议案;

(二)向本级人民代表大会主席团或者常务委员会提出属于本级人民代表大会或者常务委员会职权范围内同本委员会有关的议案,组织起草有关议案草案；

（三）承担本级人民代表大会常务委员会听取和审议专项工作报告、执法检查、专题询问等的具体组织实施工作；

（四）按照本级人民代表大会常务委员会工作安排，听取本级人民政府工作部门和监察委员会、人民法院、人民检察院的专题汇报，提出建议；

（五）对属于本级人民代表大会及其常务委员会职权范围内同本委员会有关的问题，进行调查研究，提出建议；

（六）研究办理代表建议、批评和意见，负责有关建议、批评和意见的督促办理工作；

（七）办理本级人民代表大会及其常务委员会交办的其他工作。

第五十条 县级以上的地方各级人民代表大会常务委员会行使下列职权：

（一）在本行政区域内，保证宪法、法律、行政法规和上级人民代表大会及其常务委员会决议的遵守和执行；

（二）领导或者主持本级人民代表大会代表的选举；

（三）召集本级人民代表大会会议；

（四）讨论、决定本行政区域内的政治、经济、教育、科学、文化、卫生、生态环境保护、自然资源、城乡建设、民政、社会保障、民族等工作的重大事项和项目；

（五）根据本级人民政府的建议，审查和批准本行政区域内的国民经济和社会发展规划纲要、计划和本级预算的调整方案；

（六）监督本行政区域内的国民经济和社会发展规划纲要、计划和预算的执行，审查和批准本级决算，监督审计查出问题整改情况，审查监督政府债务；

（七）监督本级人民政府、监察委员会、人民法院和人民检察院的工作，听取和审议有关专项工作报告，组织执法检查，开展专题询问等；联系本级人民代表大会代表，受理人民群众对上述机关和国家工作人员的申诉和意见；

（八）监督本级人民政府对国有资产的管理，听取和审议本级人民政府关于国有资产管理情况的报告；

（九）听取和审议本级人民政府关于年度环境状况和环境保护目标完成情况的报告；

第七章　对监察机关和监察人员的监督

（十）听取和审议备案审查工作情况报告；

（十一）撤销下一级人民代表大会及其常务委员会的不适当的决议；

（十二）撤销本级人民政府的不适当的决定和命令；

（十三）在本级人民代表大会闭会期间，决定副省长、自治区副主席、副市长、副州长、副县长、副区长的个别任免；在省长、自治区主席、市长、州长、县长、区长和监察委员会主任、人民法院院长、人民检察院检察长因故不能担任职务的时候，根据主任会议的提名，从本级人民政府、监察委员会、人民法院、人民检察院副职领导人员中决定代理的人选；决定代理检察长，须报上一级人民检察院和人民代表大会常务委员会备案；

（十四）根据省长、自治区主席、市长、州长、县长、区长的提名，决定本级人民政府秘书长、厅长、局长、委员会主任、科长的任免，报上一级人民政府备案；

（十五）根据监察委员会主任的提名，任免监察委员会副主任、委员；

（十六）按照人民法院组织法和人民检察院组织法的规定，任免人民法院副院长、庭长、副庭长、审判委员会委员、审判员，任免人民检察院副检察长、检察委员会委员、检察员，批准任免下一级人民检察院检察长；省、自治区、直辖市的人民代表大会常务委员会根据主任会议的提名，决定在省、自治区内按地区设立的和在直辖市内设立的中级人民法院院长的任免，根据省、自治区、直辖市的人民检察院检察长的提名，决定人民检察院分院检察长的任免；

（十七）在本级人民代表大会闭会期间，决定撤销个别副省长、自治区副主席、副市长、副州长、副县长、副区长的职务；决定撤销由它任命的本级人民政府其他组成人员和监察委员会副主任、委员，人民法院副院长、庭长、副庭长、审判委员会委员、审判员，人民检察院副检察长、检察委员会委员、检察员，中级人民法院院长，人民检察院分院检察长的职务；

（十八）在本级人民代表大会闭会期间，补选上一级人民代表大会出缺的代表和罢免个别代表。

常务委员会讨论前款第四项规定的本行政区域内的重大事项和项目，可以作出决定或者决议，也可以将有关意见、建议送有关地方国家机关或者单位研究办理。有关办理情况应当及时向常务委员会报告。

《监督法》

正文略

《监察法实施条例》

第二百五十一条　监察机关和监察人员必须自觉坚持党的领导，在党组织的管理、监督下开展工作，依法接受本级人民代表大会及其常务委员会的监督，接受民主监督、司法监督、社会监督、舆论监督，加强内部监督制约机制建设，确保权力受到严格的约束和监督。

第二百五十二条　各级监察委员会应当按照监察法第五十三条第二款规定，由主任在本级人民代表大会常务委员会全体会议上报告专项工作。

在报告专项工作前，应当与本级人民代表大会有关专门委员会沟通协商，并配合开展调查研究等工作。各级人民代表大会常务委员会审议专项工作报告时，本级监察委员会应当根据要求派出领导成员列席相关会议，听取意见。

各级监察委员会应当认真研究办理本级人民代表大会常务委员会反馈的审议意见，并按照要求书面报告办理情况。

第二百五十三条　各级监察委员会应当积极接受、配合本级人民代表大会常务委员会组织的执法检查。对本级人民代表大会常务委员会的执法检查报告，应当认真研究处理，并向其报告处理情况。

第二百五十四条　各级监察委员会在本级人民代表大会常务委员会会议审议与监察工作有关的议案和报告时，应当派相关负责人到会听取意见，回答询问。

监察机关对依法交由监察机关答复的质询案应当按照要求进行答复。口头答复的，由监察机关主要负责人或者委派相关负责人到会答复。书面答复的，由监察机关主要负责人签署。

第六十一条　【监察工作信息公开】

监察机关应当依法公开监察工作信息，接受民主监督、社会监督、舆论监督。

重点解读

本条是关于监察机关依法公开监察工作信息，接受外部监督的规定。

信息公开是接受监督的有效方式。党的二十大报告强调，"健全党统一领导、全面覆盖、权威高效的监督体系，完善权力监督制约机制，以党内监督为主导，促进各类监督贯通协调，让权力在阳光下运行"。监察委员会的权力具有集中统一、权威高效的特征，监察权是监督国家其他公权力规范运行的"治权之权"，更应该接受严格的监督。本条规定需要重点把握两个方面的内容。

一是对监察机关应当依法公开监察工作信息的理解。本条中的"应当"表明依法公开工作信息是监察机关的义务和职责，本条中的"信息"是监察工作信息，也即监察机关在行使职权、履行职责过程中产生的信息。本条并没有明确监察工作信息的公开是采取依申请公开还是依职权公开，但明确了监察机关应当依法公开，也即强调了监察机关有义务对监察工作信息进行主动公开。监察机关公开监察工作信息的过程，同时也是其接受民主监督、社会监督、舆论监督的过程，对保障公民知情权、完善国家监督体系具有重要意义。

由于监察委员会是新成立的国家机关，信息公开的制度建设和实践经验还需要积累探索，各级监察委员会应当建立健全监察工作信息发布机制，在官方网站和官方媒体及时发布监察工作信息，自觉接受广大人民群众和新闻媒体的监督。在公开的途径上，各级监察机关应当充分运用互联网政务媒体、报刊、广播、电视等途径，向社会及时准确公开监察工作信息。在公开的范围上，各级监察委员会应当向社会及时公开监察法规、依法应当向社会公开的案件调查信息、检举控告信息以及其他应当依法公开的信息。尤其是对于社会广泛关注、涉及人民群众切身利益的重大案件查办等工作，在遵守保密要求的前提下，监察机关应严格执行有关规定，及时将有关情况向社会公开。2021年《监察法实施条例》通过后，国家监察委员会就依法通过相应的渠道向社会公布了这一监察法规的文本内容。此外，在《监察法实施条例》的制定过程中，相关立项、起草、审查、公布等工作，也通过多种途径和形式向社会公开。

二是监察机关要主动接受民主监督、社会监督、舆论监督。民主监督一般是指人民政协或者各民主党派等主体对监察机关及其工作人员的工作进行的监督。党的十九大报告指出,"加强人民政协民主监督,重点监督党和国家重大方针政策和重要决策部署的贯彻落实"。党的二十大报告进一步强调,"提高深度协商互动、意见充分表达、广泛凝聚共识水平,完善人民政协民主监督和委员联系界别群众制度机制"。社会监督一般是指公民、法人或其他组织对监察机关及其工作人员的工作进行的监督。舆论监督一般是指社会各界通过广播、影视、报刊、网络等传播媒介,发表自己的意见和看法,形成舆论,对监察机关及其工作人员的工作进行的监督。民主监督、社会监督、舆论监督并不是孤立的,要把对监督机关的各类监督协同贯通,发挥监督的最大效能。当然,要依宪依法开展对监察机关的各类监督,依法监督不是非法干预,对监察机关的监督不能违反宪法法律关于"监察委员会依照法律规定独立行使监察权,不受行政机关、社会团体和个人的干涉"的规定和精神。

关 联 规 定

《监察法实施条例》

第二百五十二条　各级监察委员会应当按照监察法第五十三条第二款规定,由主任在本级人民代表大会常务委员会全体会议上报告专项工作。

在报告专项工作前,应当与本级人民代表大会有关专门委员会沟通协商,并配合开展调查研究等工作。各级人民代表大会常务委员会审议专项工作报告时,本级监察委员会应当根据要求派出领导成员列席相关会议,听取意见。

各级监察委员会应当认真研究办理本级人民代表大会常务委员会反馈的审议意见,并按照要求书面报告办理情况。

《中国共产党党务公开条例(试行)》

第十二条　党的纪律检查机关应当公开以下内容:

(一)学习贯彻党中央大政方针和重大决策部署,坚决维护以习近平同志为核心的党中央权威和集中统一领导,贯彻落实本级党委、上级纪律检查机关工作部署情况;

(二)开展纪律教育、加强纪律建设,维护党章党规党纪情况;

(三)查处违反中央八项规定精神,发生在群众身边、影响恶劣的不正之风和腐败问题情况；

（四）对党员领导干部严重违纪涉嫌违法犯罪进行立案审查、组织审查和给予开除党籍处分情况；

（五）对党员领导干部严重失职失责进行问责情况；

（六）加强纪律检查机关自身建设情况；

（七）其他应当公开的党务。

《纪检监察机关处理检举控告工作规则》

第八条 县级以上纪检监察机关应当明确承担信访举报工作职责的部门和人员，设置接待群众的场所，公开检举控告地址、电话、网站等信息，公布有关规章制度，归口接收检举控告。

巡视巡察工作机构对收到的检举控告，按有关规定处理。

第六十二条 【特约监察员的聘请和职责】

监察机关根据工作需要，可以从各方面代表中聘请特约监察员。特约监察员按照规定对监察机关及其工作人员履行职责情况实行监督。

重点解读

本条主要规定特约监察员的产生和职责。

本条是此次《监察法》修正新增的内容，规定了特约监察员的产生条件及其职责范围。早在2018年8月，中央纪委国家监委就已经印发了《国家监察委员会特约监察员工作办法》，对特约监察员的选聘、换届、解聘、职责、权利、义务、履职保障进行了全方位的规定。此次修法新增本条文，是将实践证明可行的、探索积累有益经验的做法及时上升为国家法律。特约监察员是来自社会各界的不同背景的专业人士，对有效监督监察机关及其工作人员具有重要意义。2022年1月18日，十九届中央纪委六次全会召开，部分国家监察委员会特约监察员应邀列席全会。从十九届中央纪委三次全会开始，特约监察员应邀列席中央纪委全会，特约监察员制度既是深化国家监察体制改革的重要举措，也是纪检监察机关依法接受民主监督、社会监督、舆论监督的重要途径。国家监察委员会特约监察员结合本职工作，着重发挥监督职能，具有参谋咨询、桥梁纽带、舆论引导的重要作用。

其一，特约监察员的选聘应根据工作需要决定，按照事先明确的选聘程序，选聘完成后相关名单应当及时公布。特约监察员是按照一定程序优选聘请的公信人士，他们主要从人大代表、政协委员、党和国家机关工作人员、各民主党派成员、无党派人士、企业、事业单位和社会团体代表、专家学者、媒体和文艺工作者，以及一线代表和基层群众中优选聘请。

其二，特约监察员的工作职责主要是履行监督、咨询等。对纪检监察机关及其工作人员履行职责情况进行监督，提出加强和改进纪检监察工作的意见、建议；对制定纪检监察法律法规、出台重大政策、起草重要文件、提出监察建议等提供咨询意见；参加国家监察委员会组织的调查研究、监督检查、专项工作；宣传纪检监察工作的方针、政策和成效，以及办理国家监察委员会委托的其他事项。

其三，特约监察员不脱离本职工作岗位，工资、奖金、福利待遇由所在单位负责。监察委员会负责对特约监察员进行动态管理和考核，定期与特约监察员所在单位及推荐单位沟通，了解其工作情况，并征求意见和建议。

建立特约监察员制度，是进一步深化国家监察体制改革、健全党和国家监督体系的重要内容，是保证监察机关依纪依规依法行使职权的现实需求，是依靠人民群众推进反腐败工作的有效载体。

关 联 规 定

《监察官法》

第四十五条 监察委员会根据工作需要，按照规定从各方面代表中聘请特约监察员等监督人员，对监察官履行职责情况进行监督，提出加强和改进监察工作的意见、建议。

《监察法实施条例》

第二百五十六条 各级监察机关可以根据工作需要，按程序选聘特约监察员履行监督、咨询等职责。特约监察员名单应当向社会公布。

监察机关应当为特约监察员依法开展工作提供必要条件和便利。

《国家监察委员会特约监察员工作办法》

正文略

第六十三条 【监察机关内部监督】

监察机关通过设立内部专门的监督机构等方式，加强对监察人员执行职务和遵守法律情况的监督，建设忠诚、干净、担当的监察队伍。

重点解读

本条是关于监察机关内部监督及对监察队伍要求的规定。

本条的主要目的是通过加强监察机关内部体制机制建设和强化自我监督，促进监察队伍不断提高政治素质和遵纪守法，打造忠诚、干净、担当的监察铁军。

党的二十大报告强调，"建设堪当民族复兴重任的高素质干部队伍。全面建设社会主义现代化国家，必须有一支政治过硬、适应新时代要求、具备领导现代化建设能力的干部队伍"。历史使命越光荣，奋斗目标越宏伟，治理环境越复杂，越要全面从严治党。监察机关采取设立内部专门的监督机构等方式，目的是落实自我监督，深入推进自我革命事业。对监察机关及其工作人员的监督，要统筹内部监督和外部监督相结合。"打铁还需自身硬"，党风廉政建设和反腐败事业的推进，必须着力建设德才兼备的高素质监察干部队伍。例如，纪检监察机关内部的干部监督部门和机关党委、机关纪委等部门要充分发挥应有的作用。

其一，在内部监督方式上，监察机关要严格审批程序和内控制度，设立干部监督室等内部专门的监督机构,地市级以上监察机关探索日常监督和案件调查部门分设,问题线索处置、调查、审理,各部门建立相互协调、相互制约的工作机制等方式,不断强化自我监督。除了本条文,本法的许多条文都对加强监察机关的自我监督进行规范构建,这是将长期以来实践中取得成效的自我监督的做法和经验落实到法律规范保障之中。早在国家监察体制改革开始前,各级纪检监察机关就在深化"三转"的过程中设立了干部监督部门,并相应严肃查处了一批纪检监察队伍的"害群之马"。《监察法》还对打听案情、过问案件、说情干预的报告和登记备案,监察人员的回避,脱密期管理和对监察人员辞职、退休后从业限制等制度进行了专门规定,都体现出强化自身建设和内部监督的严格要求。

其二,在监督的内容上,内部监督的主要内容是监察人员执行职务和遵守法律情况。本条中的"执行职务",是指监察人员代表监察机关行使职权、履行法定义务,其行为产生的法律后果由监察机关负责。"遵守法律"是对监察人员的一般要求,不论是执行职务还是日常生活中,监察人员都应模范遵守国家法律法规。

其三,在对监察干部的要求上,执纪者必先守纪,律人者必先律己,要求纪检监察干部做到忠诚坚定、担当尽责、遵纪守法、清正廉洁。监察人员必须从严要求自己,做到政治忠诚、本人干净、敢于担当。本条着重强调了忠诚、干净、担当三种品质。

一是忠诚。忠诚首要强调对党忠诚的政治素质。党内所有的政治问题,归根到底就是对党是否忠诚。[1] 政治忠诚是对监察人员第一位的政治要求。监察人员奋战在反腐败斗争工作一线,如果没有坚定的信念和坚强的党性,就难以做到拒腐防变、不忘初心。在打赢反腐败斗争攻坚战的过程中,要增强政治敏锐性和政治警觉性,在严峻复杂的形势面前保持头脑清醒,始终对党忠诚,坚决维护党中央权威和集中统一领导。

二是干净。党的二十大报告强调,"教育引导广大党员、干部增强不想腐的自觉,清清白白做人、干干净净做事"。监察人员必须自身行得正,做守纪

---

[1] 习近平:《习近平谈治国理政》(第三卷),外文出版社2020年版,第505页。

律、讲规矩的表率。监察人员肩负反腐败斗争的重任，更要谨防被别有用心的腐败分子腐蚀围猎。守住干净这条底线，关键是守住党纪国法的底线，严禁办人情案、关系案。只有守住了党纪国法，才能做到忠诚坚定、清正廉洁。

三是担当。卓越的道义就是担当，有权必有责，有责必担当。担当首先体现在做好本职工作、勇于承担责任上，同时也体现在对干部的高要求、严管理上。监察人员，特别是监察机关领导人员更要敢于担当、敢于监督，切实履行好法律赋予的职责。党的二十大报告强调，"加强对干部全方位管理和经常性监督，落实'三个区分开来'，激励干部敢于担当、积极作为"，同时也指出，"一些党员、干部缺乏担当精神，斗争本领不强，实干精神不足，形式主义、官僚主义现象仍较突出"。纪检监察干部必须坚守原则，公正执纪执法，以"得罪千百人、不负十四亿"的使命担当祛疴治乱，切实肩负起为民族复兴伟业保驾护航的重任。担当，同时也强调一个机关、一个部门的领导干部更要具备勇担大任、尽职负责的品质，只有注重平日的言传身教和严管厚爱，才能带领团队打造出高水平的监察队伍。

关 联 规 定

《监察法实施条例》

第二百五十七条 监察机关实行严格的人员准入制度，严把政治关、品行关、能力关、作风关、廉洁关。监察人员必须忠诚坚定、担当尽责、遵纪守法、清正廉洁。

第二百五十八条 监察机关应当建立监督检查、调查、案件监督管理、案件审理等部门相互协调制约的工作机制。

监督检查和调查部门实行分工协作、相互制约。监督检查部门主要负责联系地区、部门、单位的日常监督检查和对涉嫌一般违法问题线索处置。调查部门主要负责对涉嫌严重职务违法和职务犯罪问题线索进行初步核实和立案调查。

案件监督管理部门负责对监督检查、调查工作全过程进行监督管理，做好线索管理、组织协调、监督检查、督促办理、统计分析等工作。案件监督管理部门发现监察人员在监督检查、调查中有违规办案行为的，及时督促整改；涉嫌违纪违法的，根据管理权限移交相关部门处理。

《监察官法》

第四条 监察官应当忠诚坚定、担当尽责、清正廉洁，做严格自律、作风优良、拒腐防变的表率。

第七条 监察机关应当建立健全对监察官的监督制度和机制，确保权力受到严格约束。

监察官应当自觉接受组织监督和民主监督、社会监督、舆论监督。

第十条 监察官应当履行下列义务：

（一）自觉坚持中国共产党领导，严格执行中国共产党和国家的路线方针政策、重大决策部署；

（二）模范遵守宪法和法律；

（三）维护国家和人民利益，秉公执法，勇于担当、敢于监督，坚决同腐败现象作斗争；

（四）依法保障监察对象及有关人员的合法权益；

（五）忠于职守，勤勉尽责，努力提高工作质量和效率；

（六）保守国家秘密和监察工作秘密，对履行职责中知悉的商业秘密和个人隐私、个人信息予以保密；

（七）严守纪律，恪守职业道德，模范遵守社会公德、家庭美德；

（八）自觉接受监督；

（九）法律规定的其他义务。

第十二条 担任监察官应当具备下列条件：

（一）具有中华人民共和国国籍；

（二）忠于宪法，坚持中国共产党领导和社会主义制度；

（三）具有良好的政治素质、道德品行和廉洁作风；

（四）熟悉法律、法规、政策，具有履行监督、调查、处置等职责的专业知识和能力；

（五）具有正常履行职责的身体条件和心理素质；

（六）具备高等学校本科及以上学历；

（七）法律规定的其他条件。

本法施行前的监察人员不具备前款第六项规定的学历条件的，应当接受培训和考核，具体办法由国家监察委员会制定。

第十三条 有下列情形之一的，不得担任监察官：

（一）因犯罪受过刑事处罚，以及因犯罪情节轻微被人民检察院依法作出不起诉决定或者被人民法院依法免予刑事处罚的；

（二）被撤销中国共产党党内职务、留党察看、开除党籍的；

（三）被撤职或者开除公职的；

（四）被依法列为失信联合惩戒对象的；

（五）配偶已移居国（境）外，或者没有配偶但是子女均已移居国（境）外的；

（六）法律规定的其他情形。

第十四条 监察官的选用，坚持德才兼备、以德为先，坚持五湖四海、任人唯贤，坚持事业为上、公道正派，突出政治标准，注重工作实绩。

第二十七条 监察官等级的确定，以监察官担任的职务职级、德才表现、业务水平、工作实绩和工作年限等为依据。

监察官等级晋升采取按期晋升和择优选升相结合的方式，特别优秀或者作出特别贡献的，可以提前选升。

第三十七条 监察官的考核应当按照管理权限，全面考核监察官的德、能、勤、绩、廉，重点考核政治素质、工作实绩和廉洁自律情况。

《公务员法》

第七条 公务员的任用，坚持德才兼备、以德为先，坚持五湖四海、任人唯贤，坚持事业为上、公道正派，突出政治标准，注重工作实绩。

第十三条 公务员应当具备下列条件：

（一）具有中华人民共和国国籍；

（二）年满十八周岁；

（三）拥护中华人民共和国宪法，拥护中国共产党领导和社会主义制度；

（四）具有良好的政治素质和道德品行；

（五）具有正常履行职责的身体条件和心理素质；

（六）具有符合职位要求的文化程度和工作能力；

（七）法律规定的其他条件。

《监督执纪工作规则》

第六十一条　纪检监察机关应当严格干部准入制度，严把政治安全关，纪检监察干部必须忠诚坚定、担当尽责、遵纪守法、清正廉洁，具备履行职责的基本条件。

第六十二条　纪检监察机关应当加强党的政治建设、思想建设、组织建设，突出政治功能，强化政治引领。审查调查组有正式党员3人以上的，应当设立临时党支部，加强对审查调查组成员的教育、管理、监督，开展政策理论学习，做好思想政治工作，及时发现问题，进行批评纠正，发挥战斗堡垒作用。

第六十三条　纪检监察机关应当加强干部队伍作风建设，树立依规依法、纪律严明、作风深入、工作扎实、谦虚谨慎、秉公执纪的良好形象，力戒形式主义、官僚主义，力戒特权思想，力戒口大气粗、颐指气使，不断提高思想政治水平和把握政策能力，建设让党放心、人民信赖的纪检监察干部队伍。

第六十四条　【禁闭措施】

监察人员涉嫌严重职务违法或者职务犯罪，为防止造成更为严重的后果或者恶劣影响，监察机关经依法审批，可以对其采取禁闭措施。禁闭的期限不得超过七日。

被禁闭人员应当配合监察机关调查。监察机关经调查发现被禁闭人员符合管护或者留置条件的，可以对其采取管护或者留置措施。

本法第五十条的规定，适用于禁闭措施。

重点解读

本条主要规定对监察人员实施禁闭措施的条件、程序及与其他调查措施的衔接。

第七章 对监察机关和监察人员的监督

本条规定的目的是强化对监察人员行使职权、履行职责过程的监督,对涉嫌严重职务违法或职务犯罪的监察人员,为了防止更为严重的后果和影响产生,经过严格的审批程序可以对其采取禁闭措施。该条文明确了禁闭措施的适用对象、条件、期限、被禁闭人员的义务以及后续处理措施等关键内容,为监察机关依法履行职责提供了有力的法律保障。"禁闭"措施仅对涉嫌严重违法或者职务犯罪的"监察人员"适用,且禁闭期限不得超过7日。经过调查后,发现被禁闭人员符合留置或管护条件的,对其采取留置或管护措施。值得注意的是,禁闭措施是本次修正案新增的内容,且本条规定在"对监察机关和监察人员的监督"一章中,表明国家监察立法通过不断健全监督制约机制以强化对监察权力运行的监督。禁闭措施因其具有更强的强制性,更像一种惩罚性、反省性的措施,体现了对监察人员自身的"刀刃向内"和从严管理,是落实《监察法》"惩戒与教育相结合""宽严相济""尊重和保障人权"规定之体现。

在本条的适用对象与条件上,禁闭措施适用于监察人员涉嫌严重职务违法或者职务犯罪的情形,这是为了防止这些监察人员继续从事违法活动而造成更为严重的后果或者恶劣影响,监察机关在采取禁闭措施前,必须经过依法严格审批,确保措施的合法性和合理性。

在禁闭的期限上,禁闭的期限不得超过7日,旨在平衡对被调查人员的惩戒与保护其合法权益之间的关系。通过限制禁闭期限,可以避免对被调查人员造成过长的限制人身自由的困扰,同时也能够确保监察机关有足够的时间进行必要的调查工作。

在禁闭与监察机关的调查措施衔接上,监察机关在调查过程中,如果发现被禁闭人员符合留置或者管护条件的,可以对其采取留置或者管护措施。这一规定体现了监察机关在处理涉嫌违法监察人员时的灵活性和针对性。根据被禁闭人员的具体情况,监察机关可以选择更为严格的留置或管护措施,以确保调查的深入进行和违法犯罪行为的及时查处。

本条第3款规定了本法第50条的适用。这意味着在采取禁闭措施时,监察机关应当遵循第50条的相关规定,与第50条规定实现有效衔接,确保禁闭措施的合法性。同时,这也为被禁闭人员的合法权益提供了更周延的法律保障。本法第50条第4款规定,"被管护人员、被留置人员涉嫌犯罪移送司法机关后,被依法判处管制、拘役或者有期徒刑的，管护、留置一日折抵管制二日，折抵拘役、有期徒刑一日"。由此可见，禁闭措施对人身自由的限制程度与"管护""留置"相同，因此才具有可以折抵管制、拘役和有期徒刑刑期的法律地位。禁闭措施属于针对监察人员这一特殊主体的具有人身强制性的措施，在现有刑事诉讼强制体系中，并无明确可参照的同类措施，采取禁闭措施后并不一定采取留置或管护措施，禁闭措施与管护措施、留置措施之间无必然的先后适用关系。

目前法律并未规定对人民法官、人民检察官实施禁闭，但规定了可以对人民警察采取禁闭措施，《人民警察法》第48条第3款规定了"对违反纪律的人民警察，必要时可以对其采取停止执行职务、禁闭的措施"。

关联规定

《监察法》

第五十条 采取管护或者留置措施后，应当在二十四小时以内，通知被管护人员、被留置人员所在单位和家属，但有可能伪造、隐匿、毁灭证据，干扰证人作证或者串供等有碍调查情形的除外。有碍调查的情形消失后，应当立即通知被管护人员、被留置人员所在单位和家属。解除管护或者留置的，应当及时通知被管护人员、被留置人员所在单位和家属。

被管护人员、被留置人员及其近亲属有权申请变更管护、留置措施。监察机关收到申请后，应当在三日以内作出决定；不同意变更措施的，应当告知申请人，并说明不同意的理由。

监察机关应当保障被强制到案人员、被管护人员以及被留置人员的饮食、休息和安全，提供医疗服务。对其谈话、讯问的，应当合理安排时间和时长，谈话笔录、讯问笔录由被谈话人、被讯问人阅看后签名。

被管护人员、被留置人员涉嫌犯罪移送司法机关后，被依法判处管制、拘役或者有期徒刑的，管护、留置一日折抵管制二日，折抵拘役、有期徒刑一日。

《人民警察法》

第四十八条 人民警察有本法第二十二条所列行为之一的，应当给予行政处分；构成犯罪的，依法追究刑事责任。

行政处分分为：警告、记过、记大过、降级、撤职、开除。对受行政处分的人民警察，按照国家有关规定，可以降低警衔、取消警衔。

对违反纪律的人民警察，必要时可以对其采取停止执行职务、禁闭的措施。

《道路交通安全法》

第一百一十六条 依照本法第一百一十五条的规定，给予交通警察行政处分的，在作出行政处分决定前，可以停止其执行职务；必要时，可以予以禁闭。

依照本法第一百一十五条的规定，交通警察受到降级或者撤职行政处分的，可以予以辞退。

交通警察受到开除处分或者被辞退的，应当取消警衔；受到撤职以下行政处分的交通警察，应当降低警衔。

《公安机关人民警察内务条令》

第三十四条 公安民警因涉嫌违纪违法被留置、停止执行职务、禁闭期间，或者被采取刑事强制措施和其他可能影响人民警察形象声誉的情形，不得着装。

第二百二十九条 违反本条令，情节轻微的，应当给予谈话提醒、批评教育或者当场予以纠正；情节严重的，应当按照规定采取带离现场、停止执行职务、禁闭措施，给予处分或者限期调离、辞退等处理；构成违法犯罪的，依法追究相应的法律责任。

《人民检察院监狱检察办法》

第二十七条 禁闭检察的内容：

（一）适用禁闭是否符合规定条件；

（二）适用禁闭的程序是否符合有关规定；

（三）执行禁闭是否符合有关规定。

第二十八条 禁闭检察的方法：

（一）对禁闭室进行现场检察；

（二）查阅禁闭登记和审批手续；

（三）听取被禁闭人和有关人员的意见。

第二十九条 发现监狱在适用禁闭活动中有下列情形的，应当及时提出纠正意见：

（一）对罪犯适用禁闭不符合规定条件的；

（二）禁闭的审批手续不完备的；

（三）超期限禁闭的；

（四）使用戒具不符合有关规定的；

（五）其他违反禁闭规定的。

> **第六十五条　【监察人员的一般要求】**
> 监察人员必须模范遵守宪法和法律，忠于职守、秉公执法，清正廉洁、保守秘密；必须具有良好的政治素质，熟悉监察业务，具备运用法律、法规、政策和调查取证等能力，自觉接受监督。

重点解读

本条是关于监察人员在遵法义务、业务能力和专业素养等方面要求的规定。

本条规定强调了监察人员的行为、作风和能力，目的是促进监察人员更好地履行本职工作。党的二十大报告强调，"建设堪当民族复兴重任的高素质干部队伍……坚持德才兼备、以德为先、五湖四海、任人唯贤……树立选人用人正确导向，选拔忠诚干净担当的高素质专业化干部，选优配强各级领导班子……加强干部斗争精神和斗争本领养成……激励干部敢于担当、积极作为"。

第一，监察人员必须模范地遵守宪法和法律。监察人员作为国家的公职人员，必须以身作则，严格遵守国家的宪法和法律，确保自己的行为符合国家法律的规定，维护法律的权威和尊严。而且监察人员还要模范地、自觉地遵守宪法和法律，"打铁必须自身硬"，只有首先"正己"才能更好地"正人"，要严格运用法治思维和法治方式履行职责、做人做事。

第二，监察人员必须忠于职守。忠于职守是监察人员的基本职责和道德要求，监察人员必须对职务保持高度忠诚，将国家、社会和人民的利益置于首位，全心全意履行职责，忠于职守。这意味着监察人员必须尽职尽责，具备扎实的专业知识和技能，以高度的敬业精神对待工作，确保任务的高质量完成。勇于担当责任也是忠于职守的重要体现。在面对困难和挑战时，监察人员应勇于承担责任，积极寻求解决方案，而不是推卸责任或逃避困难。

第三，监察人员必须秉公执法。监察人员在执行监察任务时，要坚持实事求是，以事实为依据，公正无私地执行国家法律，捍卫法律尊严，确保监察工作的准确性和可靠性；严格遵守法定程序，不偏不倚，不徇情枉法，对违法犯罪行为依法进行查处。同时，监察人员应保持公正无私的态度，不受个人私利或外部干扰影响。

第四，监察人员必须清正廉洁。清正廉洁是监察人员的基本品质，要求监察人员在履行职责过程中，保持高尚的道德情操，坚守廉洁自律的原则。监察人员应做到公私分明，不以权谋私，不收受任何可能影响公正执行公务的财物或利益。监察人员还应自觉接受监督，时刻保持清醒的头脑，不断反省自我。清正廉洁不仅是监察人员的职业操守，更是赢得公众信任和尊重的关键所在。

第五，监察人员必须保守秘密。监察人员在履行职责过程中，严格遵守保密规定，确保在工作中接触到的国家秘密、工作秘密和商业秘密不被泄露。监察人员应增强保密意识，时刻警惕潜在的信息泄露风险，对知悉的秘密事项做到守口如瓶，不向无关人员透露任何秘密信息。同时，监察人员还应采取必要的保密措施，如妥善保管秘密文件、资料，加强网络安全防护等，确保秘密信息的安全性和保密性。保守秘密不仅是监察人员应遵守的法律义务，更是维护国家安全、社会稳定和公平正义的重要保障。

第六，监察人员必须具有良好的政治素质。这是其履行职责、维护国家法律的重要基础。良好的政治素质意味着监察人员应具备坚定的政治立场，高度的政治觉悟和敏锐的政治洞察力，能够准确理解和把握党的路线、方针、政策，确保监察工作的政治方向正确。同时，监察人员还应具备强烈的政治责任感和使命感，勇于担当、敢于作为，为维护社会公平正义和国家长治久安贡献自己的力量。监察人员要提高政治觉悟、严守政治纪律，同党中央保持高度一致，坚决维护党中央权威。监察人员要切实把"四个意识"体现在思想上和行动上，把政治和业务有机统一起来，要紧紧跟上中央要求，坚定政治立场，把责任追究真正落到实处，推动全面从严治党不断向纵深发展。

第七，监察人员必须熟悉监察业务。监察人员必须掌握监察专业知识及相关业务知识。熟悉监察业务是其高效、准确履行职责的关键所在。熟悉监察业务意味着监察人员应具备扎实的专业知识，深入了解监察工作的程序、方法和技巧，能够熟练运用相关法律法规和政策，确保监察工作正确规范开展。同时，监察人员还应具备丰富的实践经验，能够准确判断和分析问题，及时采取有效的措施，解决监察工作中遇到的各种困难和挑战。

第八，监察人员必须具备运用法律、法规、政策和调查取证等能力。监察人员不仅要深入理解并掌握相关法律法规和政策，还要能够灵活应用这些法律工具，确保监察工作的合法性和准确性。在调查取证方面，监察人员应掌握科学的调查方法和技巧，能够迅速、准确地收集、固定和审查证据，确保调查结果的真实性和可靠性。这些能力的具备，是监察人员高效、公正履行职责的重要保证，也是维护社会公平正义、保障国家法治秩序的坚实基础。

第九，监察人员必须自觉接受监督。监察人员作为公职人员，其权力来源于人民，必须自觉接受来自各方面的监督。这不仅是法治原则的内在要求，也是确保监察工作公正、透明、高效的重要保障。自觉接受监督意味着监察人员要时刻保持谦虚谨慎的态度，主动接受党的监督、上级纪委监委的监督，以及来自人民群众和社会舆论的监督。通过接受监督，监察人员可以及时发现和纠正工作中的不足和错误，不断提升自身素质和业务能力，确保监察工作的公正性和权威性。

关联规定

《监察法》

第六十一条 监察机关应当依法公开监察工作信息，接受民主监督、社会监督、舆论监督。

《监察法实施条例》

第二百五十七条 监察机关实行严格的人员准入制度，严把政治关、品行关、能力关、作风关、廉洁关。监察人员必须忠诚坚定、担当尽责、遵纪守法、清正廉洁。

《监察官法》

第四条 监察官应当忠诚坚定、担当尽责、清正廉洁，做严格自律、作风优良、拒腐防变的表率。

第七条 监察机关应当建立健全对监察官的监督制度和机制，确保权力受到严格约束。

监察官应当自觉接受组织监督和民主监督、社会监督、舆论监督。

第十条 监察官应当履行下列义务：

（一）自觉坚持中国共产党领导，严格执行中国共产党和国家的路线方针政策、重大决策部署；

（二）模范遵守宪法和法律；

（三）维护国家和人民利益，秉公执法，勇于担当、敢于监督，坚决同腐败现象作斗争；

（四）依法保障监察对象及有关人员的合法权益；

（五）忠于职守，勤勉尽责，努力提高工作质量和效率；

（六）保守国家秘密和监察工作秘密，对履行职责中知悉的商业秘密和个人隐私、个人信息予以保密；

（七）严守纪律，恪守职业道德，模范遵守社会公德、家庭美德；

（八）自觉接受监督；

（九）法律规定的其他义务。

第十二条 担任监察官应当具备下列条件：

（一）具有中华人民共和国国籍；

（二）忠于宪法，坚持中国共产党领导和社会主义制度；

（三）具有良好的政治素质、道德品行和廉洁作风；

（四）熟悉法律、法规、政策，具有履行监督、调查、处置等职责的专业知识和能力；

（五）具有正常履行职责的身体条件和心理素质；

（六）具备高等学校本科及以上学历；

（七）法律规定的其他条件。

本法施行前的监察人员不具备前款第六项规定的学历条件的，应当接受培训和考核，具体办法由国家监察委员会制定。

第十三条 有下列情形之一的，不得担任监察官：

（一）因犯罪受过刑事处罚，以及因犯罪情节轻微被人民检察院依法作出不起诉决定或者被人民法院依法免予刑事处罚的；

（二）被撤销中国共产党党内职务、留党察看、开除党籍的；

（三）被撤职或者开除公职的；

（四）被依法列为失信联合惩戒对象的；

（五）配偶已移居国（境）外，或者没有配偶但是子女均已移居国（境）外的；

（六）法律规定的其他情形。

第十四条 监察官的选用，坚持德才兼备、以德为先，坚持五湖四海、任人唯贤，坚持事业为上、公道正派，突出政治标准，注重工作实绩。

第二十七条 监察官等级的确定，以监察官担任的职务职级、德才表现、业务水平、工作实绩和工作年限等为依据。

监察官等级晋升采取按期晋升和择优选升相结合的方式，特别优秀或者作出特别贡献的，可以提前选升。

第三十七条 监察官的考核应当按照管理权限，全面考核监察官的德、能、勤、绩、廉，重点考核政治素质、工作实绩和廉洁自律情况。

《公务员法》

第七条 公务员的任用，坚持德才兼备、以德为先，坚持五湖四海、任人唯贤，坚持事业为上、公道正派，突出政治标准，注重工作实绩。

第十三条 公务员应当具备下列条件：

（一）具有中华人民共和国国籍；

（二）年满十八周岁；

（三）拥护中华人民共和国宪法，拥护中国共产党领导和社会主义制度；

（四）具有良好的政治素质和道德品行；

（五）具有正常履行职责的身体条件和心理素质；

（六）具有符合职位要求的文化程度和工作能力；

（七）法律规定的其他条件。

《监督执纪工作规则》

第六十一条 纪检监察机关应当严格干部准入制度，严把政治安全关，纪检监察干部必须忠诚坚定、担当尽责、遵纪守法、清正廉洁,具备履行职责的基本条件。

第六十二条 纪检监察机关应当加强党的政治建设、思想建设、组织建设,突出政治功能,强化政治引领。审查调查组有正式党员3人以上的,应当设立临时党支部,加强对审查调查组成员的教育、管理、监督,开展政策理论学习,做好思想政治工作,及时发现问题、进行批评纠正,发挥战斗堡垒作用。

第六十三条 纪检监察机关应当加强干部队伍作风建设,树立依规依法、纪律严明、作风深入、工作扎实、谦虚谨慎、秉公执纪的良好形象,力戒形式主义、官僚主义,力戒特权思想,力戒口大气粗、颐指气使,不断提高思想政治水平和把握政策能力,建设让党放心、人民信赖的纪检监察干部队伍。

第六十六条 【办理监察事项的报告备案】

对于监察人员打听案情、过问案件、说情干预的,办理监察事项的监察人员应当及时报告。有关情况应当登记备案。

发现办理监察事项的监察人员未经批准接触被调查人、涉案人员及其特定关系人,或者存在交往情形的,知情人应当及时报告。有关情况应当登记备案。

重点解读

本条是关于办理监察事项报告备案的规定。

本条主要规定了监察人员在办理监察事项过程中,对于特定行为的报告备案制度,规定本条的主要目的是完善过程管控制度,避免出现跑风漏气、以案谋私、办"人情案"等问题。这既是对监察人员的严管,也是对监察人员的厚爱。

监察人员在办理监察事项时,若遇到其他监察人员打听案情、过问案件、说情干预等不当行为,应当立即向上级或相关部门报告。这一规定旨在防止监察工作受到外部干扰，确保监察权力运行的独立性和公正性。同时，对于上述不当行为，办理监察事项的监察人员还应将相关情况登记备案。这一步骤是为了留下记录，便于后续的调查和追责，确保监察工作的透明度和可追溯性。

此外，本条还规定若发现办理监察事项的监察人员未经批准擅自接触被调查人、涉案人员及其特定关系人，或者存在其他不当交往情形的知情人，也应当及时报告，并将相关情况登记备案。知情人既包括共同办理该监察事项的其他监察人员，也包括被调查人、涉案人员及其特定关系人或者其他人员。这一规定进一步强化了监察工作的纪律性，防止监察人员因私人关系或利益而干扰监察工作的正常进行。

理解本条规定，还需区分本条两款规定分别针对的报告和登记备案的具体情形。第一种报告、备案情形，是打听案情、过问案件、说情干预，其指向于非办理监察事项的监察人员。第二种报告、备案情形，是未经批准接触被调查人、涉案人员及其特定关系人，或者存在交往情形，其指向于办理监察事项的监察人员。所谓知情的监察人员，既包括共同办理该监察事项的其他监察人员，也包括非办理该监察事项的监察人员。对于上述违法干预案件、接触相关人员的监察人员，应当依法给予政务处分；是党员的，要依照《纪律处分条例》追究党纪责任，构成犯罪的，还应当依法追究刑事责任。

关联规定

《监察法实施条例》

第二百六十二条 对监察人员打听案情、过问案件、说情干预的，办理监察事项的监察人员应当及时向上级负责人报告。有关情况应当登记备案。

发现办理监察事项的监察人员未经批准接触被调查人、涉案人员及其特定关系人，或者存在交往情形的，知情的监察人员应当及时向上级负责人报告。有关情况应当登记备案。

《监察官法》

第四十六条 监察官不得打听案情、过问案件、说情干预。对于上述行为，办理监察事项的监察官应当及时向上级报告。有关情况应当登记备案。

办理监察事项的监察官未经批准不得接触被调查人、涉案人员及其特定关系人，或者与其进行交往。对于上述行为，知悉情况的监察官应当及时向上级报告。有关情况应当登记备案。

《监督执纪工作规则》

第六十四条 对纪检监察干部打听案情、过问案件、说情干预的，受请托人应当向审查调查组组长和监督检查、审查调查部门主要负责人报告并登记备案。

发现审查调查组成员未经批准接触被审查调查人、涉案人员及其特定关系人，或者存在交往情形的，应当及时向审查调查组组长和监督检查、审查调查部门主要负责人直至纪检监察机关主要负责人报告并登记备案。

第六十七条　【回避制度】

办理监察事项的监察人员有下列情形之一的，应当自行回避，监察对象、检举人及其他有关人员也有权要求其回避：

（一）是监察对象或者检举人的近亲属的；

（二）担任过本案的证人的；

（三）本人或者其近亲属与办理的监察事项有利害关系的；

（四）有可能影响监察事项公正处理的其他情形的。

重点解读

本条是关于监察人员回避制度的规定。

本条规定其核心在于保障监察工作的公正性和独立性，确保监察工作客观、公正、合法，防止因个人关系或利益而影响监察事项的处理，有利于树立监察机关公正执法的良好形象。监察人员回避制度的实施，对于提升监察工作的公信力和权威性具有重要意义。一方面，它可以有效防止监察人员因个人关系或利益而干扰监察工作的正常进行，确保监察结果的客观公正。另一方面，它也可以增强监察工作的透明度和可信度，让监察对象、检举人及相关人员更加信任和支持监察工作。

监察人员应当回避的四种情形。第一种情形是监察人员是监察对象或者检举人的近亲属。这里的监察人员是监察对象或者检举人的夫、妻、父、母、子、女、同胞兄弟姊妹。由于近亲属关系可能引发情感上的偏袒或偏见，因此监察人员在此类情况下应当主动回避，以确保监察工作的公正性。第二种情形是监察人员曾担任过本案的证人。作为证人，监察人员已经对案件有了先入为主的了解，这可能导致其在后续的监察工作中难以保持客观中立的态度，因此也需要回避。第三种情形是监察人员本人或者其近亲属与办理的监察事项有利害关系。这种利害关系可能直接影响监察人员的判断，因此同样需要回避。第四种情形是存在可能影响监察事项公正处理的其他情形，作为兜底条款，用于涵盖可能干扰监察公正性的其他因素，主要包括以下几种情形：是监察对象、检举人及其他有关人员的朋友、亲戚；与监察对象有过恩怨；与监察对象有借贷关系；等等。

监察人员实行回避的类型有两种。一是自行回避，即监察人员知道自己具有应当回避情形的，主动向所在机关提出回避的申请；二是监察对象、检举人及其他有关人员也有权要求其回避，主要是指监察人员明知自己应当回避而不自行回避或者不知道、不认为自己具有应当回避的情形，因而没有自行回避的，监察对象、检举人及其他有关人员有权要求他们回避。对于监察人员应当回避而拒不回避的，监察机关要对其进行提醒教育，情节严重的，应依照法律法规处理。

值得注意的是，回避制度不仅适用于调查人员，还涵盖了线索处置、日常监督、审理等部门中可能存在影响工作公正性的监察人员。一旦监察人员被要求回避，将不得参与相关调查、讨论和决策过程，同时也不得以任何直接或间接的方式对相关事项施加影响。此外，选用借调人员、看护人员，要严格执行回避制度。在办理监察事项的过程中，借调人员通常与监察人员一样直接参与审查调查工作，故而知晓监察案件有关工作事项。与被审查调查人近距离接触的看护人员，也存在失密、泄密的风险。因此，在选用这两类人员时，也要严格执行上述关于回避类型和回避情形的规定。

关 联 规 定

《监察法实施条例》

第二百六十三条 办理监察事项的监察人员有监察法第五十八条所列情形之一的,应当自行提出回避;没有自行提出回避的,监察机关应当依法决定其回避,监察对象、检举人及其他有关人员也有权要求其回避。

选用借调人员、看护人员、调查场所,应当严格执行回避制度。

第二百六十四条 监察人员自行提出回避,或者监察对象、检举人及其他有关人员要求监察人员回避的,应当书面或者口头提出,并说明理由。口头提出的,应当形成记录。

监察机关主要负责人的回避,由上级监察机关主要负责人决定;其他监察人员的回避,由本级监察机关主要负责人决定。

《监督执纪工作规则》

第六十五条 严格执行回避制度。审查调查审理人员是被审查调查人或者检举人近亲属、本案证人、利害关系人,或者存在其他可能影响公正审查调查审理情形的,不得参与相关审查调查审理工作,应当主动申请回避,被审查调查人、检举人以及其他有关人员也有权要求其回避。选用借调人员、看护人员、审查场所,应当严格执行回避制度。

《监察官法》

第四十七条 办理监察事项的监察官有下列情形之一的,应当自行回避,监察对象、检举人、控告人及其他有关人员也有权要求其回避;没有主动申请回避的,监察机关应当依法决定其回避:

(一)是监察对象或者检举人、控告人的近亲属的;

(二)担任过本案的证人的;

(三)本人或者其近亲属与办理的监察事项有利害关系的;

(四)有可能影响监察事项公正处理的其他情形的。

《政务处分法》

第四十七条 参与公职人员违法案件调查、处理的人员有下列情形之一的,应当自行回避,被调查人、检举人及其他有关人员也有权要求其回避:

（一）是被调查人或者检举人的近亲属的；

（二）担任过本案的证人的；

（三）本人或者其近亲属与调查的案件有利害关系的；

（四）可能影响案件公正调查、处理的其他情形。

《公务员回避规定》

第十三条　公务员应当回避的公务活动包括：

（一）考试录用、聘任、调任、领导职务与职级升降任免、考核、考察、奖惩、转任、出国（境）审批；

（二）巡视、巡察、纪检、监察、审计、仲裁、案件侦办、审判、检察、信访举报处理；

（三）税费稽征、项目和资金审批、招标采购、行政许可、行政处罚；

（四）其他应当回避的公务活动。

第十四条　公务员执行第十三条所列公务时，有下列情形之一的，应当回避，不得参加有关调查、讨论、审核、决定等，也不得以任何方式施加影响：

（一）涉及本人利害关系的；

（二）涉及与本人有本规定第五条所列亲属关系人员的利害关系的；

（三）其他可能影响公正执行公务的。

第六十八条　【脱密期管理和从业限制】

监察机关涉密人员离岗离职后，应当遵守脱密期管理规定，严格履行保密义务，不得泄露相关秘密。

监察人员辞职、退休三年内，不得从事与监察和司法工作相关联且可能发生利益冲突的职业。

重点解读

本条是关于监察人员脱密期管理和从业限制的规定。

本条对监察机关涉密人员离岗离职后的保密义务以及监察人员离职后的职业限制作出了明确规定，主要目的是加强对监察人员的保密管理和从业限制，保障监察工作的廉洁性、独立性和公正性，防止发生失密泄密问题，避免利益冲突。

本条第 1 款是关于监察人员脱密期管理的规定。监察机关涉密人员，因其岗位的特殊性质，掌握着大量涉及国家安全、社会稳定以及监察工作秘密的信息。要严格防范监察人员在工作中接触的秘密因为人员流动而泄露出去。相关人员要严格遵守保密法律和纪律，在脱密期内自觉遵守就业、出境等方面的限制性要求，有关部门和单位也要加强管理，加强对离岗离职后涉密人员的教育、管理和监督。涉密人员在离岗离职后，应继续履行保密义务，不得将所知悉的秘密信息以任何形式泄露给无关人员或机构。这一规定体现了对涉密人员保密责任的延续性要求，即使离职，也必须保持高度的保密意识，确保秘密信息的安全。脱密期管理通常包括保密教育、信息清理、脱密期内的行为限制等。在具体实施过程中，监察机关应当严格执行保密制度，控制监察事项知悉范围和时间。监察人员不准私自留存、隐匿、查阅、摘抄、复制、携带问题线索和涉案资料，严禁泄露监察工作秘密。监察机关应当建立健全检举控告保密制度，对检举控告人的姓名（单位名称）、工作单位、住址、电话和邮箱等有关情况以及检举控告内容必须严格保密。

本条第 2 款是关于监察人员辞职、退休后的职业限制的规定。监察人员作为执法者，其职责是保证监察法律法规的公正实施。为了防止辞职、退休后的监察人员利用其在职期间积累的知识、经验和关系网从事与监察和司法工作相关联且可能发生利益冲突的职业，本条对监察人员离职后的职业选择做出了限制，旨在维护监察工作的独立性、公正性、廉洁性，防止监察人员因个人利益而干扰监察工作的正常进行。监察人员辞职、退休后禁止从事相关职业的时间限制为 3 年，这一期限的设定考虑了监察工作的复杂性和长期性，以及离职辞职、退休的监察人员可能对相关领域产生的影响。通过设定 3 年的合理期限，既能够确保辞职、退休监察人员有足够的时间适应新的职业环境，又能够防止其利用在职期间的资源和积累从事可能产生利益冲突的职业。

考察我国《公务员法》《检察官法》《法官法》，我国法律法规针对行政机关公务员、检察官、法官，都规定了离任后的从业限制要求。例如，《检察官法》第 37 条第 1 款规定了"检察官从人民检察院离任后两年内，不得以律师身份担任诉讼代理人或者辩护人"。《法官法》第 36 条第 1 款规定"法官从人民法院离任后两年内，不得以律师身份担任诉讼代理人或者辩护人"。这里的"与监察和司法工作相关联且可能发生利益冲突的职业"，本条没有作出明确列举，但监察人员自身必须履行谨慎注意义务。离任后 3 年内，如果打算从事的职业存在与监察、司法工作相关联的情况，而且存在发生利益冲突的可能，都应当事先征求原单位的意见。

第 2 款是关于监察人员辞职、退休后从业限制的规定。法律对行政机关公务员、法官、检察官辞职后都有从业限制规定。监察人员掌握监察权，因此不仅要对监察人员在职期间的行为加以严格约束，而且也要对监察人员辞职、退休后的行为作出一定的限制，避免监察人员在职期间利用手中权力为他人谋取利益换取辞职、退休后的回报，或在辞职、退休后利用自己在原单位的影响力为自己谋取不当利益。本条规定了"与监察和司法工作相关联且可能发生利益冲突的职业"，《监察官法》对此进行了细化，其第 49 条第 2 款、第 3 款规定"监察官离任后，不得担任原任职监察机关办理案件的诉讼代理人或者辩护人，但是作为当事人的监护人或者近亲属代理诉讼、进行辩护的除外。监察官被开除后，不得担任诉讼代理人或者辩护人，但是作为当事人的监护人或者近亲属代理诉讼、进行辩护的除外"。因此，监察人员在辞职、退休 3 年内若打算从事的职业与监察和司法工作有关，且可能引致他人怀疑与原工作内容产生利益冲突的，要先征求原单位意见。需要注意的是，如果监察人员是被辞退、被开除而离职的，不适用本条第 2 款关于从业限制的规定。这主要考虑到被动离职人员，已经失去良好的个人信誉，离职后即使从事与监察和司法工作相关联且可能发生利益冲突的职业，也难以在原单位发挥影响力。

关 联 规 定

《监察法实施条例》

第二百六十七条 监察机关应当严格执行保密制度，控制监察事项知悉范围和时间。监察人员不准私自留存、隐匿、查阅、摘抄、复制、携带问题线索和涉案资料，严禁泄露监察工作秘密。

监察机关应当建立健全检举控告保密制度，对检举控告人的姓名（单位名称）、工作单位、住址、电话和邮箱等有关情况以及检举控告内容必须严格保密。

第二百六十八条 监察机关涉密人员离岗离职后，应当遵守脱密期管理规定，严格履行保密义务，不得泄露相关秘密。

第二百六十九条 监察人员离任三年以内，不得从事与监察和司法工作相关联且可能发生利益冲突的职业。

监察人员离任后，不得担任原任职监察机关办理案件的诉讼代理人或者辩护人，但是作为当事人的监护人或者近亲属代理诉讼或者进行辩护的除外。

第二百七十条 监察人员应当严格遵守有关规范领导干部配偶、子女及其配偶经商办企业行为的规定。

《公务员法》

第一百零七条 公务员辞去公职或者退休的，原系领导成员、县处级以上领导职务的公务员在离职三年内，其他公务员在离职两年内，不得到与原工作业务直接相关的企业或者其他营利性组织任职，不得从事与原工作业务直接相关的营利性活动。

公务员辞去公职或者退休后有违反前款规定行为的，由其原所在机关的同级公务员主管部门责令限期改正；逾期不改正的，由县级以上市场监管部门没收该人员从业期间的违法所得，责令接收单位将该人员予以清退，并根据情节轻重，对接收单位处以被处罚人员违法所得一倍以上五倍以下的罚款。

《监察官法》

第四十九条 监察官离任三年内，不得从事与监察和司法工作相关联且可能发生利益冲突的职业。

监察官离任后，不得担任原任职监察机关办理案件的诉讼代理人或者辩护人，但是作为当事人的监护人或者近亲属代理诉讼、进行辩护的除外。

监察官被开除后，不得担任诉讼代理人或者辩护人，但是作为当事人的监护人或者近亲属代理诉讼、进行辩护的除外。

《监督执纪工作规则》

第六十八条　纪检监察机关相关涉密人员离岗离职后，应当遵守脱密期管理规定，严格履行保密义务，不得泄露相关秘密。

监督执纪人员辞职、退休3年内，不得从事与纪检监察和司法工作相关联、可能发生利益冲突的职业。

第六十九条　【申诉制度】

监察机关及其工作人员有下列行为之一的，被调查人及其近亲属、利害关系人有权向该机关申诉：

（一）采取强制到案、责令候查、管护、留置或者禁闭措施法定期限届满，不予以解除或者变更的；

（二）查封、扣押、冻结与案件无关或者明显超出涉案范围的财物的；

（三）应当解除查封、扣押、冻结措施而不解除的；

（四）贪污、挪用、私分、调换或者违反规定使用查封、扣押、冻结的财物的；

（五）利用职权非法干扰企业生产经营或者侵害企业经营者人身权利、财产权利和其他合法权益的；

（六）其他违反法律法规、侵害被调查人合法权益的行为。

受理申诉的监察机关应当在受理申诉之日起一个月内作出处理决定。申诉人对处理决定不服的，可以在收到处理决定之日起一个月内向上一级监察机关申请复查，上一级监察机关应当在收到复查申请之日起二个月内作出处理决定，情况属实的，及时予以纠正。

第七章　对监察机关和监察人员的监督

重点解读

本条是关于申诉制度的规定。

本条规定构建了对监察机关及其工作人员行为的申诉制度，主要目的是保障被调查人及其近亲属、利害关系人的合法权益，防止监察权力的滥用，确保监察工作的公正性和合法性，强化对监察机关及其工作人员的监督。

申诉制度的设立，不仅为被调查人及其近亲属、利害关系人提供了有效的法律救济途径，还促进了监察机关及其工作人员依法行使职权，提高了监察工作的透明度和公信力，同时也体现了本法关于尊重和保障人权的精神。

本条第 1 款包含新修正的内容，新增了"利害关系人"。监察机关采取相关调查措施过程中，侵害被调查人的人身权、财产权等合法权益的，被调查人及其近亲属、利害关系人有权申诉。本款规定的被调查人的近亲属，是指被调查人的夫、妻、父、母、子、女、同胞兄弟姊妹。利害关系人指的是与被调查人有直接或间接利害关系的人，可以表现为多种形式，包括但不限于财产权益、人身权益的利害关系等。当监察机关及其工作人员的行为可能对这些权益造成侵害时，利害关系人就有权向监察机关提出申诉。例如，与被调查财产有关的第三方在监察机关查封、扣押财产的过程中，如果涉及与案件无关的财物，这些财物的所有者或相关权利人就有可能成为利害关系人，有权提出申诉以保护自己的财产权益。本条规定了被调查人及其近亲属、利害关系人有权申诉的情形，主要有以下六种。

一是采取强制到案、责令候查、管护、留置或者禁闭措施法定期限届满，不予以解除或者变更的。本法第 25 条规定采取管护措施后，应当立即将被管护人员送留置场所，至迟不得超过 24 小时。如果超过 24 小时，就可以进行申诉。本法第 48 条第 1 款明确规定"留置时间不得超过三个月。在特殊情况下，可以延长一次，延长时间不得超过三个月。省级以下监察机关采取留置措施的，延长留置时间应当报上一级监察机关批准"。如果超过上述规定期限，有关监察机关及其工作人员对被留置人仍不解除留置措施的，属于本条第 1 款第 1 项规定的情形。

二是查封、扣押、冻结与案件无关或者明显超出涉案范围的财物的。查封、扣押、冻结是指本法第28条第1款规定的"监察机关在调查过程中，可以调取、查封、扣押用以证明被调查人涉嫌违法犯罪的财物、文件和电子数据等信息"和第26条第1款规定的"监察机关调查涉嫌贪污贿赂、失职渎职等严重职务违法或者职务犯罪，根据工作需要，可以依照规定查询、冻结涉案单位和个人的存款、汇款、债券、股票、基金份额等财产"。如果超出本法规定的范围，任意查封、扣押、冻结与案件无关的财物，属于本条第1款第2项规定的情形。查封、扣押、冻结的财物必须与案件有直接关联，即这些财物是案件调查、审理所必需的，或者是涉案财物本身。这有助于保障公民、企业的财产权益不受非法侵犯，确保措施的合法性和合理性。

三是应当解除查封、扣押、冻结措施而不解除的。这是指监察机关采取查封、扣押、冻结措施后，按照本法第28条第3款中"查封、扣押的财物、文件经查明与案件无关的，应当在查明后三日内解除查封、扣押，予以退还"和第26条第1款中"冻结的财产经查明与案件无关的，应当在查明后三日内解除冻结，予以退还"的规定，应当及时解除查封、扣押、冻结措施，否则就属于本条第1款第3项规定的情形。经查明确实与案件无关的财物、文件、财产，包括案件处置完毕或者司法程序完结后不需要追缴、没收的财物、文件、财产。

四是贪污、挪用、私分、调换以及违反规定使用查封、扣押、冻结的财物的。"贪污"一般是指监察机关及其工作人员将被查封、扣押、冻结的财物占为己有；"挪用"一般是指将该财物私自挪作他用；"私分"一般是指将该财物私下瓜分；"调换"一般是指将该财物以旧换新，或者换成低档品等；"违反规定使用"一般是指擅自将财物任意使用，如违规使用被扣押的车辆等。

五是利用职权非法干扰企业生产经营或者侵害企业经营者人身权利、财产权利和其他合法权益的。监察机关及其工作人员应尊重企业的独立经营权和自主管理权，不得通过不正当手段干预企业的正常生产经营活动，如无理要求企业提供资料、阻碍企业合同履行、干扰企业决策等。这些行为不仅影响企业的正常运营,还可能给企业带来经济损失,破坏市场环境。同时,监察机关及其工作人员应切实保护企业经营者的人身权利和财产权利,不得对企业经营者进行人身攻击、侮辱、诽谤或非法拘禁,也不得非法侵占、挪用、查封、扣押企业财产,或以其他方式侵害企业经营者的合法权益。这些行为严重违背了法治原则,损害了监察机关的公信力和形象。对于违反规定的行为,应依法追究相关责任人员的法律责任,以维护法律的权威,保障企业合法权益,促进经济社会的健康发展。

六是其他违反法律法规、侵害被调查人合法权益的行为。该项是为了全面保护被调查人的合法权益而设置的兜底条款。除了前五项规定的情形外,对于其他违法违规侵害被调查人合法权益的行为,被调查人及其近亲属、利害关系人也可以提出申诉。

本条第2款是关于申诉处理程序的规定,规定了申诉处理的两级模式。一是原监察机关处理。被调查人及其近亲属、利害关系人认为监察机关及其工作人员具有前述情形之一的,可以向该机关提出申诉。受理申诉的监察机关应当在受理申诉之日起一个月内作出处理决定。二是上一级监察机关处理。上一级监察机关领导下一级监察机关的工作,申诉人对受理申诉的监察机关作出的处理决定不服的,可以在收到处理决定之日起一个月内向上一级监察机关申请复查,上一级监察机关应当在收到复查申请之日起二个月内作出处理决定,情况属实的,及时予以纠正。

关联规定

《监察法》

第二十六条 监察机关调查涉嫌贪污贿赂、失职渎职等严重职务违法或者职务犯罪,根据工作需要,可以依照规定查询、冻结涉案单位和个人的存款、汇款、债券、股票、基金份额等财产。有关单位和个人应当配合。

冻结的财产经查明与案件无关的,应当在查明后三日内解除冻结,予以退还。

第二十八条 监察机关在调查过程中,可以调取、查封、扣押用以证明被调查人涉嫌违法犯罪的财物、文件和电子数据等信息。采取调取、查封、扣押措施，应当收集原物原件，会同持有人或者保管人、见证人，当面逐一拍照、登记、编号，开列清单，由在场人员当场核对、签名，并将清单副本交财物、文件的持有人或者保管人。

对调取、查封、扣押的财物、文件，监察机关应当设立专用账户、专门场所，确定专门人员妥善保管，严格履行交接、调取手续，定期对账核实，不得毁损或者用于其他目的。对价值不明物品应当及时鉴定，专门封存保管。

查封、扣押的财物、文件经查明与案件无关的，应当在查明后三日内解除查封、扣押，予以退还。

第三十一条 监察机关调查涉嫌重大贪污贿赂等职务犯罪，根据需要，经过严格的批准手续，可以采取技术调查措施，按照规定交有关机关执行。

批准决定应当明确采取技术调查措施的种类和适用对象，自签发之日起三个月以内有效；对于复杂、疑难案件，期限届满仍有必要继续采取技术调查措施的，经过批准，有效期可以延长，每次不得超过三个月。对于不需要继续采取技术调查措施的，应当及时解除。

第四十三条 监察机关对职务违法和职务犯罪案件，应当进行调查，收集被调查人有无违法犯罪以及情节轻重的证据，查明违法犯罪事实，形成相互印证、完整稳定的证据链。

调查人员应当依法文明规范开展调查工作。严禁以暴力、威胁、引诱、欺骗及其他非法方式收集证据，严禁侮辱、打骂、虐待、体罚或者变相体罚被调查人和涉案人员。

监察机关及其工作人员在履行职责过程中应当依法保护企业产权和自主经营权，严禁利用职权非法干扰企业生产经营。需要企业经营者协助调查的，应当保障其人身权利、财产权利和其他合法权益，避免或者尽量减少对企业正常生产经营活动的影响。

第四十四条 调查人员采取讯问、询问、强制到案、责令候查、管护、留置、搜查、调取、查封、扣押、勘验检查等调查措施，均应当依照规定出示证件，出具书面通知，由二人以上进行，形成笔录、报告等书面材料，并由相关人员签名、盖章。

调查人员进行讯问以及搜查、查封、扣押等重要取证工作，应当对全过程进行录音录像，留存备查。

第四十六条 采取强制到案、责令候查或者管护措施，应当按照规定的权限和程序，经监察机关主要负责人批准。

强制到案持续的时间不得超过十二小时；需要采取管护或者留置措施的，强制到案持续的时间不得超过二十四小时。不得以连续强制到案的方式变相拘禁被调查人。

责令候查最长不得超过十二个月。

监察机关采取管护措施的，应当在七日以内依法作出留置或者解除管护的决定，特殊情况下可以延长一日至三日。

第四十八条 留置时间不得超过三个月。在特殊情况下，可以延长一次，延长时间不得超过三个月。省级以下监察机关采取留置措施的，延长留置时间应当报上一级监察机关批准。监察机关发现采取留置措施不当或者不需要继续采取留置措施的，应当及时解除或者变更为责令候查措施。

对涉嫌职务犯罪的被调查人可能判处十年有期徒刑以上刑罚，监察机关依照前款规定延长期限届满，仍不能调查终结的，经国家监察委员会批准或者决定，可以再延长二个月。

省级以上监察机关在调查期间，发现涉嫌职务犯罪的被调查人另有与留置时的罪行不同种的重大职务犯罪或者同种的影响罪名认定、量刑档次的重大职务犯罪，经国家监察委员会批准或者决定，自发现之日起依照本条第一款的规定重新计算留置时间。留置时间重新计算以一次为限。

第五十条 采取管护或者留置措施后，应当在二十四小时以内，通知被管护人员、被留置人员所在单位和家属，但有可能伪造、隐匿、毁灭证据，干扰证人作证或者串供等有碍调查情形的除外。有碍调查的情形消失后，应当立即通知被管护人员、被留置人员所在单位和家属。解除管护或者留置的，应当及时通知被管护人员、被留置人员所在单位和家属。

被管护人员、被留置人员及其近亲属有权申请变更管护、留置措施。监察机关收到申请后，应当在三日以内作出决定；不同意变更措施的，应当告知申请人，并说明不同意的理由。

监察机关应当保障被强制到案人员、被管护人员以及被留置人员的饮食、休息和安全，提供医疗服务。对其谈话、讯问的，应当合理安排时间和时长，谈话笔录、讯问笔录由被谈话人、被讯问人阅看后签名。

被管护人员、被留置人员涉嫌犯罪移送司法机关后，被依法判处管制、拘役或者有期徒刑的，管护、留置一日折抵管制二日，折抵拘役、有期徒刑一日。

《监察法实施条例》

第二百七十二条　被调查人及其近亲属认为监察机关及监察人员存在监察法第六十条第一款规定的有关情形，向监察机关提出申诉的，由监察机关案件监督管理部门依法受理，并按照法定的程序和时限办理。

第七十条　【"一案双查"制度】

对调查工作结束后发现立案依据不充分或者失实，案件处置出现重大失误，监察人员严重违法的，应当追究负有责任的领导人员和直接责任人员的责任。

重点解读

本条是关于"一案双查"的规定。

本条规定的内容也被称为"一案双查"，所谓"一案双查"，指既查党员领导干部的违纪问题，又查执纪过程中是否存在违规违纪行为。一旦出现纪检监察干部不遵守监督执纪工作纪律、违规违纪违法问题，其本人应当被追究直接责任；同时，负有责任的领导人员也要被严肃追究责任。在此前的《行政监察法》和《行政监察法实施条例》中，也都规定了"一案双查"及监察人员违法失职行为事后追责制度。本条规定的主要目的是强化对调查工作的监督管理，确保监察工作的严谨性、公正性和有效性，督促监察人员在立案审查前做实做细初步核实等基础工作，在立案审查后严格依法处置。责任追究是监督管理的应有之义，通过严格的责任追究制度，防止监察权的滥用，维护被调查人的合法权益，以及提升监察机关的公信力和权威性。

监察问责包括两种具体情况：对机关的问责和对人的问责。《中国共产党问责条例》也区分了对机关的问责和对人的问责，例如其第4条第1款中规定，"党委（党组）应当履行全面从严治党主体责任，加强对本地区本部门本单位问责工作的领导，追究在党的建设、党的事业中失职失责党组织和党的领导干部的主体责任、监督责任、领导责任"。在监察机关和监察人员责任追究中，第一种是监察机关在维护监督执法工作纪律方面存在的失职失责情况，也即"在维护监督执法工作纪律方面失职失责"。这一情形指向的是监察机关，而不是监察人员的失职失责。第二种是涉嫌严重职务违法、职务犯罪或者对案件处置出现重大失误的，要开展"一案双查"。

本条规定的是建立监察人员办案质量责任制和实行终身问责。所谓"有权必有责"，办案质量责任制正是落实对案件质量负责到底要求的具体体现。究其本质而言，办案质量责任制的核心，在于"谁办案谁负责，谁决定谁负责"。在形式意义上，监察人员对其职权范围内就案件作出的决定负责；监察委员会集体领导对案件作出决定的，也要承担相应责任。与此同时，《中国共产党问责条例》第16条规定："实行终身问责，对失职失责性质恶劣、后果严重的，不论其责任人是否调离转岗、提拔或者退休等，都应当严肃问责。"

需要注意的是，"负有责任的领导人员"和"直接责任人员"，存在区别。追究领导人员责任，既要以监察人员涉嫌严重职务违法、职务犯罪或者对案件处置出现重大失误为前提，还要以领导人员负有责任为前提。《纪律处分条例》第39条对直接责任者、主要领导责任者和重要领导责任者的内涵分别进行了规定，其中指出，直接责任者"是指在其职责范围内，不履行或者不正确履行自己的职责，对造成的损失或者后果起决定性作用的党员或者党员领导干部"。此外，承担责任的领导人员应限于"负有责任"。在监察委员会进行集体决策的场景中，存在一种特定情况，即当某位领导人员对监察人员涉嫌违法违规办案的行为明确提出反对意见，然而这一反对意见并未获得其他决策者的支持而未被采纳时，按照责任追究的原则，该名领导人员因其已表达反对立场，并尽到了相应的监督职责，故不应被纳入责任追究的范畴之内。进一步来说，这种情况下的责任追究应当聚焦于那些实际决策并推动了违法违规办案行为的领导人员和直接责任人员。明确表示反对意见的领导人员，其立场和行为实际上体现了对监察工作规范性的维护和尊重，以及对监察人员行为的监督意识。因此，在责任划分时，应当充分考虑其反对意见的表达及未被采纳的事实，避免将责任不当地归咎于已尽到监督职责并提出反对意见的领导人员。

本条规定对于强化监察工作的责任追究机制、确保监察工作的公正性、准确性和权威性具有重要意义，它要求监察机关在调查工作中始终保持高度的责任感和使命感，依法依规开展监察工作，确保被调查人的合法权益得到充分保障。同时，它也提醒监察人员要时刻保持清醒头脑，严格遵守法律法规和监察纪律，做到公正执法、廉洁奉公。

关联规定

《监察官法》

第五十四条 实行监察官责任追究制度，对滥用职权、失职失责造成严重后果的，终身追究责任或者进行问责。

监察官涉嫌严重职务违法、职务犯罪或者对案件处置出现重大失误的，应当追究负有责任的领导人员和直接责任人员的责任。

《中国共产党问责条例》

第四条 党委（党组）应当履行全面从严治党主体责任，加强对本地区本部门本单位问责工作的领导，追究在党的建设、党的事业中失职失责党组织和党的领导干部的主体责任、监督责任、领导责任。

纪委应当履行监督专责，协助同级党委开展问责工作。纪委派驻（派出）机构按照职责权限开展问责工作。

党的工作机关应当依据职能履行监督职责，实施本机关本系统本领域的问责工作。

第六条 问责应当分清责任。党组织领导班子在职责范围内负有全面领导责任，领导班子主要负责人和直接主管的班子成员在职责范围内承担主要领导责任，参与决策和工作的班子成员在职责范围内承担重要领导责任。

对党组织问责的，应当同时对该党组织中负有责任的领导班子成员进行问责。

党组织和党的领导干部应当坚持把自己摆进去、把职责摆进去、把工作摆进去，注重从自身找问题、查原因，勇于担当、敢于负责，不得向下级党组织和干部推卸责任。

《纪律处分条例》

第三十九条 违纪行为有关责任人员的区分：

（一）直接责任者，是指在其职责范围内，不履行或者不正确履行自己的职责，对造成的损失或者后果起决定性作用的党员或者党员领导干部；

（二）主要领导责任者，是指在其职责范围内，对主管的工作不履行或者不正确履行职责，对造成的损失或者后果负直接领导责任的党员领导干部；

（三）重要领导责任者，是指在其职责范围内，对应管的工作或者参与决定的工作不履行或者不正确履行职责，对造成的损失或者后果负次要领导责任的党员领导干部。

本条例所称领导责任者，包括主要领导责任者和重要领导责任者。

第七十四条 不履行全面从严治党主体责任、监督责任或者履行全面从严治党主体责任、监督责任不力，给党组织造成严重损害或者严重不良影响的，对直接责任者和领导责任者，给予警告或者严重警告处分；情节严重的，给予撤销党内职务或者留党察看处分。

《监督执纪工作规则》

第七十条 建立健全安全责任制，监督检查、审查调查部门主要负责人和审查调查组组长是审查调查安全第一责任人，审查调查组应当指定专人担任安全员。被审查调查人发生安全事故的，应当在24小时内逐级上报至中央纪委，及时做好舆论引导。

发生严重安全事故的，或者存在严重违规违纪违法行为的，省级纪检监察机关主要负责人应当向中央纪委作出检讨，并予以通报、严肃问责追责。

案件监督管理部门应当组织开展经常性检查和不定期抽查，发现问题及时报告并督促整改。

第七十三条 对案件处置出现重大失误，纪检监察干部涉嫌严重违纪或者职务违法、职务犯罪的，开展"一案双查"，既追究直接责任，还应当严肃追究有关领导人员责任。

建立办案质量责任制，对滥用职权、失职失责造成严重后果的，实行终身问责。

第八章 法律责任

> **第七十一条 【处理决定和监察建议的效力】**
> 有关单位拒不执行监察机关作出的处理决定，或者无正当理由拒不采纳监察建议的，由其主管部门、上级机关责令改正，对单位给予通报批评；对负有责任的领导人员和直接责任人员依法给予处理。

重点解读

本条是关于对拒不执行处理决定或者无正当理由拒不采纳监察建议给予处理的规定。

为确保监察机关依法作出的处理决定和提出的监察建议得到采纳和有效执行，维护监察工作的权威性和严肃性，法律明确规定了对于拒不执行监察决定或无正当理由拒不采纳监察建议的单位及其责任人员的处理措施。规定本条的主要目的是保障监察机关作为行使国家监察职能的专责机关的权威性。

一是对有关单位拒不执行监察机关作出的处理决定的处理。监察机关作出的处理决定一般是指监察机关依据本法第52条规定，根据监督、调查结果，向职务违法的监察对象作出警告、记过、记大过、降级、撤职、开除等政务处分决定；对不履行或者不正确履行职责负有责任的领导人员，按照管理权限对其直接作出问责决定，或者向有权作出问责决定的机关提出问责建议。监察机关的处理决定一经作出，即产生法律效力，具有强制性，监察对象及有关单位必须执行，并且要将执行的情况通报监察机关。监察对象对监察机关涉及本人的处理决定不服的，应当依照本法第56条规定的法定程序申请复审。有关单位对监察机关作出的处理决定有异议的，应当依照法定程序申请复审。拒不执行处理决定的，应当依法承担相应的法律责任。这一措施旨在通过上级或主管部门的权威，促使单位纠正其不当行为，确保监察决定和监察建议得到应有的重视和执行。同时，为了进一步强化责任追究，法律还规定了对单位给予通报批评的处罚。通报批评作为一种公开性的处罚方式，不仅能够对单位形成有效的舆论压力，促使其改正错误，还能够对其他单位起到警示作用，防止类似行为的再次发生。

二是对有关单位无正当理由拒不采纳监察建议的处理。监察建议一般是指监察机关依据本法第52条规定，在监督、调查、处置的基础上，对监察对象所在单位廉政建设和履行职责等存在的问题提出监察建议。对于监察机关提出的监察建议，监察对象及其所在单位如无正当理由，应当采纳，并且将采纳监察建议的情况通报给监察机关。监察对象所在单位未按照法定程序向监察机关提出异议，又拒不采纳监察建议的，应当追究所在单位及人员的法律责任。

需要注意的是，对于有关单位存在的上述违法情形，除了对单位的处罚，法律还明确了对负有责任的领导人员和直接责任人员的处理。这意味着，当单位拒不执行监察决定或采纳监察建议时，不仅单位本身要承担责任，而且具体负责该事项的领导人员和直接责任人员也将面临法律的制裁。这种处理方式体现了责任到人的原则，有助于增强领导人员和直接责任人员的责任感和法律意识，确保监察工作的顺利开展。

关联规定

《政务处分法》

第六十一条 有关机关、单位无正当理由拒不采纳监察建议的，由其上级机关、主管部门责令改正，对该机关、单位给予通报批评，对负有责任的领导人员和直接责任人员依法给予处理。

第六十二条 有关机关、单位、组织或者人员有下列情形之一的，由其上级机关，主管部门，任免机关、单位或者监察机关责令改正，依法给予处理：

（一）拒不执行政务处分决定的；

（二）拒不配合或者阻碍调查的；

（三）对检举人、证人或者调查人员进行打击报复的；

（四）诬告陷害公职人员的；

（五）其他违反本法规定的情形。

《纪律处分条例》

第七十七条　违反民主集中制原则，有下列行为之一的，给予警告或者严重警告处分；情节严重的，给予撤销党内职务或者留党察看处分：

（一）拒不执行或者擅自改变党组织作出的重大决定；

（二）违反议事规则，个人或者少数人决定重大问题；

（三）故意规避集体决策，决定重大事项、重要干部任免、重要项目安排和大额资金使用；

（四）借集体决策名义集体违规。

第七十八条　下级党组织拒不执行或者擅自改变上级党组织决定的，对直接责任者和领导责任者，给予警告或者严重警告处分；情节严重的，给予撤销党内职务或者留党察看处分。

第七十二条　【阻碍、干扰监察工作的法律责任】

有关人员违反本法规定，有下列行为之一的，由其所在单位、主管部门、上级机关或者监察机关责令改正，依法给予处理：

（一）不按要求提供有关材料，拒绝、阻碍调查措施实施等拒不配合监察机关调查的；

（二）提供虚假情况，掩盖事实真相的；

（三）串供或者伪造、隐匿、毁灭证据的；

（四）阻止他人揭发检举、提供证据的；

（五）其他违反本法规定的行为，情节严重的。

重点解读

本条是关于对阻碍、干扰监察工作的行为进行处理的规定。

本条规定旨在维护监察工作的权威性和有效性，确保监察机关能够依法依规开展监察工作，不受任何非法干扰和阻碍。这一规定是为了防止监察机关依法行使权力时受到各种阻力的影响和干扰，保证监察活动的顺利进行。

具体而言，该条列举了五种妨碍监察工作的行为，包括不按要求提供有关材料，拒绝或阻碍调查措施实施，提供虚假情况掩盖事实真相，串供或伪造、隐匿、毁灭证据以及阻止他人揭发检举和提供证据等。这些行为都严重违反了《监察法》的相关规定，损害了监察工作的正常秩序和效果。

对于上述行为，本条规定了责任追究的主体和措施。首先，由其所在单位、主管部门或上级机关责令改正，即要求相关人员在规定时间内纠正其违法行为，并恢复监察工作的正常进行。若情节严重或拒不改正，监察机关应依法给予处理。值得注意的是，该条款还设置了兜底条款，即"其他违反本法规定的行为，情节严重的"。这意味着，除了上述列举的五种行为外，任何违反《监察法》规定且情节严重的行为，都将受到相应的责任追究。这一兜底条款的设立，有助于应对可能出现的各种新情况和新问题，确保监察工作的全面性和有效性。

具体而言，首先，是涉及不配合监察机关调查的行为。这包括监察对象及相关人员未能履行提供与监察事项相关的文件、资料、财务账目等必要材料的义务，故意拖延或拒绝履行；同时，还包括拒绝或阻碍监察机关实施搜查、留置等调查措施。其次，是关于提供虚假信息以掩盖事实真相的行为。当监察机关要求监察对象提供与违法犯罪行为相关的真实情况时，若监察对象故意提供虚假信息或虚假证明，以掩盖违法犯罪事实，企图阻碍监察机关的调查并逃避法律追究，则属于此类行为。再次，是串供或伪造、隐匿、毁灭证据的行为。其中，"串供"指的是监察对象与他人相互勾结，捏造虚假口供以逃避处罚；"伪造、隐匿、毁灭证据"则包括编造虚假证据、提供虚假证明，或隐藏、销毁能够证明案件真实情况的书证、物证等关键证据。此外，"伪造"证据还包括伪造、变造和篡改证据等行为。此外，还包括阻止他人揭发检举、提供证据的行为。监察对象可能通过各种手段为他人揭发检举、提供证据设置障碍，从而干扰监察工作的正常进行。最后，是设置兜底条款以应对其他违反《监察法》规定且情节严重的行为。由于监察工作涉及面广，阻碍、干扰监察工作的行为种类繁多，立法上无法一一列举。例如，为同案人员通风报信，或为其窝藏、转移赃款、赃物等行为，均属于此类情形。

关 联 规 定

《监察法实施条例》

第八十九条 凡是知道案件情况的人，都有如实作证的义务。对故意提供虚假证言的证人，应当依法追究法律责任。

证人或者其他任何人不得帮助被调查人隐匿、毁灭、伪造证据或者串供，不得实施其他干扰调查活动的行为。

第九十四条 被调查人具有下列情形之一的，可以认定为监察法第二十二条第一款第三项所规定的可能串供或者伪造、隐匿、毁灭证据：

（一）曾经或者企图串供，伪造、隐匿、毁灭、转移证据的；

（二）曾经或者企图威逼、恐吓、利诱、收买证人，干扰证人作证的；

（三）有同案人或者与被调查人存在密切关联违法犯罪的涉案人员在逃，重要证据尚未收集完成的；

（四）其他可能串供或者伪造、隐匿、毁灭证据的情形。

第一百一十四条 搜查时，应当要求在场人员予以配合，不得进行阻碍。对以暴力、威胁等方法阻碍搜查的，应当依法制止。对阻碍搜查构成违法犯罪的，依法追究法律责任。

第二百七十六条 控告人、检举人、证人采取捏造事实、伪造材料等方式诬告陷害的，监察机关应当依法给予政务处分，或者移送有关机关处理。构成犯罪的，依法追究刑事责任。

监察人员因依法履行职责遭受不实举报、诬告陷害、侮辱诽谤，致使名誉受到损害的，监察机关应当会同有关部门及时澄清事实，消除不良影响，并依法追究相关单位或者个人的责任。

《纪检监察机关处理检举控告工作规则》

第二十九条　匿名检举控告，属于受理范围的，纪检监察机关应当按程序受理。

对匿名检举控告材料，不得擅自核查检举控告人的笔迹、网际协议地址（IP地址）等信息。对检举控告人涉嫌诬告陷害等违纪违法行为，确有需要采取上述方式追查其身份的，应当经设区的市级以上纪委监委批准。

第三十九条　采取捏造事实、伪造材料等方式反映问题，意图使他人受到不良政治影响、名誉损失或者责任追究的，属于诬告陷害。

认定诬告陷害，应当经设区的市级以上党委或者纪检监察机关批准。

第四十条　纪检监察机关应当加强对检举控告的分析甄别，注意发现异常检举控告行为，有重点地进行查证。属于诬告陷害的，依规依纪依法严肃处理，或者移交有关机关依法处理。

第四十一条　诬告陷害具有以下情形之一，应当从重处理：

（一）手段恶劣，造成不良影响的；

（二）严重干扰换届选举或者干部选拔任用工作的；

（三）经调查已有明确结论，仍诬告陷害他人的；

（四）强迫、唆使他人诬告陷害的；

（五）其他造成严重后果的。

第四十二条　纪检监察机关应当将查处的诬告陷害典型案件通报曝光。

第四十三条　纪检监察机关对通过诬告陷害获得的职务、职级、职称、学历、学位、奖励、资格等利益，应当建议有关组织、部门、单位按规定予以纠正。

第四十四条　对被诬告陷害的党员、干部以及监察对象，纪检监察机关、所在单位党组织应当开展思想政治工作，谈心谈话、消除顾虑，保护干事创业积极性，推动履职尽责、担当作为。

第四十五条　纪检监察机关应当区分诬告陷害和错告。属于错告的，可以对检举控告人进行教育。

> **第七十三条　【报复、诬告陷害行为的处理】**
>
> 监察对象对控告人、检举人、证人或者监察人员进行报复陷害的；控告人、检举人、证人捏造事实诬告陷害监察对象的，依法给予处理。

重点解读

本条是关于处理报复陷害和诬告陷害责任追究的规定，目的是保障公民的控告权和检举权，保证监察人员行使职权不受非法侵害。

规定本条的目的在于保障公民在监察活动中的合法权益，保证监察人员依法行使职权不受非法侵害。控告、申诉、批评、检举和作证是宪法和法律赋予和规定的公民权利与义务，控告人、申诉人、批评人、检举人和证人均应依法受到严格保护，而监察人员作为从事监察活动的直接工作人员，其职权行使同样应依法受到严格保护。对于监察对象针对控告人、申诉人、批评人、检举人、证人和监察人员所进行打击、压制等报复陷害的行为，监察对象应承担相应的法律责任。

监察工作中，确保控告人、检举人、证人及监察人员的合法权益不受侵犯，是维护国家监察制度公正性、权威性的重要一环。《监察法》明确规定，对于监察对象对控告人、检举人、证人或者监察人员进行报复陷害，以及控告人、检举人、证人捏造事实诬告陷害监察对象的行为，将依法给予严肃处理。监察对象作为被监察的主体，应当严格遵守法律法规，积极配合监察工作。然而，若监察对象因不满控告、检举或证人证言，而对相关人员实施报复陷害行为，如恐吓、威胁、打击报复等，将严重破坏监察工作的正常秩序，损害监察制度的公信力。

一是监察对象对控告人、检举人、证人或者监察人员进行报复陷害。报复陷害包括监察对象滥用职权、假公济私，对控告人、检举人、证人或者监察人员实施报复陷害等行为。监察对象若滥用职权、假公济私，对控告人、检举人、证人或监察人员实施报复陷害，将受到法律的严惩。这些报复行为可能包括诬蔑陷害、围攻阻挠、谩骂殴打、无理调动工作、压制提职晋级和评定职称等，严重侵犯了相关人员的合法权益，破坏了监察工作的正常秩序。对于此类行为，监察机关将依法给予政务处分。若监察对象为党员，还将依照《纪律处分条例》追究其党纪责任；构成犯罪的，将依法追究其刑事责任。在实践中，如果监察对象采用各种手段打压报复控告人、检举人、证人和监察人员的近亲属、利害关系人，迫使控告人、检举人、证人和监察人员畏惧害怕而放弃控告、检举、作证，甚至影响监察行为，同样也属于本条规定的情形。

二是控告人、检举人、证人捏造事实诬告陷害监察对象。控告人、检举人、证人若捏造事实，诬告陷害监察对象，意图使其受党纪政务处分或刑事追究，同样将受到法律的制裁。这种诬告陷害行为不仅损害了监察对象的名誉，还可能阻止其获得应有的奖励或提升，严重破坏了监察工作的公正性和权威性。对于此类行为，监察机关也将依法给予政务处分。若控告人、检举人、证人为党员，还将依照《纪律处分条例》追究党纪责任；构成犯罪的，将依法追究刑事责任。控告人、检举人、证人捏造事实诬告陷害监察对象，既包括以使监察对象受刑事追究为目的，也包括以败坏监察对象名誉、阻止监察对象得到某种奖励或者提升为目的而诬告其有违法违纪行为。此外，监察人员因依法履行职责遭受不实举报、诬告陷害、侮辱诽谤，致使名誉受到损害的，监察机关应当会同有关部门及时澄清事实，消除不良影响，并依法追究相关单位或者个人的责任。

关联规定

《监察官法》

第五十八条　监察官因依法履行职责遭受不实举报、诬告陷害、侮辱诽谤，致使名誉受到损害的，监察机关应当会同有关部门及时澄清事实，消除不良影响，并依法追究相关单位或者个人的责任。

《刑法》

第二百四十三条　捏造事实诬告陷害他人，意图使他人受刑事追究，情节严重的，处三年以下有期徒刑、拘役或者管制；造成严重后果的，处三年以上十年以下有期徒刑。

国家机关工作人员犯前款罪的,从重处罚。

不是有意诬陷,而是错告,或者检举失实的,不适用前两款的规定。

《政务处分法》

第五十三条　监察机关在调查中发现公职人员受到不实检举、控告或者诬告陷害,造成不良影响的,应当按照规定及时澄清事实,恢复名誉,消除不良影响。

第六十二条　有关机关、单位、组织或者人员有下列情形之一的,由其上级机关,主管部门,任免机关、单位或者监察机关责令改正,依法给予处理:

(一) 拒不执行政务处分决定的;

(二) 拒不配合或者阻碍调查的;

(三) 对检举人、证人或者调查人员进行打击报复的;

(四) 诬告陷害公职人员的;

(五) 其他违反本法规定的情形。

第七十四条　【监察机关及其工作人员违法行使职权的责任追究】

监察机关及其工作人员有下列行为之一的,对负有责任的领导人员和直接责任人员依法给予处理:

(一) 未经批准、授权处置问题线索,发现重大案情隐瞒不报,或者私自留存、处理涉案材料的;

(二) 利用职权或者职务上的影响干预调查工作、以案谋私的;

(三) 违法窃取、泄露调查工作信息,或者泄露举报事项、举报受理情况以及举报人信息的;

(四) 对被调查人或者涉案人员逼供、诱供,或者侮辱、打骂、虐待、体罚或者变相体罚的;

(五) 违反规定处置查封、扣押、冻结的财物的;

> （六）违反规定发生办案安全事故，或者发生安全事故后隐瞒不报、报告失实、处置不当的；
>
> （七）违反规定采取强制到案、责令候查、管护、留置或者禁闭措施，或者法定期限届满，不予以解除或者变更的；
>
> （八）违反规定采取技术调查、限制出境措施，或者不按规定解除技术调查、限制出境措施的；
>
> （九）利用职权非法干扰企业生产经营或者侵害企业经营者人身权利、财产权利和其他合法权益的；
>
> （十）其他滥用职权、玩忽职守、徇私舞弊的行为。

重点解读

本条是关于对监察机关及其工作人员违法行使职权的责任追究的规定。

本条是此次《监察法》修正内容涉及的条文之一。规定本条的主要目的是强化对监察机关及其工作人员依法行使职权的监督管理，维护监察机关的形象和威信。本条中的"强制到案""责令候查""管护""禁闭"都是此次修法新增的监察调查措施的法律概念。监察机关行使权力应当慎之又慎，在自我约束上严之又严。本条列举了九类关于监察机关及其工作人员违法行使职权的行为，强调监察机关及其工作人员一旦发生上述违法行使职权的行为，不仅对直接责任人员依法给予处理，也要对负有责任的领导人员追究法律责任，明确了行使职权的责任承担和追究方式，只要发生条文中规定的九类行为，还要对负有责任的领导人员和直接责任人员依法给予处理。这与纪检监察机关的领导和工作体制机制有关，也反映对纪检监察机关的高标准、严要求。《监察法实施条例》第277条规定，监察机关应当建立健全办案安全责任制。承办部门主要负责人和调查组组长是调查安全第一责任人。调查组应当指定专人担任安全员。地方各级监察机关履行管理、监督职责不力发生严重办案安全事故的，或者办案中存在严重违规违纪违法行为的，省级监察机关主要负责人应当向国家监察委员会作出检讨，并予以通报、严肃追责问责。案件监督管理部门应当对办案安全责任制落实情况组织经常性检查和不定期抽查，发现问题及时报告并督促整改。具体包括以下九类情形。

一是未经批准、授权处置问题线索，发现重大案情隐瞒不报，或者私自留存、处理涉案材料。问题线索一般是指监察机关在查办案件中，有关涉案人交代、检举、揭发的被调查人以外的其他监察对象违法犯罪问题线索，以及被调查人交代、检举、揭发的其他监察对象不涉及本案的违法犯罪问题线索等。监察机关对监察对象的问题线索，应当按照有关规定分类办理。监察机关及其工作人员在工作中发现重大案情应当按照要求及时上报，不得隐瞒。涉案材料包括在案件调查过程中形成的，与案件有关的所有书面资料、图片、声像资料，以及留存在电脑、移动硬盘等存储介质中的电子资料。涉案材料应当按照有关规定严格管理。

二是利用职权或者职务上的影响干预调查工作、以案谋私。这种情形主要包括监察机关及其工作人员，利用职权或者职务上的影响力，在线索处置、日常监督、调查、审理和处置等各环节打听案情、过问案件、说情干预，通过案件谋求私利等。

三是违法窃取、泄露调查工作信息，或者泄露举报事项、举报受理情况以及举报人信息。违法窃取、泄露调查工作信息，一般是指监察机关及其工作人员违法窃取其不应掌握的调查工作信息，或者向被调查人员或相关人员泄露其在工作中掌握的调查信息等。泄露举报事项、举报受理情况以及举报人信息，一般是指监察机关及其工作人员向被举报人员或相关人员泄露举报事项、举报受理情况以及举报人信息等。

四是对被调查人逼供、诱供，或者侮辱、打骂、虐待、体罚或者变相体罚。这种情形下，被调查人往往迫于压力或者在被欺骗的情况下提供相关口供，虚假的可能性非常大，容易造成错案。而且侮辱、打骂、虐待、体罚或者变相体罚等也侵害了被调查人的身心健康，不符合法治要求。

五是违反规定处置查封、扣押、冻结的财物。对调取、查封、扣押的财物、文件、电子数据，监察机关应当设立专用账户、专门场所、专门存储设备，确定专门人员妥善保管，严格履行交接、调取手续，定期对账核实，不得毁损或者用于其他目的。对价值不明物品应当及时鉴定，专门封存保管。如果擅自将财物任意使用，如违规使用被扣押的车辆等，就属于违反规定处置查封、扣押、冻结的财物的行为，应当依法处理。

六是违反规定发生办案安全事故，或者发生安全事故后隐瞒不报、报告失实、处置不当。监察机关在办案期间要严格依法依规，保障办案安全。对于发生被调查人死亡、伤残、逃跑等安全事故的，应当认真应对、妥善处置、及时报告。对于在办案过程中有失职渎职等违法犯罪行为，违反规定发生办案安全事故，或者发生安全事故后隐瞒不报、报告失实、处置不当的，视情节轻重，依照有关规定追究有关单位领导和相关责任人员的责任；涉嫌犯罪的，移送司法机关处理。

七是违反规定采取强制到案、责令候查、管护、留置或者禁闭措施的。本法对强制到案、责令候查、管护、留置或者禁闭措施的批准程序、期限、安全保障等都作了明确规定。对违反法律规定采取强制到案、责令候查、管护、禁闭措施的，以及对未经批准留置被调查人，或者超期留置被调查人等违反规定的，应当依法追究相关人员的法律责任。

八是违反规定采取技术调查、限制出境措施，或者不按规定解除技术调查、限制出境措施的。本法规定了监察机关在调查涉嫌重大贪污贿赂等职务犯罪中，根据需要且经过十分严格的批准手续，可以采取技术调查措施，并明确规定了批准决定的必要内容要素、时间期限、解除条件等。本法第33条规定："监察机关为防止被调查人及相关人员逃匿境外，经省级以上监察机关批准，可以对被调查人及相关人员采取限制出境措施，由公安机关依法执行。对于不需要继续采取限制出境措施的，应当及时解除。"因此，对于违反规定限制他人出境，或者不按规定解除出境限制的，应当依法追究相关人员的法律责任。

九是关于利用职权非法干扰企业生产经营或者侵害企业经营者人身权利、财产权利和其他合法权益的。本项内容的增设，旨在加强对监察机关和监察人员的监督和制约，防止其滥用职权、以权谋私，侵害企业及其经营者的合法权益。同时，也为企业提供了更加全面、有力的法律保护，有助于维护市场经济秩序、促进经济健康发展。非法干扰企业生产经营包括但不限于对企业进行无理的干预、限制或阻碍，影响其正常的生产、销售、管理等经营活动。这种行为可能导致企业遭受经济损失，甚至威胁到其生存和发展。侵害企业经营者人身权利，包括生命权、健康权、名誉权、隐私权等，不得利用职权对企业经营者进行人身攻击、侮辱、诽谤或非法拘禁等行为。财产权利是公民和法人依法享有的对财产的占有、使用、收益和处分的权利，不得非法侵占、挪用、查封、扣押企业财产，或以其他方式侵害企业经营者的财产权利，导致其经济损失。除了人身权利和财产权利，企业经营者还享有其他多种合法权益，如合法知识产权、公平竞争权、合同自由权等。监察机关及其工作人员不得利用职权侵害这些权利，破坏市场经济秩序和公平竞争环境。

关联规定

《监察法实施条例》

第二百七十七条 监察机关应当建立健全办案安全责任制。承办部门主要负责人和调查组组长是调查安全第一责任人。调查组应当指定专人担任安全员。

地方各级监察机关履行管理、监督职责不力发生严重办案安全事故的，或者办案中存在严重违规违纪违法行为的，省级监察机关主要负责人应当向国家监察委员会作出检讨，并予以通报、严肃追责问责。

案件监督管理部门应当对办案安全责任制落实情况组织经常性检查和不定期抽查，发现问题及时报告并督促整改。

《监察官法》

第五十二条 监察官有下列行为之一的，依法给予处理；构成犯罪的，依法追究刑事责任：

（一）贪污贿赂的；

（二）不履行或者不正确履行监督职责，应当发现的问题没有发现，或者发现问题不报告、不处置，造成恶劣影响的；

（三）未经批准、授权处置问题线索，发现重大案情隐瞒不报，或者私自留存、处理涉案材料的；

（四）利用职权或者职务上的影响干预调查工作、以案谋私的；

（五）窃取、泄露调查工作信息，或者泄露举报事项、举报受理情况以及举报人信息的；

（六）隐瞒、伪造、变造、故意损毁证据、案件材料的；

（七）对被调查人或者涉案人员逼供、诱供，或者侮辱、打骂、虐待、体罚、变相体罚的；

（八）违反规定采取调查措施或者处置涉案财物的；

（九）违反规定发生办案安全事故，或者发生安全事故后隐瞒不报、报告失实、处置不当的；

（十）其他职务违法犯罪行为。

监察官有其他违纪违法行为，影响监察官队伍形象，损害国家和人民利益的，依法追究相应责任。

《政务处分法》

第六十三条 监察机关及其工作人员有下列情形之一的，对负有责任的领导人员和直接责任人员依法给予处理：

（一）违反规定处置问题线索的；

（二）窃取、泄露调查工作信息，或者泄露检举事项、检举受理情况以及检举人信息的；

（三）对被调查人或者涉案人员逼供、诱供，或者侮辱、打骂、虐待、体罚或者变相体罚的；

（四）收受被调查人或者涉案人员的财物以及其他利益的；

（五）违反规定处置涉案财物的；

（六）违反规定采取调查措施的；

（七）利用职权或者职务上的影响干预调查工作、以案谋私的；

（八）违反规定发生办案安全事故，或者发生安全事故后隐瞒不报、报告失实、处置不当的；

（九）违反回避等程序规定，造成不良影响的；

（十）不依法受理和处理公职人员复审、复核的；

（十一）其他滥用职权、玩忽职守、徇私舞弊的行为。

《刑法》

第一百三十九条之一 在安全事故发生后，负有报告职责的人员不报或者谎报事故情况，贻误事故抢救，情节严重的，处三年以下有期徒刑或者拘役；情节特别严重的，处三年以上七年以下有期徒刑。

《监督执纪工作规则》

第二十八条　谈话应当由纪检监察机关相关负责人或者承办部门负责人进行，可以由被谈话人所在党委（党组）、纪委监委（纪检监察组、纪检监察工委）有关负责人陪同；经批准也可以委托被谈话人所在党委（党组）主要负责人进行。

谈话应当在具备安全保障条件的场所进行。由纪检监察机关谈话的，应当制作谈话笔录，谈话后可以视情况由被谈话人写出书面说明。

第四十三条　立案审查调查方案批准后，应当由纪检监察机关相关负责人或者部门负责人与被审查调查人谈话，宣布立案决定，讲明党的政策和纪律，要求被审查调查人端正态度、配合审查调查。

审查调查应当充分听取被审查调查人陈述，保障其饮食、休息，提供医疗服务，确保安全。严格禁止使用违反党章党规党纪和国家法律的手段，严禁逼供、诱供、侮辱、打骂、虐待、体罚或者变相体罚。

第七十条　建立健全安全责任制，监督检查、审查调查部门主要负责人和审查调查组组长是审查调查安全第一责任人，审查调查组应当指定专人担任安全员。被审查调查人发生安全事故的，应当在24小时内逐级上报至中央纪委，及时做好舆论引导。

发生严重安全事故的，或者存在严重违规违纪违法行为的，省级纪检监察机关主要负责人应当向中央纪委作出检讨，并予以通报、严肃问责追责。

案件监督管理部门应当组织开展经常性检查和不定期抽查，发现问题及时报告并督促整改。

第七十五条　【构成犯罪行为的责任追究】
违反本法规定，构成犯罪的，依法追究刑事责任。

重点解读

本条是关于监察机关及其工作人员构成犯罪应追究刑事法律责任的规定。

本条的目的是严厉打击监察机关及其工作人员的犯罪行为，保障《监察法》正确实施，强化责任意识，督促监察人员规范和正确行使监察权，维护《监察法》的权威。违反本法规定，可能构成犯罪应依法追究刑事责任的，包括多种情形。以下从不同主体违反本法规定构成犯罪情形展开讨论。

一是监察对象及有关人员违反本法规定构成犯罪的情形。比如，监察对象及有关人员违反本法第72条规定，构成犯罪的，依法追究刑事责任。监察对象串供或者伪造、隐匿、毁灭证据的，阻止他人揭发检举、提供证据的，可能涉嫌违反《刑法》第307条规定。

二是监察对象违反本法第73条规定，构成犯罪的，依法追究刑事责任。监察对象对控告人、检举人、证人或者监察人员进行报复陷害，可能涉嫌违反《刑法》第254条。

三是控告人、检举人、证人违反本法第73条规定，构成犯罪的，依法追究刑事责任。控告人、检举人、证人捏造事实诬告陷害监察对象，可能涉嫌违反《刑法》第243条规定。

四是监察机关及其工作人员违反本法第74条规定，构成犯罪的，依法追究刑事责任。比如，泄露调查工作信息，可能涉嫌违反《刑法》第398条规定；涉及其他滥用职权、玩忽职守、徇私舞弊行为的，可能涉嫌违反《刑法》第397条规定。需要注意的是，违反本法其他法律规定，构成犯罪的，也应当依法追究刑事责任。

《监察法实施条例》第278条规定了监察人员若涉及十一类行为构成犯罪的，应当依法严肃处理，追究刑事责任，这些行为包括：（一）贪污贿赂、徇私舞弊的；（二）不履行或者不正确履行监督职责，应当发现的问题没有发现，或者发现问题不报告、不处置，造成严重影响的；（三）未经批准、授权处置问题线索，发现重大案情隐瞒不报，或者私自留存、处理涉案材料的；（四）利用职权或者职务上的影响干预调查工作的；（五）违法窃取、泄露调查工作信息，或者泄露举报事项、举报受理情况以及举报人信息的；（六）对被调查人或者涉案人员逼供、诱供，或者侮辱、打骂、虐待、体罚或者变相体罚的；（七）违反规定处置查封、扣押、冻结的财物的；（八）违反规定导致发生办案安全事故，或者发生安全事故后隐瞒不报、报告失实、处置不当的；（九）违反规定采取留置措施的；（十）违反规定限制他人出境，或者不按规定解除出境限制的；（十一）其他职务违法和职务犯罪行为。这些规定细化了监察机关及其工作人员构成犯罪并被追究刑事责任的行为类型，强化了对监察人员依法行使职权的监督管理，有利于维护监察机关的权威和公信力。

一是贪污贿赂、徇私舞弊的行为。贪污贿赂是指监察人员利用本人职责范围内的权限或者本人职务、地位所形成的便利条件，采取侵吞、窃取、骗取等非法手段将涉案财物据为己有，或者利用金钱、财物等收买其他依法从事公务的人员以谋取不正当利益的行为。徇私舞弊，是指监察人员为了私利，采用欺骗或者其他不正当方式违法犯罪的行为，包括监察人员利用本人职责范围内的权限或者本人职务、地位所形成的便利条件，为自己或者他人牟取私利，袒护或者帮助违法犯罪的人员掩盖错误事实，以逃避制裁，或者利用职权陷害他人的行为。

二是不履行或者不正确履行监督职责，应当发现的问题没有发现，或者发现问题不报告、不处置，造成严重影响的行为。其主要是指监察人员玩忽职守，致使国家、集体和人民的利益遭受严重影响的行为。不履行，是指监察人员应当履行且有条件、有能力履行职责，但违背职责没有履行的行为。不正确履行，是指监察人员在履行职责的过程中，违反职责规定，疏忽、粗心大意导致职责履行不正确。造成严重影响，是指造成实际的损害后果，既包括财物上的损失，也包括财物损失以外的其他利益损失。比如，损害了监察机关的公信力，妨碍了监察机关职责的正常履行等。

三是未经批准、授权处置问题线索，发现重大案情隐瞒不报，或者私自留存、处理涉案材料的行为。监察机关对具体案件查办中的问题线索、涉案材料应当按照有关规定严格管理。所谓"问题线索"，是指监察机关在具体案件查办过程中，有关涉案人员交代、检举、揭发的被调查人以外的其他监察对象违法犯罪问题线索，以及被调查人交代、检举、揭发的其他监察对象不涉及本案的违法犯罪问题线索等。所谓"涉案材料"，是指在具体案件查办过程中形成的与案件有关的所有书面资料、图片影像资料，以及留存在电脑、移动硬盘等存储介质中的电脑资料。

四是利用职权或者职务上的影响干预调查工作的行为。监察人员应当依法行使职权，不得利用职权或者职务上的影响干预调查工作。监察人员利用职权或者职务上的影响干预调查工作的情形，主要包括监察人员利用职权或者职务上的影响力，在线索处置、日常监督、调查审理等各个环节中打听案情、过问案件、干预说情等。

五是违法窃取、泄露调查工作信息，或者泄露举报事项、举报受理情况以及举报人信息的行为。其主要是指监察人员故意窃取不应其掌握的调查工作信息，向不应知悉调查工作信息的他人泄露其在调查工作中已掌握的信息，或者监察人员向不应知悉举报事项、举报受理情况以及举报人信息的他人泄露其在履职过程中所掌握的上述信息的行为。

六是对被调查人或者涉案人员逼供、诱供，或者侮辱、打骂、虐待、体罚或者变相体罚的行为。在这种情形下，被调查人或者涉案人员往往迫于压力或者在被欺骗的情况下提供相关口供、线索等，虚假陈述的可能性非常大，容易对案件的侦办造成阻碍，也容易造成假案、错案。另外，侮辱、打骂、虐待、体罚或者变相体罚被调查人、涉案人员，会对被调查人或者涉案人员的生命、身体健康造成损害，本身就是违法行为。

七是违反规定处置查封、扣押、冻结的财物的行为。所谓"财物"，是指与案件相关的现金、古玩、奢侈品、不动产、有价证券等。对于查封、扣押、冻结的财物，监察机关应当设立专用账户、专门场所，并由专门人员妥善保管。监察人员擅自将查封、扣押、冻结的财物任意使用，属于违反规定处置涉案财物的情形，应当依法予以处理。

八是违反规定导致发生办案安全事故，或者发生安全事故后隐瞒不报、报告失实、处置不当的行为。办案安全是纪检监察工作的底线，具有极端重要性。监察人员在具体案件查办过程中要严格依规依纪依法，保障办案安全。对于发生被调查人死亡、伤残、逃跑等安全事故的，不得在办案安全事故发生后隐瞒不报、报告失实、处置不当。对于在具体案件查办过程中有失职渎职等违法犯罪行为，违反规定导致发生办案安全事故，或者发生安全事故后隐瞒不报、报告失实、处置不当的，应当依法予以处理。

九是违反规定采取留置措施的行为。留置是监察机关针对涉嫌职务违法或职务犯罪的被调查人所采取的调查措施。《监察法》对留置措施的批准程序、期限、安全保障等内容都作了明确规定。对于监察人员未经批准留置被调查人，或者超期留置被调查人等违反规定的行为，应当依法予以处理。

十是违反规定限制他人出境，或者不按规定解除出境限制的行为。《监察法》第33条规定："监察机关为防止被调查人及相关人员逃匿境外，经省级以上监察机关批准，可以对被调查人及相关人员采取限制出境措施，由公安机关依法执行。对于不需要继续采取限制出境措施的，应当及时解除。"对于监察人员违反规定限制他人出境，或者不按规定解除出境限制的行为，应当依法予以处理。

十一是其他职务违法和职务犯罪行为。此项规定是关于监察人员其他职务违法和职务犯罪行为的兜底性规定。除了前10项规定的情形外，对于监察人员在履行职责中的其他职务违法和职务犯罪行为，也应当追究其相应的法律责任。

关 联 规 定

《监察法》

第七十四条 监察机关及其工作人员有下列行为之一的，对负有责任的领导人员和直接责任人员依法给予处理：

（一）未经批准、授权处置问题线索，发现重大案情隐瞒不报，或者私自留存、处理涉案材料的；

（二）利用职权或者职务上的影响干预调查工作、以案谋私的；

（三）违法窃取、泄露调查工作信息，或者泄露举报事项、举报受理情况以及举报人信息的；

（四）对被调查人或者涉案人员逼供、诱供，或者侮辱、打骂、虐待、体罚或者变相体罚的；

（五）违反规定处置查封、扣押、冻结的财物的；

（六）违反规定发生办案安全事故，或者发生安全事故后隐瞒不报、报告失实、处置不当的；

（七）违反规定采取强制到案、责令候查、管护、留置或者禁闭措施，或者法定期限届满，不予以解除或者变更的；

（八）违反规定采取技术调查、限制出境措施，或者不按规定解除技术调查、限制出境措施的；

（九）利用职权非法干扰企业生产经营或者侵害企业经营者人身权利、财产权利和其他合法权益的；

（十）其他滥用职权、玩忽职守、徇私舞弊的行为。

《公务员法》

第五十九条 公务员应当遵纪守法，不得有下列行为：

（一）散布有损宪法权威、中国共产党和国家声誉的言论，组织或者参加旨在反对宪法、中国共产党领导和国家的集会、游行、示威等活动；

（二）组织或者参加非法组织，组织或者参加罢工；

（三）挑拨、破坏民族关系，参加民族分裂活动或者组织、利用宗教活动破坏民族团结和社会稳定；

（四）不担当，不作为，玩忽职守，贻误工作；

（五）拒绝执行上级依法作出的决定和命令；

（六）对批评、申诉、控告、检举进行压制或者打击报复；

（七）弄虚作假，误导、欺骗领导和公众；

（八）贪污贿赂，利用职务之便为自己或者他人谋取私利；

（九）违反财经纪律，浪费国家资财；

（十）滥用职权，侵害公民、法人或者其他组织的合法权益；

（十一）泄露国家秘密或者工作秘密；

（十二）在对外交往中损害国家荣誉和利益；

（十三）参与或者支持色情、吸毒、赌博、迷信等活动；

（十四）违反职业道德、社会公德和家庭美德；

（十五）违反有关规定参与禁止的网络传播行为或者网络活动；

（十六）违反有关规定从事或者参与营利性活动，在企业或者其他营利性组织中兼任职务；

（十七）旷工或者因公外出、请假期满无正当理由逾期不归；

（十八）违纪违法的其他行为。

《监察官法》

第五十二条　监察官有下列行为之一的，依法给予处理；构成犯罪的，依法追究刑事责任：

（一）贪污贿赂的；

（二）不履行或者不正确履行监督职责，应当发现的问题没有发现，或者发现问题不报告、不处置，造成恶劣影响的；

（三）未经批准、授权处置问题线索，发现重大案情隐瞒不报，或者私自留存、处理涉案材料的；

（四）利用职权或者职务上的影响干预调查工作、以案谋私的；

（五）窃取、泄露调查工作信息，或者泄露举报事项、举报受理情况以及举报人信息的；

（六）隐瞒、伪造、变造、故意损毁证据、案件材料的；

（七）对被调查人或者涉案人员逼供、诱供，或者侮辱、打骂、虐待、体罚、变相体罚的；

（八）违反规定采取调查措施或者处置涉案财物的；

（九）违反规定发生办案安全事故，或者发生安全事故后隐瞒不报、报告失实、处置不当的；

（十）其他职务违法犯罪行为。

监察官有其他违纪违法行为，影响监察官队伍形象，损害国家和人民利益的，依法追究相应责任。

《刑法》

第三百零七条　以暴力、威胁、贿买等方法阻止证人作证或者指使他人作伪证的，处三年以下有期徒刑或者拘役；情节严重的，处三年以上七年以下有期徒刑。

帮助当事人毁灭、伪造证据，情节严重的，处三年以下有期徒刑或者拘役。

司法工作人员犯前两款罪的，从重处罚。

第三百九十八条　国家机关工作人员违反保守国家秘密法的规定，故意或者过失泄露国家秘密，情节严重的，处三年以下有期徒刑或者拘役；情节特别严重的，处三年以上七年以下有期徒刑。

非国家机关工作人员犯前款罪的，依照前款的规定酌情处罚。

> **第七十六条 【监察机关的国家赔偿责任】**
> 监察机关及其工作人员行使职权，侵犯公民、法人和其他组织的合法权益造成损害的，依法给予国家赔偿。

重点解读

本条是关于监察机关的国家赔偿责任的规定。

规定本条的目的是在监察工作开展中保障公民、法人和其他组织的合法权益，规范和促进监察机关依法开展监察工作。监察赔偿的性质是国家赔偿，但其不同于行政赔偿和司法赔偿。

党的二十届三中全会通过的《中共中央关于进一步全面深化改革 推进中国式现代化的决定》强调，"完善执法司法救济保护制度，完善国家赔偿制度"。《宪法》第41条第3款规定："由于国家机关和国家工作人员侵犯公民权利而受到损失的人，有依照法律规定取得赔偿的权利。"纪检监察机关是合署办公体制的执纪执法机关，监察委员会作为宪法上的国家监察机关，由人大产生、受人大监督、对人大负责。对于因履行职责造成的侵权损害行为，应当承担国家赔偿责任。本条的理解与适用，应重点把握"行使职权""合法权益"等关键概念。

监察机关因行使职权、履行职责造成侵权应承担赔偿责任时，通常需要具备四个方面的条件。

第一，公民、法人或者其他组织受到的侵权损害必须是监察机关或者监察工作人员违法行使职权所造成的。本条中的"行使职权"是指监察机关及其工作人员依据职责和权限所进行的活动。2012年修正的《国家赔偿法》尚未将监察赔偿纳入文本规定中，但根据《国家赔偿法》第5条和第17条之规定精神，如果是监察工作人员因从事与行使职权无关的个人活动而给公民、法人或者其他组织造成损害的,监察机关不承担国家赔偿责任。

第二,侵权损害事实与违法行使职权的行为之间存在因果关系。违法行使职权的侵害行为,既包括侵犯相关主体财产权的行为,如违法查封、扣押涉案人员的财务;也包括侵犯相关人员人身权利的行为,如违法搜查被调查人身体,留置超过法定期限,留置场所的设置、管理和监督不符合国家规定等。

第三,监察机关或监察工作人员因行使职权造成的损害必须是实际存在的或必然产生的损害,是直接损害而非间接损害。

第四,监察赔偿具有法定性,国家赔偿的责任由法律规定。当满足监察赔偿的法定条件,受损害主体提出的赔偿请求才能被法律所支持,国家才予以赔偿。受损害主体提出监察赔偿请求,应当在法定范围和期限内依照法定程序提出。

监察机关履行国家赔偿义务的主体是违法行使职权的监察机关,受理赔偿申请的部门是违法行使职权的监察机关中负责复审复核工作的部门,国家赔偿的主要方式是支付赔偿金。对于侵犯了财产权的行为,监察机关能够返还财产或者恢复原状的,予以返还财产或者恢复原状。2021年通过的《监察法实施条例》细化了监察赔偿的情形,列举了五类涉及赔偿的类型,同时明确了赔偿义务机关、赔偿申请受理部门、赔偿方式等内容。

目前,虽然《监察法》及《监察法实施条例》规定了监察赔偿的内容,但专门规定国家机关及国家机关工作人员因行使职权承担赔偿责任的《国家赔偿法》是2012年修正的,彼时《监察法》尚未通过,国家监察委员会尚未成立,《国家赔偿法》并未将监察赔偿纳入文本规定中。未来《国家赔偿法》修法时机成熟时应及时规定监察机关的国家赔偿责任,使得公民、法人和其他组织请求监察机关给予国家赔偿的具体程序能够按照《国家赔偿法》的有关规定执行,更好地保障公民、法人或者其他组织的合法权益。

关联规定

《宪法》

第四十一条 中华人民共和国公民对于任何国家机关和国家工作人员,有提出批评和建议的权利；对于任何国家机关和国家工作人员的违法失职行为，有向有关国家机关提出申诉、控告或者检举的权利，但是不得捏造或者歪曲事实进行诬告陷害。

对于公民的申诉、控告或者检举，有关国家机关必须查清事实，负责处理。任何人不得压制和打击报复。

由于国家机关和国家工作人员侵犯公民权利而受到损失的人，有依照法律规定取得赔偿的权利。

《监察法实施条例》

第二百八十条 监察机关及其工作人员在行使职权时，有下列情形之一的，受害人可以申请国家赔偿：

（一）采取留置措施后，决定撤销案件的；

（二）违法没收、追缴或者违法查封、扣押、冻结财物造成损害的；

（三）违法行使职权，造成被调查人、涉案人员或者证人身体伤害或者死亡的；

（四）非法剥夺他人人身自由的；

（五）其他侵犯公民、法人和其他组织合法权益造成损害的。

受害人死亡的，其继承人和其他有扶养关系的亲属有权要求赔偿；受害的法人或者其他组织终止的，其权利承受人有权要求赔偿。

第二百八十一条 监察机关及其工作人员违法行使职权侵犯公民、法人和其他组织的合法权益造成损害的，该机关为赔偿义务机关。申请赔偿应当向赔偿义务机关提出，由该机关负责复审复核工作的部门受理。

赔偿以支付赔偿金为主要方式。能够返还财产或者恢复原状的，予以返还财产或者恢复原状。

《国家赔偿法》

第一条 为保障公民、法人和其他组织享有依法取得国家赔偿的权利，促进国家机关依法行使职权，根据宪法，制定本法。

第二条 国家机关和国家机关工作人员行使职权，有本法规定的侵犯公民、法人和其他组织合法权益的情形，造成损害的，受害人有依照本法取得国家赔偿的权利。

本法规定的赔偿义务机关，应当依照本法及时履行赔偿义务。

第五条 属于下列情形之一的，国家不承担赔偿责任：

（一）行政机关工作人员与行使职权无关的个人行为；

（二）因公民、法人和其他组织自己的行为致使损害发生的；

（三）法律规定的其他情形。

第六条 受害的公民、法人和其他组织有权要求赔偿。

受害的公民死亡，其继承人和其他有扶养关系的亲属有权要求赔偿。

受害的法人或者其他组织终止的，其权利承受人有权要求赔偿。

第九章 附 则

第七十七条 【监察工作开展的特殊主体】

中国人民解放军和中国人民武装警察部队开展监察工作,由中央军事委员会根据本法制定具体规定。

重点解读

本条是关于中国人民解放军和中国人民武装警察部队开展监察工作的特别规定。

本条规定的内容是对中国人民解放军和中国人民武装警察部队制定军事监察工作的具体规定进行立法授权。此前的《行政监察法》并未对此进行规定。

第七十八条 【施行日期与废止日期】

本法自公布之日起施行。《中华人民共和国行政监察法》同时废止。

重点解读

本条是关于本法实施时间及新旧法衔接的规定。

本条规定了《监察法》的施行日期和《行政监察法》的失效日期,目的在于保障新旧两部法律在时间顺序上的有效衔接,促进法律的正确适用。

法律效力首先表现为时间效力，有的法律是自公布之日起施行，有的法律是在公布之后的日期施行，本法采取前一种，即自发布之日起施行。全国人民代表大会于 2018 年 3 月 20 日通过《监察法》，并于同一天公布并生效实施。这里需要注意的是，法律的施行日期不同于法律的通过日期和公布日期，法律文本中规定的"施行"日期是该法正式生效的唯一标志。对比《监察法》和《行政监察法》，它们在施行日期与通过日期、公布日期的时间关系上存在差异。

2010 年 6 月 25 日，第十一届全国人民代表大会常务委员会第十五次会议审议通过，同日中华人民共和国主席令第 31 号公布的《全国人民代表大会常务委员会关于修改〈中华人民共和国行政监察法〉的决定》明确规定："本决定自 2010 年 10 月 1 日起施行。"2010 年 10 月 1 日是该决定的施行日期，即《行政监察法》修改的内容此时生效。该法修改内容从公布到正式施行，中间大约有三个月的时间。从本条规定可以看出，本法一经生效，即代表《行政监察法》同时废止。法律的失效方式，一般有三种：一是制定、颁布了新的法律，原法律的全部或部分内容与新的法律相抵触，而全部或部分自然失效；二是新的法律载明原法律失效或部分失效；三是对不合时宜的法律在清理之后公告失效。《行政监察法》自 1997 年 5 月 9 日起实施，后于 2010 年 6 月 25 日经历修改，《监察法》通过后，监察机关的性质、职能范围、监察对象、权限划分及监察程序均发生变化。据此，新法生效之日，原《行政监察法》即失去法律效力，宣告其废止成为必要。

图书在版编目（CIP）数据

新监察法条文对照与重点解读 / 中国政法大学纪检监察学院编；施鹏鹏主编；宗婷婷副主编. -- 北京：中国法治出版社，2025. 5. -- ISBN 978-7-5216-5016-7

Ⅰ. D922.114.5

中国国家版本馆 CIP 数据核字第 2025D3A752 号

责任编辑：王雯汀　　　　　　　　　　　　　　封面设计：李　宁

新监察法条文对照与重点解读
XIN JIANCHAFA TIAOWEN DUIZHAO YU ZHONGDIAN JIEDU

编者/中国政法大学纪检监察学院
主编/施鹏鹏
副主编/宗婷婷
经销/新华书店
印刷/三河市国英印务有限公司
开本/710 毫米×1000 毫米　16 开　　　　　印张/ 19.75　字数/ 245 千
版次/2025 年 5 月第 1 版　　　　　　　　　2025 年 5 月第 1 次印刷

中国法治出版社出版

书号 ISBN 978-7-5216-5016-7　　　　　　　　定价：76.00 元

北京市西城区西便门西里甲 16 号西便门办公区
邮政编码：100053　　　　　　　　　　　　　传真：010-63141600
网址：http：//www.zgfzs.com　　　　　　　编辑部电话：010-63141740
市场营销部电话：010-63141612　　　　　　印务部电话：010-63141606

（如有印装质量问题，请与本社印务部联系。）